Christian Büttner u. a. (Hg.)

Brücken und Zäune

Reihe: »**Psychoanalytische Pädagogik**« Band 4

Herausgegeben von Christian Büttner, Wilfried Datler, Annelinde Eggert-Schmid Noerr und Urte Finger-Trescher

Christian Büttner, Urte Finger-Trescher,
Harald Grebe, Heinz Krebs (Hg.)

Brücken und Zäune

Interkulturelle Pädagogik zwischen Fremdem und Eigenem

Psychosozial-Verlag

Die Deutsche Bibliothek - CIP-Einheitsaufnahme

Brücken und Zäune : Interkulturelle Pädagogik zwischen Fremdem und Eigenem / Christian Büttner ... (Hg.) - Gießen : Psychosozial-Verl., 1998
(Psychoanalytische Pädagogik)
ISBN 978-3-932133-37-4

E-Mail: info@psychosozial-verlag.de

Umschlagabbildung: „Ägyptische Figurine, die Trauer darstellt“
Umschlaggestaltung: Atelier Warminski, Büdingen
ISBN 978-3-932133-37-4

Inhalt

Editorial

In Schulen und außerschulischen Kinder- und Jugendeinrichtungen werden wir in zunehmenden Maße mit einer wachsenden Problembelastung von Kindern und Jugendlichen, aber auch von LehrerInnen, ErzieherInnen und anderen sozialen Fachkräften konfrontiert. Einer der hierfür ins Auge fallenden Gründe scheint die multikulturelle Zusammensetzung unserer Gesellschaft zu sein, deren Probleme sich in diesen Einrichtungen in spezifischer Weise spiegeln.

Faktisch ist die BRD längst zu einem Einwanderungsland geworden. Kinder und Jugendliche aus einer Vielzahl unterschiedlichster Kulturen und Ethnien werden gemeinsam erzogen und betreut. Diese Gemeinsamkeit bedeutet nun keineswegs Gleichheit im Sinne gleicher sozialer oder ökonomischer Lebenschancen. Daß aus der Ungleichheit und aus dem kulturellen Unterschied Konflikte und enorme Anforderungen an die Integrationsfähigkeit der betroffenen Kinder und Jugendlichen erwachsen, ist eine Binsenweisheit, die keineswegs darüber hinwegzutäuschen vermag, daß wir mit unseren psychoanalytisch-pädagogischen Konzepten, mit den vielfältigen Konzepten des interkulturellen Lernens und der interkulturellen Erziehung den Anforderungen der Realität noch lange nicht gerecht werden. Das Leben in einer zunehmend vielfältigen und schwer durchschaubaren Welt erfordert Fähigkeiten, die im Generationenverhältnis nur schwer vermittelt werden können, wenn die ältere Generation selbst diese Fähigkeiten aufgrund ihrer politischen und kulturellen Geschichte nicht erworben hat und u. U. nicht erwerben will. Ein durch Unsicherheit und gesteuerter Angst entstehendes Bedürfnis nach dominierender Identität und scharfer, d.h. feindseliger Abgrenzung ist bei vielen Menschen zunehmend zu beobachten und sucht sich seine politischen Kanäle. „Als neues Paradigma ist der „Kampf der Kulturen" auf den Ideenmarkt gekommen; es droht, der zunächst dumpfen Fremdenfeindlichkeit die Weihe intellektueller Reputation zu verleihen" (Müller 1997, 6).

Fremdes anzuerkennen und gleichzeitig das eigene zu bewahren, Gemeinsamkeiten zu erkennen und dennoch Unterschiede nicht zu leugnen, können aber auch begriffen werden als Chance eines Erfahrungsgewinns durch Lebensvielfalt, als Voraussetzungen der Friedensfähigkeit von Individuen und Gesellschaften nach innen und außen.

Im Prozeß der individuellen Identitätsfindung müssen die sicht- und erfahrbaren Schnittstellen zwischen den verschiedenen in der Gesellschaft präsenten Kulturen immer wieder ausgelotet, Überschneidungen wahrgenommen und akzeptiert, Grenzen und Unvereinbares ertragen werden. Dies gilt für Erwachsene, Kinder und Jugendliche aller Nationen, die hier gemeinsam heranwachsen. Familiäre und gesellschaftliche Brüche schlagen sich nieder im individuellen Aneignungsprozeß. Multiple Identifizierungen mit widersprüchlichen kulturellen Normen erzeugen Identitätskonflikte, für deren Lösung keine familiären oder gesellschaftlichen „Modelle" zur Verfügung stehen. Sie zeigen sich in Gefühlen der Irritation, Trauer, Wut und Ohnmacht. Imigrantenkinder sind besonders belastet, ist der Prozeß ihrer Identitätsbildung doch immer an die Frage „welche Identität?" gekoppelt. Der hieraus entstehende verschärfte Konflikt wird nicht selten abgewehrt entweder durch Überassimilation oder durch radikale Rückbesinnung und Überbetonung der Ursprungskultur.

Interkulturelle Erziehung hat bisher innerhalb der Psychoanalytischen Pädagogik nur eine marginale Rolle gespielt. Wir wissen zu wenig. Dieses eingedenk soll der vorliegende Band Ausgangspunkt sein für einen fruchtbaren, auch kontroversen wissenschaftlichen Diskurs über interkulturelles Lernen und Psychoanalytische Pädagogik.

Inhaltlich orientiert sich der Band im Wesentlichen an Vorträgen und Arbeitsgruppen der im Mai 1997 stattgefundenen wissenschaftlichen Fachtagung des Frankfurter Arbeitskreises für Psychoanalytische Pädagogik „Interkulturelle Erziehung. Psychoanalytische Pädagogik und multikulturelle Erziehung". Der Frankfurter Arbeitskreis hat diese Tagung in Kooperation mit der Hessischen Stiftung für Friedens- und Konfliktforschung und mit dem Amt für multikulturelle Angelegenheiten der Stadt Frankfurt konzipiert und durchgeführt. Beiden Institutionen möchten wir an dieser Stelle für die konstruktive Zusammenarbeit danken. Unser Dank gilt auch dem Hessischen Ministerium für Familie, Jugend, Gesundheit für seine freundliche Unterstützung.

Der vorliegende Band enthält neben den Vorträgen und Aufsätzen von an der Tagung Beteiligten aber auch einige zusätzliche Arbeiten von Peter Möhring, Nelda Felber-Villagra, Lilo Rohr. Diese Arbeiten ergänzen das Spektrum der Beiträge der Tagung.

Zu den einzelnen Beiträgen

Der vorliegende Band umfaßt folgende Schwerpunkte:

1. Grundlegende historische, sozialwissenschaftliche und psychoanalytische Aspekte der Migration
2. Interkulturelle Beziehungen in der Psychoanalytischen Pädagogik

Grundlegende historische, sozialwissenschaftliche und psychoanalytische Aspekte der Migration

Der erste Beitrag dieses Schwerpunktes von **Bernhard Santel** beschäftigt sich mit gesellschaftspolitischen, sozialen und ökonomischen Aspekten der Migration. Santel stellt fest, daß die positive Haltung der Öffentlichkeit zur Migration der 60er Jahre längst verschwunden ist, die BRD ist faktisch ein Einwanderungsland geworden. Viele Einwanderer verfügen über bürgerliche und soziale, nicht aber über politische Rechte. Santel bezeichnet sie als „Wohnbürger". Die Beschäftigungssituation der meisten Einwanderer hat sich positiv verändert, ihre Lebenssituation kann überwiegend als zufriedenstellend gesehen werden. Ausgenommen hiervon sind allerdings Asylbewerber und osteuropäische „neue Gastarbeiter". Der Autor kommt zu dem Schluß, daß den beachtlichen Fortschritten der „Ausländerpolitik" der Bundesregierung chronische Defizite gegenüberstehen. Diese beziehen sich in erster Linie auf die Weigerung, ausländische Bürger als Einwanderer anzuerkennen, obwohl deren durchschnittliche Aufenthaltsdauer in der BRD mehr als 15 Jahre beträgt und mittlerweile bereits eine dritte Generation hier aufwächst.

Der zweite Beitrag von **Leonie Herwartz-Emden** trägt den Titel „Migration und soziokulturelle Lebenswelt: Konfrontation und Veränderung". Die Autorin untersucht zunächst Sozialisationsbedingungen und Erziehungsverhalten von Migrantenfamilien. Sie stellt fest, daß der Betreuungsaufwand für Kinder in der BRD qualitativ und quantitativ angestiegen ist, die Institutionen öffentlicher Erziehung aber nach wie vor an der „Hausfrauenfamilie" orientiert sind. Für Migrantenfamilien, in denen Mütter überwiegend erwerbstätig sind, bedeutet dies eine ungewohnte Belastung, auf die die Familie oft nur unzureichend reagieren kann. Auch das Geschlechterverhältnis ändert sich durch die Migration oft radikal. Entgegen landläufigen Annahmen sind die Männer in Migrantenfamilien stark in häusliche Tätigkeiten eingebunden, das Geschlechterverhältnis ist vielfach partnerschaftlich. Dennoch bergen die spezifischen Belastungen im Aufnahmeland hohe Konfliktpotentiale, die häufiger zu Trennungen führen, als dies im Herkunftsland üblich oder möglich gewesen wäre.

Der dritte Beitrag dieses Schwerpunkts von **Peter Möhring** befaßt sich mit psychoanalytischen Aspekten der Migration. Möhring untersucht in erster Linie die psychischen Verarbeitungsformen der Migration. Er geht dabei aus von der Grundannahme, daß Kultur und Psyche untrennbar miteinander verknüpft sind. Die Trennung des Migranten von seiner Kultur ist deshalb niemals vollständig, weil jedes Individuum auf Kultur als Strukturelement seiner Identität angewiesen ist. Je freiwilliger die Migration, desto leichter fällt ihre psychische Verarbeitung. Menschen, die die Fähigkeit erworben haben, sich zu trennen, die also ausreichend gute Objekte introjizieren konnten, fällt es leichter, die mit der Migration verbundenen Verluste und Konflikte zu verarbeiten als Menschen, denen diese psychischen Voraussetzungen fehlen. Obwohl jede Migration individuell anders, einmalig, erlebt wird, werden doch in der Regel frühe Abwehrmechanismen wie Spaltung und Projektion begünstigt durch die Tatsache der realen Trennung, die Möhring als einen Prozeß des „Entliebens“ bezeichnet.

Im vierten Beitrag untersucht **Nelda Felber-Villagra** „das Gespenst des Exils in der Psychoanalyse“. Es handelt sich hierbei um eine Kritik an der Entpolitisierung, die die Psychoanalyse an ihrer eigenen Geschichte verübt. Die Geschichte der Psychoanalyse ist ja ebenso wie die der Psychoanalytischen Pädagogik eine Geschichte des Exils, das ihr durch den Nationalsozialismus der 30er Jahre aufgezwungen wurde. Die Autorin - selbst im Exil lebend - kritisiert die abwehrende, psychopathologisierende Haltung der Psychoanalyse gegenüber der traumatischen Bedeutung des Exils. Diese Abwehr zeigt sich z. B. darin, daß die Realität des Exils mit dem Begriff der Migration verharmlost und verleugnet wird. Darüber hinaus untersucht Felber-Villagra die psychischen Verarbeitungsformen des Exils. Sie arbeitet insbesondere den Zusammenhang zwischen Allmachtsphantasien und der erfahrenen Niederlage heraus, welche vorzugsweise abgewehrt wird durch den Mechanismus der Identifikation mit dem Aggressor. Das Trauma des Exils darf nach Felber-Villagra auch in der psychoanalytischen Behandlung nicht pathologisiert werden.

Lilo Rohr setzt sich im fünften Beitrag mit dem „Fremden im Eigenen" auseinander. Fremdheitserfahrungen entsprechen Rohr zufolge einem Prozeß des sozialen Sterbens, der zugelassen werden muß, wenn eine Integration in ein fremdes Land, eine fremde Kultur möglich werden soll. Die Begegnung mit dem Fremden ist immer eine Begegnung mit eigenen bewußtseins-fremden, also verdrängten Konflikten und Gefühlen. Sie ist daher lustvoll und angsterregend zugleich und setzt unausweichlich regressive Prozesse in Gang. Die Autorin erläutert dies an zwei Beispielen ihres persönlichen Erfahrungsfeldes. Individuell und zivilisatorisch können regressive- und Abwehrprozesse, die die Auseinandersetzung mit dem Fremden begleiten, jedoch auch ein großer Gewinn sein. In modernen multikulturellen Gesellschaften ist es unabdingbar, sich hiermit auseinanderzusetzen, „denn mißlingende Prozesse führen zu gesellschaftlicher Stagnation und Erstarrung".

Im sechsten und letzten Beitrag dieses Schwerpunkts erörtert **Fakhri Khalik** den Zusammenhang von Migration und Identität. Er stellt die Migration als einen schmerzlichen Prozeß des Objektverlusts dar. Khalik konzentriert sich im Wesentlichen auf die Faktoren, die es dem Migranten ermöglichen, die psychische Krise, die zumindest die erste Phase der Migration kennzeichnet, zu überwinden. Aus Psychoanalysen mit migrierten Patienten, aber auch aus seinem eigenen Erleben als Migrant zieht der Autor die Schlußfolgerung, daß diese Menschen eine Art „synthetische Identität" entwickeln, die er als „kompatible Wechselwirkung" zwischen zwei Identitäten beschreibt. „Jede dieser Identitäten hat ihren Kern, der mit dem anderen durch eine breite Brücke verbunden ist." Das Gleichgewicht zwischen beiden ist allerdings abhängig von bestimmten Bedingungen der Familie als Repräsentantin der ursprünglichen Kultur und der aufnehmenden Gesellschaft als Repräsentantin der neuen Kultur.

Interkulturelle Beziehungen in der Psychoanalytischen Pädagogik

Dieser Schwerpunkt, der im wesentlichen Beiträge aus der psychoanalytischen pädagogischen Praxis enthält, wird eingeleitet mit einem Beitrag von **Christian Büttner**, der sich mit dem psychoanalytisch-pädagogischen Umgang mit Fremdheit auseinandersetzt. Büttner formuliert folgende These: „Interkulturelle Erziehung wird (...) durch die Probleme des pädagogischen Umgangs mit Fremdheit ganz allgemein bestimmt (...)

Je besser es gelingt, mit der Fremdheit bzw. Andersartigkeit der Kolleginnen und Kollegen neben mir zurechtzukommen, desto offener kann ich auch gegenüber der Fremdheit bzw. Andersartigkeit meiner Klienten sein..." Die Einrichtungen öffentlicher Erziehung benötigen wegen ihres mulitkulturellen Klientels geprüfte Sicherheit, feste Settings und verläßliche Vereinbarungen. Nur unter dieser Voraussetzung ist ein fördernder Dialog möglich, der die Kluft zwischen Verstehen als gedanklicher Reflexion und intuitiver Empathie zu schließen vermag. Während Khalik von einer Synthese der zwei Identitäten des Migranten spricht, betont Büttner den „Zaun im Kopf" (Biondi), ein Bild, das den schmerzlichen Aspekt des Aufwachsens in zwei Kulturen veranschaulicht.

„Hochzeit auf Marokkanisch" lautet der Titel des folgenden Beitrags von **Cornelia Wegeler.** Wegeler berichtet hierin über ein Projekt sozialpädagogischer Gruppenarbeit mit türkischen und marokkanischen Mädchen in einer bundesdeutschen Großstadt. Anhand von Fallbeispielen werden typische Kulturkonflikte dieser Mädchen veranschaulicht, die sich einerseits an die hiesige Kultur anpassen möchten, andererseits aber auch mit den elterlichen Erwartungen und Forderungen nicht brechen wollen. Die sozialpädagogische Gruppenarbeit mit ausländischen Mädchen konnte die Integration in die hiesige Kultur erleichtern, gerade weil sie Ängste und Wünsche der Eltern dieser Mädchen, insbesondere der Mütter mitberücksichtigte und diese in die Arbeit einbezog. Als Ausdruck gelungener Versöhnung zwischen den Kulturen schildert die Autorin die öffentliche Darstellung eines marokkanischen Hochzeitsrituals, das die Mädchen gemeinsam mit ihren Müttern inszenierten.

Anders als Wegeler berichtet im nachfolgenden Beitrag **Klaus-Ulrich Meier** von einer wohl gescheiterten Integration eines 14jährigen afghanischen Mädchens, das durch die besonderen Umstände mehrfacher Migration schwer traumatisiert war. Meier schildert den überaus schwierigen Versuch des Lehrers, dieses Mädchen trotz seiner auffälligen Symptomatik und seiner erbitterten Kämpfe mit Lehrern und Klassenkameraden in der Schule zu „halten". Aus psychoanalytisch-pädagogischer Sicht bedeutete der Schulverweis ebenso wie das „freiwillige" Verlassen der Schule eine Wiederholung der traumatischen Verluste, die die Jugendliche durchlitten hatte. Eindrucksvoll kommen im Bericht Meiers die dramatischen Zuspitzungen zum Ausdruck, die darin gipfeln, daß nicht nur Einzelpersonen, sondern ganze Institutionen sich zum Feld der Reinszenierung des Traumas entwickelten, wobei unbewußt und unreflektiert die Abwehrmechanismen der Spaltung und der projektiven Identifizierung von ausschlaggebender Bedeutung sind.

Ebenfalls mit dem schulischen Bereich befaßt sich **Christoph Kleemann** im nachfolgenden Beitrag. Er schildert den Fall eines 8jährigen türkischen Jungen, der in einem Zentrum für Erziehungshilfe in einer bundesdeutschen Großstadt betreut wurde. Das Kind war wegen massiver Verhaltensauffälligkeiten und schwacher Leistungen in der Regelschule kaum tragbar. Das Förderprogramm umfaßte nicht nur die psychoanalytisch-pädagogische Arbeit mit dem Jungen selbst, sondern auch mit seiner Familie. Im Laufe dieser außerordentlich schwierigen Arbeit konnte die Problematik des Jungen allmählich verstanden werden als Reinszenierung früher Trennungserfahrungen über zwei Generationen hinweg. Der psychoanalytisch-pädagogische Umgang mit diesem unbewußt dem Wiederholungszwang unterliegenden Trauma zielte auf Integration anstatt auf Aussonderung und erneute Trennung. Dies verhalf dem Kind dazu, sich sukzessive besser in den Klassenverband zu integrieren und seine Leistungen zu verbessern.

Im fünften Beitrag dieses Schwerpunktes erörtert **Heinz Krebs** die psychosoziale Verarbeitung von Exil und Einbürgerung ebenfalls anhand eines Fallbeispiels. Es handelte sich um die Arbeit mit einer afrikanischen Migrantenfamilie im Rahmen der Erziehungsberatung. Anlaß für die Beratung war das hypermotorische nervöse Verhalten des 9jährigen Sohnes in der Grundschule. Krebs betont, daß Beratung im interkulturellen Kontext die Widersprüche zwischen den Kulturen berücksichtigen und die unterschiedlichen Identitätsentwürfe anerkennen muß ohne Identitätszwang auszuüben. In dem von ihm geschilderten psychoanalytisch-pädagogischen Beratungsprozeß werden die hierbei für alle Beteiligten auftretenden Konflikte plastisch herausgearbeitet. Die innere Welt des Kindes, das sich in eine Phantasie der „black power" flüchtet, steht den widersprüchlichen kulturellen Identitätsentwürfen seiner Eltern gegenüber, deren Beziehungskonflikte eine permanente Zusatzbelastung für das Kind bedeuten.

Der Band schließt mit einem Beitrag von **Helene Messer** und **Gudrun Nagel**. Die Autorinnen setzen sich auseinander mit interkulturellem Lernen in der Fachberatung und Supervision von ErzieherInnen. Fachliche Beratung soll ErzieherInnen bei ihrer Arbeit unterstützen, zwischen familiärer und öffentlicher Kultur zu vermitteln und sich empathisch einzulassen auf die unterschiedlichen kulturellen Identitäts- und Lebensentwürfe der Kinder und deren Familien. Konzept und institutioneller Auftrag der Kindertagesstätten sind lebensweltorientiert und als familienergänzendes Erziehungsangebot gedacht. Dies steht häufig im Widerspruch zu den Erwartungen besonders ausländischer Eltern, für die der Kindergarten eine gezielte Vorbereitung auf die Schule leisten soll. Konflikte und Verständigungsschwierigkeiten, die sich hieraus ergeben, können in der Fachberatung und Supervision reflektiert und bearbeitet werden. Messer und Nagel verdeutlichen dies anhand von Fallbeispielen aus ihrer Arbeit mit ErzieherInnen. Ziel psychoanalytisch-pädagogischer Fachberatung und Supervision ist das Verstehen der unbewußten Beziehungsdimensionen. Pädagogik kann nur dann als ein Dialog produktiv werden, wenn sie der Selbstreflexion zugänglich bleibt.

Literatur

Müller, H., Zum Geleit. In: Büttner, Ch. et al (Hrsg.), Interkulturelle Erziehung. Psychoanalytische Pädagogik und multikulturelle Erziehung. Dokumentation der Tagung. Frankfurt/M. 1997

Bernhard Santel

Gesellschaftspolitische, soziale und ökonomische Aspekte der Migration

Vor mehr als vierzig Jahren schloß Deutschland mit Italien das erste Abkommen zur Anwerbung von „Gastarbeitern". Da die boomende Wirtschaft den wachsenden Bedarf an Arbeitskräften auf dem heimischen Markt nicht decken konnte, kamen in der Folgezeit weitere Anwerbevereinbarungen hinzu. Heute weiß man, daß die Bundesregierung von den Herkunftsländern geradezu gedrängt wurde, über das vereinbarte Maß hinaus weitere Personen aufzunehmen. Staaten, die keine Berücksichtigung fanden, intervenierten, um ebenfalls Migranten entsenden zu können. Der grenzüberschreitende Fluß von Arbeitskräften lag also offenkundig im Interesse aller beteiligten Akteure. Deutschland erwartete sich eine Fortsetzung des ungebremsten Wachstums, die Herkunftsländer eine Entlastung ihrer von Arbeitslosigkeit geprägten Volkswirtschaften und die einzelnen Migranten eine Verbesserung ihrer materiellen Lebensverhältnisse. In einem Beitrag des „SPIEGEL" aus dem Jahr 1964 kommt die „Migrationseuphorie" dieser Zeit - aber auch die arrogante und herablassende Einstellung gegenüber Migranten aus wirtschaftlich randständigen Regionen - deutlich zum Ausdruck.

„Werbekolonnen westdeutscher Arbeitgeber schwärmten über den Kontinent aus, um dem ausgedorrten Arbeitsmarkt frisches Blut zuzuführen. Von den Gastgebern werden sie erwartet wie Verkünder einer neuen Heilslehre. (...) Lehnten die Deutschen einen Bewerber ab, weil er zu jung, zu alt oder nicht kräftig genug war, dann brach sein Clan in Wehklagen aus. Die erfolgreichen Kandidaten wurden von ihren Familien im Triumphzug nach Hause geleitet" (Der SPIEGEL 1964, Nr. 42, 44)

Seitdem hat sich viel verändert. Die Migrationseuphorie ist verflogen und durch eine Mischung aus Ratlosigkeit und einsetzender Normalität ersetzt worden. Aus den „Gastarbeitern" der Nachkriegszeit sind - wider Willen - Einwanderer, aus Deutschland ist - wider Willen - ein Einwanderungsland geworden (vgl. Bade 1986; Herbert 1986). Viele ausländische Arbeitnehmer, die ursprünglich nur kurze Zeit in der Bundesrepublik arbeiten und dann zu ihren Familien zurückkehren wollten, blieben dauerhaft im Land, darin unterstützt von ihren Arbeitgebern, die nicht unerhebliche Investitionen für Ausbildung und Einarbeitung leisteten und schon deshalb gegen jede Form der Zwangsrotation waren. Es war betriebswirtschaftlich schlichtweg nicht rational, eingearbeitetes und sprachkundig gewordenes Personal ziehen zu lassen, um es durch unausgebildete Neumigranten oder gleichfalls neu anzulernende Deutsche zu ersetzen. Je länger die ausländischen Beschäftigten hier tätig waren, desto unverzichtbarer wurden sie für die Unternehmen.

Wer weiß, daß Arbeitsplatz und Einkommen relativ sicher sind, beginnt längerfristig zu planen. Bereits in den 60er Jahren holten viele „Gastarbeiter" ihre Familien nach. Dazu waren sie berechtigt, da sich der grundgesetzlich garantierte Schutz von Ehe und Familie nicht nur auf Deutsche erstreckt. Mit den Familien kamen die Kinder, anfänglich noch überwiegend im Herkunftsland geboren, dann immer häufiger in Deutschland. Heute ist bereits jeder sechste Ausländer in Deutschland geboren, von allen hier zur Welt kommenden Kindern hat wiederum jedes sechste ausländische Eltern. Neben die erste und zweite ist eine dritte „Ausländer"-Generation getreten, die Kinder der Kinder der „Gastarbeiter" (vgl. Santel 1995b).

Die Arbeitsmigranten der 50er und 60er Jahre erreichen jetzt in wachsender Zahl das Rentenalter. Viele haben auf diesen Zeitpunkt hingespart, vielleicht schon Haus und Grundbesitz im Herkunftsland erworben mit dem Ziel, es als Alterssitz zu nutzen. Doch die Mehrheit der ausländischen Alten wird Deutschland nicht verlassen. Die vergleichsweise bessere medizinische Versorgung und der Kontakt zu den überwiegend hier lebenden Familienangehörigen werden dazu führen, der „neuen" Heimat den Vorzug gegenüber der „alten" zu geben. Auch die jüngeren Ausländer werden hier bleiben, sie kennen die Herkunftsländer ihrer Eltern zumeist nur aus dem Urlaub, sie sind ihnen fremd, ihre Heimat ist Deutschland.

Ebenso, wie vielen Migranten das Eingeständnis, nicht mehr in das Herkunftsland zurückzugehen, schwer fiel und weiter fällt, hat auch die Bundesrepublik Probleme, die Tatsache, Einwanderungsland geworden zu sein, zu akzeptieren. Von offizieller Seite wird dies mit der stereotyp wiederholten Behauptung, „Deutschland ist kein Einwanderungsland", noch immer bestritten. Wie grotesk diese Weigerung ist, macht ein Vergleich der demographischen Bedeutung von Immigration in Deutschland und den Vereinigten Staaten deutlich. Während Einwanderung in die USA nur knapp ein Drittel des jährlichen Bevölkerungsanstiegs ausmacht, geht in Deutschland - die Zahl der jährlichen Sterbefälle übersteigt die der Geburten deutlich - der gesamte Bevölkerungsanstieg auf das Konto von Einwanderung. Ohne Immigration würde die Bundesrepublik folglich einen deutlichen Bevölkerungsrückgang verzeichnen, während die amerikanische Bevölkerung auch ohne Einwanderung - zumindest kurzfristig - weiter anwachsen würde.

Zur Einschätzung, Deutschland ist kein Einwanderungsland, kann nur kommen, wer vor der Realität die Augen verschließt und zur Selbsttäuschung auf das Mittel semantischer Umdeutungen setzt. Anstelle von Einwanderung und Einwanderern ist dann von Zuwanderung, Zuwanderern, Zuzug, Dauerniederlassung etc. die Rede. Offizieller Lesart zufolge handelt es sich selbst bei der Gruppe der Aussiedler nicht um Einwanderer, obwohl diese mit der klaren Perspektive ins Land kommen, sich hier dauerhaft anzusiedeln. In diesem Fall wird argumentiert, Aussiedler könnten per definitionem gar keine Einwanderer sein, da sie Deutsche seien, die nicht in ihr eigenes Land immigrieren könnten. Daß alle Aussiedler im Ausland geboren wurden, einen fremden Paß besaßen und oftmals eine andere, denn die deutsche Sprache als Mutter- und Verkehrssprache haben, wird dabei geflissentlich ignoriert. Der Vergleich des staatlichen Umgangs mit Aussiedlern und Ausländern ist aufschlußreich. Es liegt schon eine gewisse Ironie darin, daß ein hier geborener Jugendlicher mit türkischen Vorfahren, der in Deutschland die Schule besucht, fließend deutsch spricht und - eventuell mit der Ausnahme weniger Urlaubswochen im Jahr - Deutschland nie verlassen hat, als Ausländer gilt, während ein gleichaltriger Jugendlicher, der in Rußland aufgewachsen und zur Schule gegangen ist, aufgrund seiner Abstammung bereits wenige Tage nach der Einreise deutscher Staatsbürger ist.

Die Probleme der adäquaten sprachlichen Verarbeitung der Tatsache, Einwanderungsland geworden zu sein, setzen sich fort, wenn man nach den korrekten Bezeichnungen für die verschiedenen in Deutschland lebenden Migrantengruppen sucht. Selbstverständlich handelt es sich bei der Generation der Anwerbeausländer um Einwanderer. Kompliziert wird es nun für die zweite und insbesondere für die dritte Generation. Genauso falsch, wie es ist, diese mit dem formalrechtlich zutreffenden, soziologisch aber irreführenden Begriff „Ausländer“ zu belegen, wäre es, von „Einwanderern“ oder Migranten zu sprechen. Aufgrund seiner Geburt in Deutschland verfügt dieser Personenkreis ja über keinerlei persönliche Wanderunsgeschichte. Welche Terminologie bietet sich infolgedessen an? Man kann von Kindern und Jugendlichen mit ausländischer Nationalität oder von Inländern ohne deutschen Paß etc. sprechen. All diese Bezeichnungen sind unzureichend. Bei den hier geborenen Kindern ausländischer Eltern handelt es sich um Deutsche, ohne daß unsere Gesellschaft aufgrund des vorherrschenden „ius sanguinis“-Denkens die Fähigkeit aufbringt, dieser sozialen Tatsache auch rechtspolitisch zu entsprechen.

Die deutsche Ausländerpolitik hat ihre strukturellen Defizite. Sie darf trotzdem nicht pauschal als Fehlschlag und Mißerfolg bezeichnet werden. Es gibt auch bemerkenswerte Erfolge. Diese sind zum einen das Resultat verbesserter rechtlicher Rahmenbedingungen, zum anderen auf die Einsatzbereitschaft und Zielstrebigkeit der hier lebenden Einwanderer selbst zurückzuführen.

1. Von Fremden zu Wohnbürgern: Die Verbesserung der Rechtslage von Einwanderern in Deutschland

Auch ohne formell Staatsangehörige zu sein, verfügen heute Millionen von Immigranten und ihre Nachfahren über einen hochwertigen Aufenthaltsstatus, der sie administrativer Willkür weitgehend entzieht. Ausgestattet mit einer unbefristeten Aufenthaltserlaubnis oder Aufenthaltsberechtigung weist ihre rechtliche Lage immer weniger Unterschiede zu der von Staatsbürgern auf. Legt man die berühmte Unterscheidung des britischen Soziologen Marshall zugrunde, der Staatsbürgerschaft in die drei Kategorien der bürgerlichen, politischen und sozialen Rechte differenziert, so zeigt sich in bezug auf bürgerliche und soziale Rechte eine weitgehend erreichte Gleichstellung von Einwanderern mit Staatsbürgern.[1]

Betrachten wir den Zusammenhang der besonders bedeutsamen sozialen Bürgerrechte etwas näher. Für Leistungen aus der Kranken-, Renten-

[1] Marshall (1986) spricht freilich an keiner Stelle seines Essays über Immigration, sondern analysiert die Entwicklung der Staatsbürgerschaft in Großbritannien vom 18. bis ins 20. Jahrhundert.

oder Arbeitslosenversicherung ist ausschließlich das Arbeitsverhältnis ausschlaggebend, ungeachtet der Nationalität. Gleiches gilt in abgeschwächter Form auch für die allgemeinen steuerfinanzierten Sozialleistungen auf die niedergelassene Ausländer Anspruch haben, nicht jedoch Migranten, die sich nur temporär im Land befinden. Als es in den 70er Jahren aufgrund des Bedeutungsverlusts des industriellen Sektors der Volkswirtschaft zu Massenarbeitslosigkeit kam, von der ausländische Arbeitnehmer wesentlich stärker tangiert wurden als ihre deutschen Kollegen, trug der Anspruch auf Arbeitslosengeld, der Zugang zu Wohngeld und Umschulungsmaßnahmen dazu bei, eine strukturelle sozioökonomische Marginalisierung zu verhindern. Genau dieser Aspekt unterscheidet die „Gastarbeiterpolitik" auch von der aktuellen Rekrutierung ausländischer Arbeitnehmer im Rahmen von Werkverträgen. Dieser Personenkreis wird bewußt sozial- und arbeitsrechtlich nicht in die bestehenden Sicherungssysteme eingegliedert, mit dem klar definierten Ziel, Einwanderung zu verhindern (vgl. Groenendijk/ Hampsink 1994).

Auch bei den politischen Rechten deuten sich Angleichungsprozesse an. Der Maastricht-Vertrag garantiert erstmals EU-Bürgern, die in anderen Mitgliedsländern leben, das kommunale Wahlrecht. Ein bemerkenswertes Faktum, wenn man sich in Erinnerung ruft, wie aggressiv konservative Politiker und Medien noch vor wenigen Jahren insistierten, daß zwischen Bevölkerung (dieser Terminus schließt Einwanderer mit ein) und Volk (dieser Begriff schließt sie verbreiteter Auffassung nach aus), ein gleichsam ontologischer Unterschied bestehe, der zu verwischen drohe, falls man Ausländern das Wahlrecht einräume. Die Selbstverständlichkeit, mit der bei den jüngsten Kommunalwahlen die Partizipation von EU-Bürgern kommentiert wurde, deutet auf einen insgesamt gelassener werdenden öffentlichen Umgang mit der Thematik hin.

Daß es sich bei der hier in Rede stehenden Gruppe der „Wohnbürger" nicht um eine Minderheit handelt, belegt das für die größten Einwanderernationalitäten in Deutschland vorliegende Datenmaterial.[2] Danach verfügen 71% der hier lebenden Türken über entweder eine unbefristete Aufenthaltserlaubnis oder eine Aufenthaltsberechtigung, bei den Italienern sind es 76% und bei den Griechen 70%. Bei den Migranten aus dem

[2] Vgl. zu „Wohnbürgerschaft" und „postnational membership" die Arbeiten von Soysal (1994) und Bauböck (1995).

ehemaligen Jugoslawien liegt dieser Wert mit 45% deutlich niedriger, was auf den starken Zuzug von Flüchtlingen in den vergangenen Jahren zurückzuführen ist, die nur über eine zeitlich befristete Aufenthaltserlaubnis verfügen.[3] Die Aufenthaltsberechtigung ist unterhalb der Staatsbürgerschaft der sicherste Rechtsstatus, den die Bundesrepublik Einwanderern erteilen kann. Er macht eine Abschiebung aus dem Bundesgebiet im Normalfall unmöglich.

Neben der Angleichung des Einwandererstatus an den der Staatsangehörigen sind auch die Kriterien zum Erwerb der Staatsbürgerschaft schrittweise gelockert worden. Deutschland, in der Literatur gern als völkischer Gegenpol eines republikanischen Staatsbürgerschaftsverständnisses bezeichnet, hat begonnen, seine Naturalisierungspraxis zu deethnisieren. Mit der Schaffung eines Anspruchs auf Einbürgerung für junge Ausländer zwischen dem 16. und 23. Lebensjahr, die mindestens acht Jahre hier gelebt und sechs Jahre hiesige Schulen besucht haben, sind erstmals „ius soli"-Elemente in das bundesdeutsche Recht aufgenommen worden.[4]

Einen erleichterten Zugang zur Staatsbürgerschaft haben aber nicht nur Jugendliche. Aufgrund der langen durchschnittlichen Aufenthaltszeit dürften gegenwärtig mehr als zwei Drittel der in Deutschland lebenden sieben Millionen Ausländer „versteckte" Deutsche sein, die die wichtigste Bedingung zum Erwerb der Staatsangehörigkeit, nämlich einen zehnjährigen Mindestaufenthalt, erfüllen. Das verbreitete Urteil, Deutschland verweigere seinen Einwanderern den Zugang zur Staatsbürgerschaft ist in dieser Pauschalisierung also falsch. Für viele steht die Tür offen, sie wird aber nicht durchschritten. Die Gründe dafür sind vielfältig. Sie dürften von Unkenntnis des bürokratischen Ablaufs bis hin zur Angst vor dem Verlust der „nationalen Identität" reichen. Zu berücksichtigen ist allerdings auch die fehlende subjektive Notwendigkeit angesichts der hohen rechtlichen Qualität ihres Aufenthaltsstatus. Auch ohne Staatsbürgerschaft ist Lebensplanung und Aufenthaltssicherheit für das Gros der hier lebenden Migranten gewährleistet.

---

[3] Einen ausgezeichneten, empirisch qualifizierten Einblick in die Lebenslage von Einwanderern in Deutschland liefert ein im Auftrag des Bundesministeriums für Arbeit und Sozialordnung (1996) von der Friedrich-Ebert-Stiftung erstellter Forschungsbericht.

[4] Über das deutsche Ausländerrecht informiert in guter Weise Kugler (1995).

Trotz zahlreicher Widerstände wird sich die Annäherung an die Einbürgerungspraxis „klassischer“ Einwanderungsländer in den kommenden Jahren weiter fortsetzen. Ohnehin dürfte schon jetzt eine Mehrheit im Deutschen Bundestag für die Anerkennung der Realität Deutschlands als Einwanderungsland, verbunden mit der Notwendigkeit, Migranten dann auch rasch zu naturalisieren, sein. Koalitionsinterne Rücksichtnahmen halten Parlamentarier der Regierungsparteien allerdings davon ab, in dieser Frage mit der Opposition zu stimmen. Innenminister Kanther, der sich als integrationspolitischer Hemmschuh profiliert hat, droht ein Schicksal, ähnlich dem seines Vorgängers Zimmermann. Dieser versuchte in den 80er Jahren wiederholt, die eingewanderte Bevölkerung rechtlich auszugrenzen. Er hielt konsequent am „touristischen“ Konzept der Ausländerpolitik fest, das Migranten lediglich als Durchreisende ohne Niederlassungsrecht begreift. Schließlich scheiterten seine Initiativen, da er weder in der christlich-liberalen Koalition, geschweige denn im Parlament eine ausreichende Mehrheit fand.

2. Defizite und Fortschritt: Zur wirtschaftliche Lage von Einwanderern in Deutschland

Aufgrund der Ausbeutung von Zwangsarbeitern im Nationalsozialismus und im Anschluß an das Diktum Max Frischs' „Wir haben Arbeiter gerufen, und es kamen Menschen“ gilt im deutschen Migrationsdiskurs die Konzentration auf ökonomische Variablen als unangebracht und normwidrig. Die Folge der Vernachlässigung wirtschaftlicher Fragestellungen ist eine Kulturalisierung der Migrationsthematik. Migranten wird ein kulturelles Anderssein unterstellt, was durch Beobachtungsbeispiele belegt, nicht jedoch streng empirisch abgesichert wird. Wichtiger als vermeintliche kulturelle Probleme dürfte für die Lebenswirklichkeit der Einwanderer, - wie für jede andere Sozialgruppe im übrigen auch - ihre sozioökonomische Stellung sein. In einer marktwirtschaftlichen Gesellschaft ist die ökonomische Existenz die Basis der individuellen Handlungsfähigkeit. Sichere Arbeitsplätze und ein befriedigendes Einkommen sind die unabdingbare Voraussetzung einer selbständigen und selbstbewußten Lebensführung. Trotz fortbestehender Defizite hat es hier in den vergangenen Jahren bemerkenswerte Fortschritte gegeben.

In den Anfangsjahren der Anwerbung gingen ausländische Arbeitnehmer in der Regel niedrig qualifizierten und gering entlohnten Tätigkeiten im Verarbeitenden Gewerbe nach. Sie wurden gezielt für Beschäftigungen am unteren Ende der betrieblichen Hierarchie angeworben und in Arbeitsmarktsegmenten tätig, für die Deutsche nicht mehr zu gewinnen waren. Aus dieser Zeit stammen die bis heute klischeehaft in den Köpfen festsitzenden Bilder vom türkischen Straßenkehrer und der griechischen Putzfrau. Seitdem hat sich die Beschäftigungssituation der Migrantinnen und Migranten in Deutschland jedoch durchgreifend verändert und verbessert. Zurückzuführen ist dies nicht zuletzt auf ihre Einsatzbereitschaft, Zielstrebigkeit und Sozialkompetenz. Einwanderer gehören heute in vielen Wirtschaftsbereichen zu den qualifizierten Kernbelegschaften. Der Anteil der Facharbeiter, Angestellten und Selbständigen unter ihnen ist angestiegen, während derjenige der un- und angelernten Hilfsarbeiter rückläufig ist. Auch die Einkommenslage der Einwanderer hat sich strukturell verbessert (vgl. Münz /Seifert/Ulrich 1997, 95ff.). Bemerkenswert ist auch die steigende Zahl ausländischer Abiturienten und Studenten und die zurückgehende Zahl von Schulabbrechern. Selbstverständlich kann noch nicht von einer sozioökonomischen Gleichstellung von Einwanderern und Deutschen gesprochen werden. Nur 40 Jahre nach Abschluß des ersten Anwerbeabkommens war dies auch nicht zu erwarten. Der Trend zur Angleichung an die wirtschaftliche Situation von Deutschen ist jedoch unverkennbar.

Die folgende Tabelle zur Beschäftigungssituation verdeutlicht, daß es in den zurückliegenden zwei Jahrzehnten zu einer Abkehr von der einseitigen Fixierung auf Berufe im Verarbeitenden Gewerbe gekommen ist.

Abb. 1: Sozialversicherungspflichtig beschäftigte Ausländer nach Wirtschaftsbereichen, 1975, 1985 und 1994, in Prozent

	1975	1985	1994
Landwirtschaft	1,0	1,0	1,3
Produzierendes Gewerbe	62,1	56,0	42,3
Baugewerbe	10,8	9,2	10,0
Handel, Verkehr, Nachrichtenübermittlung	9,2	10,8	14,9
Kreditinstitute Versicherungsgewerbe	0,6	0,8	1,1
gemeinnützige Organisationen, private Haushalte	0,6	1,0	1,5
Gebietskörperschaften, Sozialversicherung	2,4	2,9	2,5
sonstige Dienstleistungen	15,2	18,2	26,5

Quelle: Münz/Seifert/Ulrich (1997)

Waren 1975 noch über 60% aller Migranten im Verarbeitenden Gewerbe tätig, sind es zwanzig Jahre später mit 40% schon deutlich weniger. Die Mehrheit der Ausländer in Deutschland ist heute also nicht mehr in industriellen Berufen beschäftigt. Wenn auch langsam, erhöht sich sukzessiv auch der Anteil von ausländischen Beschäftigten im qualifizierten Dienstleistungsbereich. Trotz schlechter Startbedingungen ist vielen Einwanderern eine wirtschaftliche Aufwärtsmobilität gelungen. Unzugänglich, da an die Staatsbürgerschaft gekoppelt, ist ihnen nach wie vor der Beamtenstatus. Auch um Zugang zu diesen sicheren Beschäftigungsverhältnissen zu bekommen, ist Einbürgerung das Gebot der Stunde.

In der Diskussion über Einwanderung und Integration ist oft von strukturellen Unterschieden zwischen Türken auf der einen und Migranten aus Mitgliedstaaten der Europäischen Union auf der anderen Seite die Rede. Für den Bereich der wirtschaftlichen Integration sind jedoch nicht differente, sondern parallel verlaufende Integrationsabläufe charakteristisch. Die folgende Tabelle zeigt die relativ gleichmäßige Verteilung der Anwerbemigranten auf die verschiedenen Berufsgruppen:

Abb. 2: Berufsstatus Angaben in %	Türkei	ehem. Jugoslawien	Italien	Spanien	Griechenland
Ungelernte Arbeiter	15	13	15	16	14
Angelernte Arbeiter	35	29	26	25	25
Angestellte	17	23	24	23	23
Facharbeiter und (unselbständige) Handwerker	25	32	26	30	24
Selbständige	6	3	9	7	14

Quelle: Thränhardt/Santel u.a. 1994, S. 97

Noch immer ist der Anteil un- und angelernter Arbeiter erschreckend hoch. Beachtlich ist jedoch, daß inzwischen über 50% der Anwerbeausländer als Facharbeiter, Angestellte oder Selbständige tätig sind. Der höhere Anteil un- und angelernter Arbeiter und geringere Angestelltenanteil bei türkischen Migranten hängt ganz wesentlich mit ihrem späten Einwanderungszeitpunkt zusammen, keineswegs jedoch mit kulturellen Unterschieden. Grotesk und von frappanter Unkenntnis geprägt ist daher die folgende Ausführung: „Wegen ihrer traditionellen Lebensgewohnheiten und insbesondere ihrer islamischen Religion unterscheiden sich die türkischen Familien ganz grundsätzlich von den anderen, europäischen Ausländern“ (Althammer 1995).

Besonders problematisch ist die Beschäftigungssituation junger Ausländer, die von hoher Arbeitslosigkeit geprägt ist. Daran erkennt man, daß die Anwerbegeneration in gewisser Weise auch eine privilegierte Gruppe gewesen ist, da sie in Zeiten der Hochkonjunktur mit der Garantie eines Arbeitsplatzes nach Deutschland kam. Die feste Verankerung in den Betrieben ist der Schlüssel zum Verständnis ihrer insgesamt durchaus befriedigenden ökonomischen Lebenslage. Dieser Integrationsweg steht der 2. und 3. Generation auf dem umkämpften Arbeitsmarkt der 90er Jahre nicht mehr in gleichem Umfang zur Verfügung.

3. Schlußbemerkungen

Die Lebenslage der eingewanderten Bevölkerung in Deutschland ist ebenso differenziert zu betrachten wie die „Ausländerpolitik“ der Bundesregierung. Beachtlichen Fortschritten stehen chronische Defizite gegenüber. So weigert sich die politische Elite noch stets, die Tatsache, Einwanderungsland geworden zu sein, zu akzeptieren. Mehr als 40 Jahre nach der ersten Anwerbung von „Gastarbeitern", angesichts einer hier aufwachsenden „dritten Generation" und durchschnittlicher Aufenthaltszeiten von über 15 Jahren wirkt dies nicht mehr nur lächerlich, sondern zunehmend auch böswillig. Die Weigerung von Einwanderung und Einwanderern zu reden, bedeutet im Gegenzug aber nicht, daß die hier lebenden Migranten und Migrantinnen einen unzureichenden Aufenthaltsschutz hätten. In ihrer Mehrheit verfügen sie heute entweder über Aufenthaltsberechtigungen oder unbefristete Aufenthaltsgenehmigungen. Diese Rechtstitel garantieren ihnen eine sichere Lebensperspektive in Deutschland. Ob sie bleiben oder gehen, ist ihre Sache, nicht die des Staates. Als „Wohnbürger" sind sie zudem im Besitz von bürgerlichen Freiheits- und sozialen Wohlfahrtssrechte. Für Asylbewerber und die neuen „Gastarbeiter" aus Osteuropa sieht dies freilich ganz anders aus (vgl. Santel 1995, 82ff.).

Das deutsche Gemeinwesen hat sich als durchaus offen für den legitimen Wunsch der Migranten nach einer sicheren Aufenthaltsperspektive erwiesen. Auch die Einbürgerungsbedingungen sind in den vergangenen Jahren vereinfacht worden. Ähnlich der Praxis in „klassischen Einwanderungsländern" wird Antragstellern heute nicht mehr eine wie auch immer geartete kulturelle Assimilierung an hiesige Standards abverlangt, sondern ein republikanisches Bekenntnis zur demokratischen Verfassung. Unzureichend und in hohem Maße kontraproduktiv bleibt indes der starrsinnige Verzicht auf die rasche Naturalisierung hier geborener Kinder.

In diesem Beitrag ist wenig von kulturellen Adaptionsproblemen die Rede gewesen. Diese sollen nicht in Abrede gestellt werden. Wichtiger für die Lebenslage erscheint jedoch der Komplex der sozioökonomischen Integration, die Verfügbarkeit von Arbeitsplätzen und gesicherten Einkommen. Hier bestehen nach wie vor gravierende Rückstände zur deutschen Bevölkerung. Man denke nur an den höheren Anteil un- und angelernter Arbeitskräfte oder die hohe Arbeitslosigkeit. Es hieße jedoch, ein verkürztes Bild der wirtschaftlichen Situation von Einwanderern zeichnen, wenn nicht gleichzeitig auch auf bemerkenswerte Fortschritte hingewiesen wurde. Immer mehr Einwanderer schaffen den Übergang in qualifizierte Dienstleistungsberufe oder den beruflichen Aufstieg zum

Facharbeiter. Daß den Migranten und Migrantinnen in Deutschland wirtschaftliche Aufwärtsmobilität in wachsendem Maße gelingt, hat wenig mit „Ausländerpolitik“ aber viel mit ihrer Zielstrebigkeit und Einsatzbereitschaft zu tun.

Literatur

Althammer, W., Die politische Bedeutung des Migrationsproblems in Deutschland, in: AWR-Bulletin. Vierteljahresschrift für Flüchtlingsfragen, 33. Jg., Nr. 1. 1995, 38-43

Bade, K.J., Auswanderer - Wanderarbeiter - Gastarbeiter: Bevölkerung, Arbeitsmarkt und Wanderung in Deutschland seit der Mitte des 19. Jahrhunderts, Ostfildern 1986

Bauböck, R., Changing the Boundaries of Citizenship. The Inclusion of Immigrants in Democratic Polities, in: Ders. (Hrsg.), From Aliens to Citizens. Redefining the Status of Immigrants to Europe, Aldershot, 1994

Bundesministerium für Arbeit und Sozialordnung: Situation der ausländischen Arbeitnehmer und ihrer Familienangehörigen in der Bundesrepublik Deutschland (Forschungsbericht 263), Bonn, 1996

Groenendijk, K. /Hampsink, R., Temporary Employment of Migrants in Europe. Nijmegen 1994

Herbert, U. Geschichte der Ausländerbeschäftigung in Deutschland 1880-1980. Saisonarbeiter - Zwangsarbeiter - Gastarbeiter. Berlin/Bonn 1986

Kugler, R., Ausländerrecht. Ein Handbuch, 2. Aufl., Göttingen 1995

Marshall, T.H., Staatsbürgerrechte und soziale Klassen. In: Ders., Bürgerrechte und soziale Klassen. Zur Soziologie des Wohlfahrtsstaates, Frankfurt/Main 1992, 33-94

Münz, R. /Seifert, W. /Ulrich, R., Zuwanderung nach Deutschland. Strukturen, Wirkungen, Perspektiven. Frankfurt M./New York 1997

Santel, B., Die Lebenslage junger Migranten. Zur Problematik der „Dritten Generation“. In: Friedrich-Ebert-Stiftung: Die Dritte Generation. Integriert, angepaßt oder ausgegrenzt? Gesprächskreis Arbeit und Soziales Nr. 55, Bonn 1995b, 7-25

Santel, B., Migration in und nach Europa. Erfahrungen, Strukturen, Politik, Opladen 1995

Soysal, Y., Limits of Citizenship. Migrants and Postnational Membership in Europe. Chicago/London 1994

Thränhardt, D. /Santel, B. /Funke, M. /Dieregsweiler, R., Ausländerinnen und Ausländer in Nordrhein-Westfalen. Die Lebenslage der Menschen aus den ehemaligen Anwerbeländern und die Handlungsmöglichkeiten der Politik (Landessozialbericht Bd. 6, Ministerium für Arbeit, Gesundheit und Soziales). Düsseldorf 1994

Leonie Herwartz-Emden

Migration und soziokulturelle Lebenswelt: Konfrontation und Veränderung

Ich werde im folgenden zunächst die Lebenswelt der *Familie* mit den dort gegebenen Beziehungen - dem Generationenverhältnis und dem Geschlechterverhältnis - in den Mittelpunkt meiner Ausführungen stellen, sodann spezifisch auf emotionale Dimensionen in den Veränderungsprozessen eingehen. Ich werde damit von der Lebenswelt der Familie auf die Ebene der Individuen wechseln und abschließend anhand von ausgewählten Interviewauszügen auf die Fremdheitserfahrungen von nach Deutschland eingewanderten Frauen eingehen.

Die Funktion von Familie

Die Funktion von Familie in Migrations- und Einwanderungsprozessen ist international äußerst lückenhaft untersucht oder vielfach nur mit einer „Defizithypothese" beantwortet worden. Familie und Netzwerke sind zentrale Größen in der Struktur und Gestalt von Migrationen. Familie steht ganz allgemein in engem Bezug zu Migration, denn durch familiäre und persönliche Beziehungen wird Migration nicht zuletzt ausgelöst bzw. die materielle Existenzsicherung der Familie ist ein herausragender Motivationsfaktor für Migrationen. Ebenso sind familiäre, persönliche und kommunale Netzwerke für Einwanderer die zentrale Ressource zur Bewältigung der Niederlassung. Für Wanderer ist die Familie der Ort für ethnische Identifikation und Bewahrung, aber auch für Akkulturation und damit für Veränderungen. Sie ist unersetzlich als Ort positiver Identitätsstiftung im Spannungsfeld von Fremdheits- und Diskriminierungserfahrungen in der Aufnahmegesellschaft.

Will man Veränderungen durch Migration untersuchen, so müssen Institutionen ebenso untersucht werden wie Arbeitsbedingungen, Reproduktionsverhältnisse, Kinderversorgung, Sozialisationsinstanzen, Erziehungsverhalten und Lebensformen. In der Familie verknüpfen sich diese Untersuchungsbereiche. Die Familie ist der „private" Kristallisationspunkt für Beziehungen und Veränderungen.

Das Konzept Familie

Das Konzept Familie ist im Migrationsprozeß zahlreichen Veränderungen unterworfen und erscheint in vielfältigen Formen: Die gegenwärtige Entwicklung internationaler Migrationswege verweist beispielhaft auf die Bedeutung dieses Untersuchungsbereiches. Transnationale Haushalte und internationale Netzwerke sind die Gestaltungsbedingungen von Migrationsströmen illegaler und legaler Wanderer, die zunehmend insbesondere in europäische Metropolen strömen. Wie sich an dieser Entwicklung zeigt, wird die Migration durch familiäre Beziehungen ausgelöst und getragen. Die Individuen werden mobilisiert, um wiederum die Familie zu erhalten. Häufig steht diese spezifische Form der Wanderung mit Illegalität in Zusammenhang - wobei die Illegalität des Status für die Beteiligten selbst irrelevant ist, da es um ein übergeordnetes Ziel geht, nämlich die Erhaltung der Haushalte über Kontinente hinweg. Das migrationsrelevante Konzept Familie erweist sich somit als äußerst *flexibel*. Für beispielsweise die karibische Immigration in die USA, aber auch für lateinamerikanische und asiatische Wanderungen nach Europa läßt sich zeigen, daß hier „internationale Familien" gestaltet und erhalten werden, die nicht an lokale Haushalte gebunden sind, sondern nach den Regeln von Netzwerken funktionieren.

Bedingungen für Sozialisation und Erziehung in den Migrantenfamilien

Um die spezifischen familiären Bedingungen und die Veränderungen von Migrantenfamilien einschätzen zu können, ist es sinnvoll, einen Blick auf die bundesdeutsche Familie zu werfen. Es kann davon ausgegangen werden, daß Familie und das Zusammenleben in Familien sowohl für ansässige Deutsche wie für Zugewanderte eine ungebrochene Zielgröße in der Werteskala und im Lebenslauf der Einzelnen darstellen. Unter der Bedingung von Migration und Einwanderung ist Familie zunächst einmal eine zentrale Dimension in der Auswanderungsmotivation - in den meisten Fällen gilt es, die familiäre Existenz - im weiteren oder engeren familiären Netzwerk - zu sichern. Das Überleben der Kinder und ihre Zukunft zu garantieren, ist weltweit die Hauptmotivation für Wanderungsprozesse. Für die Arbeitsaufnahme bzw. für die Gestaltung des Alltages im Einwanderungsland ist Familie ähnlich ein zentraler Ausgangspunkt. In der Einwanderungssituation ist die Familie auch der Ort für das alltägliche emotionale Überleben und die Kommunikationsbedürfnisse des Alltages. Darüber hinaus bietet die Familie Schutz und Raum für die ethnische Identifikation und die Identitätssicherung in einer häufig feindlichen Umgebung. Die Familie ist der Ort, an dem sich zentrale Prozesse der Sozialisation und Erziehung der Kinder täglich abspielen, hier werden sie Tag für Tag betreut. Die *Rahmenbedingungen des Alltags mit Kindern und der Kindererziehung in Deutschland* sind dabei für die ausländischen Familien ebenso maßgebend wie für die deutschen Familien mit Kindern.

1. Gesellschaftliche Entwicklungen haben auch die *Bedingungen von Kindheit* verändert. Die *Verinselung* des Lebensraumes von Kindern führt heutzutage dazu, daß Kinder gefahren werden. Meist müssen Mütter sich darum kümmern, ihre Kinder in den Kindergarten zu bringen bzw. in die Schule zu fahren und sie mit anderen Kindern zusammenzubringen. Es ist in Deutschland zunehmend gefährlich, Kinder draußen unbeaufsichtigt spielen zu lassen - was für viele ausländische Familien, auch für Aussiedler, eine große Veränderung bedeutet. Außerdem gehört es für viele Eltern zum Alltag, ihre Kinder an organisierten Freizeitaktivitäten teilhaben zu lassen.

2. Hinsichtlich der *Art der Kinderbetreuung* hat ebenfalls eine Veränderung stattgefunden: Weg von der reinen Versorgung hin zu einer Intensivierung der Beziehung und der Auseinandersetzung mit dem Kind. Die *Pädagogisierung und Psychologisierung der Kindheit*, die in den Jahrzehnten nach dem Zweiten Weltkrieg breite Bevölkerungsschichten in Deutschland erfaßte und durch die Bildung der Frauen einen zusätzlichen Schub erfuhr, hat dazu geführt, daß der alltägliche Betreuungsaufwand für Kinder nicht weniger geworden ist, sondern daß er sich qualitativ verändert hat (vgl. Rerrich 1988, 130). *Die stärkere Betonung und Unterstützung der individuellen Bedürfnisse der Kinder übersetzt sich in der alltäglichen Lebensführung charakteristischerweise in Alltagsarbeit für die Eltern, besonders für die Mütter.*

Diese qualitative Intensivierung des alltäglichen Arbeitsaufwands für Kinder setzt sich ebenso bei der institutionalisierten Kinderbetreuung fort (z.B. selbstverwaltete Kinderläden/-gärten; Elternabende in der Schule). Dennoch ist eines bei allen Veränderungen „kontrafaktisch gleichgeblieben“: *die Zeitrhythmen von Kindergarten und Schule sind nach wie vor am Leitbild der traditionellen Familienform orientiert*, das traditionelle Arbeitszeitmuster bzw. Arbeitszeiten einschließt (z.B. Vater arbeitet Vollzeit, Mutter ist ständig zu Hause erreichbar). Auf der Seite der Institutionen wird also immer noch davon ausgegangen, daß selbstverständlich jemand zu Hause verfügbar ist. Diese Bedingung ist für ausländische Familien schwer zu erfüllen. In der Regel ist die Erwerbstätigkeit der Frau in dieser Population wesentlich höher als in vergleichbaren deutschen Familien, was bedeutet, daß die Hausfrauenfamilie hier keineswegs als selbstverständlich vorausgesetzt werden kann. Der Umbruch, der sich hier für viele Arbeitsmigrantenfamilien in der Vergangenheit ergeben hat, ist gegenwärtig in vielen *Aussiedler*familien zu bewältigen. In ihren Herkunftsländern war die staatliche Betreuung die Regel, zusätzlich stand die ältere Generation für die Kinderbetreuung zur Verfügung. In Deutschland sind die Familien mit der Anforderung konfrontiert, ihre Kinder alltäglich individuell und persönlich zu betreuen und als Eltern in hohen Maße zur Verfügung zu stehen.

Bildungs- und Ausbildungschancen als Voraussetzung der Integration

Circa 1,8 Mio. Kinder und Jugendliche ausländischer Herkunft leben gegenwärtig in Deutschland (das gilt für die Altersspanne bis 20 Jahren). Die Gruppe der 14-25jährigen zählt ca. 1,5 Mio. - wobei der Anteil der hier geborenen und aufgewachsenen Kinder und Jugendlichen stetig steigt. Die Gruppe der jugendlichen MigrantInnen ist sehr heterogen, aufgrund unterschiedlicher Herkunft, Nationalität und Rechtsstellung (sie umfaßt die Gruppe der MigrantInnen der 2. und 3. Generation aus EG- und Nicht-EG-Mitgliedstaaten, der AussiedlerInnen und der Flüchtlinge). Eine der größten Gruppen sind die ca. 500.000 jungen Menschen türkischer Herkunft und die ca. 600.000 jugendlichen Aussiedler.

Unabhängig von ihrer Heterogenität gilt für alle jungen MigrantInnen, daß sie im Prozeß beruflicher Orientierung und Qualifizierung nicht die gleichen Chancen haben wie ihre deutschen AltersgenossInnen (vgl. Brunken 1995).

Als erste Hürde auf dem Weg zu einer Chancengleichheit muß vermerkt werden, daß die *Inanspruchnahme der Kindergartenbetreuung* bei den ausländischen Familien weit geringer ist als bei den deutschen Familien. Nur 57,7% der Kinder (im Alter von 3-8 Jahren) mit ausländischem Paß besuchen einen Kindergarten, wohingegen von den deutschen Kindern 74,2% in den Kindergarten gehen (vgl. Die Beauftragte der Bundesregierung für die Belange der Ausländer 1994, 61f). Der Kindergarten als Einrichtung öffentlicher Kinderbetreuung wird allerdings von Migrantenfamilien positiv bewertet; die Mechanismen ihrer Beteiligung wie ihres Ausschlusses sind *nicht* erforscht.

Die *Bildungsorientierung von Migrantenfamilien* ist generell als sehr hoch anzusehen, denn die Sicherung der Zukunft der Kinder ist, wie bereits erwähnt, eine herausragende Migrationsmotivation. Da die Rückkehr häufig nicht realisierbar war/ist, ist der Erfolg der Kinder in der Aufnahmegesellschaft überdies ein sichtbares Zeichen des Erfolges der Migration und belohnt für die Mühen und zahlreiche Entbehrungen. Als sehr einschränkende Bedingung für den Integrationserfolg der Familien muß allerdings angeführt werden, daß die *Bildungschancen für ausländische Kinder im deutschen Schulsystem nach wie vor schlecht sind.*

Die Bildungsbeteiligung eingewanderter Kinder und Jugendlicher liegt für die 6-15jährigen bei 95% - damit ist für diese Altersgruppe die Quote der deutschen Kinder/Jugendlichen erreicht - und für die 15-20jährigen bei 60% - und damit deutlich unter dem Vergleichswert der deutschen Jugendlichen (90%). 36% der jungen Migrantinnen erreichen den Realschulabschluß oder das Abitur gegenüber 27% der männlichen Migranten. Dennoch sind ausländische SchülerInnen an weiterführenden Schulen gemessen an ihrem Anteil an der jeweiligen Altersgruppe immer noch unterrepräsentiert. Das heißt, es ist zwar eine Verbesserung der Situation eingetreten, jedoch hat keine Angleichung gegenüber deutschen SchülerInnen stattgefunden

Im *Ausbildungsbereich* zeigt sich, daß sich ausländische Jugendliche auf einige wenige Ausbildungsberufe konzentrieren. Während männliche Jugendliche vorwiegend in handwerklichen und gewerblich-technischen Berufen ausgebildet werden, liegt der Schwerpunkt bei den weiblichen Jugendlichen bei den Dienstleistungsberufen. Ausländische Jugendliche weisen eine überdurchschnittlich hohe Quote beim Ausbildungsabbruch auf - 1988/89 brachen insgesamt 24% der ausländischen Auszubildenden ihre Ausbildung ab.

Eine zweite Schwelle ist die *Arbeitsplatzsuche*: für ausländische Jugendliche ist das Risiko, nach Abschluß der Ausbildung arbeitslos zu werden ca. doppelt so hoch wie das deutscher Jugendlicher, da sie häufig in Bereichen ausgebildet werden, die wenig Beschäftigungsmöglichkeiten eröffnen.

Jugendliche *Migrantinnen* sind weniger in betrieblichen, sondern mehr in schulischen Ausbildungsgängen vertreten, die häufig eine Ausweichlösung darstellen, weil sie keinen betrieblichen Ausbildungsplatz finden konnten. Darüber hinaus haben Untersuchungen über das Berufswahlverhalten von Mädchen gezeigt, daß sich auch hier die *geschlechtsspezifische Segmentierung des Arbeitsmarktes* widerspiegelt: innerhalb eines Spektrums von mehr als 200 Ausbildungsberufen konzentrieren sie sich mehrheitlich auf 10 bis 15 Berufe (überwiegend typisch weibliche Berufe wie Friseurin, Arzthelferin, Verkäuferin o.ä.) - wobei es sich oft um Berufe handelt, die zu keiner dauerhaften Erwerbstätigkeit führen. Im Vergleich dazu ist das Berufswahlverhalten bei deutschen Mädchen wesentlich breiter angelegt.

Das Qualifikationsniveau von Einwanderern der ersten Generation ist die wichtigste Voraussetzung für das Gelingen der Integration in die aufnehmende Gesellschaft. Untersuchungen über die Integration junger Migranten weisen auch darauf hin, daß sich die Eingliederung der 2. und 3. Ausländergeneration nicht automatisch, quasi „natürwüchsig" vollzieht, sondern wesentlich von ihrer beruflichen Situation abhängt. Neben der längst überfälligen politischen Gleichstellung ist daher die Steigerung ihrer Bildungsbeteiligung und ihrer Ausbildungsquote eine unabdingbare Voraussetzung für eine gleichberechtigte gesellschaftliche Teilhabe der Heranwachsenden, deren Lebensmittelpunkt hier ist und bleiben wird.

Nach den Ergebnissen einer neueren Analyse läßt sich belegen, daß einige der größten Ausländergruppen, die Kinder türkischer und italienischer Herkunft, in der Bundesrepublik im Schulsystem benachteiligt sind. Benachteiligung heißt, daß die Kinder und Jugendlichen aus diesen Gruppen mit größerer Wahrscheinlichkeit die Hauptschule besuchen und im Anschluß daran keine Lehre absolvieren (vgl. Alba/Handl /Müller 1994, 234). Diese Benachteiligungen sind jedoch nicht nur ein Produkt der niedrigeren sozio-ökonomischen Herkunft der Ausländerkinder im Vergleich zu den deutschen oder eine Folge der späten Ankunft in Deutschland, sondern für die Gruppe der TürkenInnen und der ItalienerInnen bleiben erhebliche Benachteiligungen auch bei Berücksichtigung dieser Faktoren bestehen; das gleiche gilt tendenziell auch für jugoslawische Kinder. Die Analyse belegt weiterhin, „daß die Tatsache, in Deutschland geboren oder vor dem Einschulungsalter hier eingetroffen zu sein, diese Benachteiligungen nicht aufheben kann: *Sie wirken mindestens bis in die zweite Generation*" (ebd.). Die beiden am meisten benachteiligten Gruppen (TürkenInnen und ItalienerInnen) unterscheiden sich hinsichtlich ihrer gesellschaftlichen Akzeptanz und rechtlichen Situation (Rechtsstatus) grundlegend - zu warnen ist demnach vor voreiligen Schlüssen über die Ursachen ihrer Benachteiligungen. Kulturelle Eigenheiten, weil sie als sichtbare Zeichen der „Andersartigkeit" auffallen, können zentrale Bedeutung für die oft unterschwellige Diskriminierung erlangen, sind aber nicht Ursache für ihre Benachteiligung.

Anzeichen für eine Verbesserung bzw. für eine Abnahme ethnischer Benachteiligungen lassen sich erst in der dritten Generation feststellen. Untersuchungen beispielsweise italienischer SchülerInnen in den USA haben gezeigt, daß die Gleichstellung im Schulsystem erst ein halbes Jahrhundert nach dem Höhepunkt der italienischen Immigration in die Vereinigten Staaten eingesetzt hat (ebd., 235f).

Akkulturations- und Integrationsleistungen von Migrantenfamilien - die Ausgangslage

Migranten und Einwanderer erbringen herausragende Akkulturations- und Integrationsleistungen: Wie der Soziologe und Familienforscher Bernhard Nauck (1991a, b) in bezug auf die Biographien gewanderter Frauen nachwies, sind die Einflüsse der hiesigen deutschen Gesellschaft auf Biographien und die Gestaltung familiären Zusammenlebens von radikaler Wirkung. Innerhalb kürzester Zeit passen sich eingewanderte Frauen den hiesigen Bedingungen an, wie bspw. alleine die Geburtenrate, das Heiratsalter aber auch die Gestaltung der ehelichen Verhältnisse zeigt (vgl. Herwartz-Emden 1995). Die Machtverhältnisse verändern sich in Entscheidungssituationen ebenso wie in alltäglich notwendigen Aufgaben und Verrichtungen.

Insgesamt gingen 32,6% der ausländischen Frauen einer außerhäuslichen Erwerbstätigkeit nach (vgl. Die Beauftragte der Bundesregierung für die Belange der Ausländer 1994, 58) - wobei die tatsächliche Quote noch höher liegen dürfte, da viele ausländische Frauen nicht sozialversicherungspflichtig, also in ungeschützten Arbeitsverhältnissen, tätig sind. Über 80% der sozialversicherungspflichtig beschäftigten ausländischen

Frauen gingen im Jahre 1992 einer Vollzeitbeschäftigung nach, was darauf hinweist, daß die Frau ebenso wie der Mann in der Familie große Teile des Tages außer Haus tätig ist und die verbleibende Hausarbeit und Kinderbetreuung in irgendeiner Weise getan werden muß. Nach Schätzungen arbeiten bis zu 2,4 Millionen Frauen in Westdeutschland in Privathaushalten in nicht erfaßten Arbeitsverhältnissen - davon auszugehen ist, daß der Ausländerinnenanteil daran sehr hoch ist.

Wie neuere internationale Untersuchungen nachweisen, ergeben sich für den Lebensraum der Frau bzw. ihren Freiraum sowohl Gewinne als auch Verluste im Einwanderungsprozeß. Das heißt, von der einfachen Vorstellung eines sog. „Emanzipationsgewinnes" durch die Erwerbstätigkeit der migrierten Frau muß abgerückt werden. Dennoch ergeben sich durch die Migration zahlreiche Veränderungen, da die Gesamtsituation eine Herausforderung für alle Beteiligten darstellt und somit gemeinsame Lösungen provoziert. Die Migration ist in der Regel ein gemeinsames Projekt von Mann und Frau, dem die Gestaltung der ehelichen bzw. partnerschaftlichen Verhältnisse untergeordnet bzw. angepaßt wird. Wie neuere empirische Untersuchungen in Westdeutschland nachweisen, ergeben sich beispielsweise in türkischen Familien und in Aussiedlerfamilien aus der ehemaligen Sowjetunion tendenziell partnerschaftliche „Vereinbarkeitsleistungen" in der Betreuung und Versorgung der Kinder sowie generell in der Definition und Ausgestaltung der elterlichen Aufgaben (vgl. Gümen/Herwartz-Emden/Westphal 1994; Herwartz-Emden 1995).

Konfliktpotentiale: Geschlechterbeziehungen

Eine herausragende Anforderung für die Migrantenfamilien liegt damit - wie die skizzierte Ausgangslage bereits deutlich macht - in der *Veränderung der Geschlechterverhältnisse*. Die Konfrontation mit den hiesigen gesellschaftlichen Verhältnissen, die - über die Bewältigung des Alltages hinaus - andere Frauen- und Männerbilder, eine andere Definition der Geschlechteraufgaben, der Arbeitsteilung und generell andere Definitionen der Bewegungsräume der Geschlechter beinhalten, führt für Zuwanderer zu einer täglich zu bewältigenden Irritation. Die Interpretation dieser spezifischen Konfliktpotentiale kann allerdings nicht auf einem einfachen Modell von: hier Tradition - dort Emanzipation geleistet werden, sondern, muß, wie bereits erwähnt, in einem Bezugsrahmen von

Herkunfts- und Aufnahmekontext der je spezifischen Gruppe stehen. Wie neue Untersuchungsergebnisse belegen, ist das *Selbstkonzept*, aber auch das Frauenbild von Einwanderinnen, die aus nicht industrialisierten Gesellschaften und sog. traditionellen Verhältnissen stammen, nicht in vergleichbarer Weise durch Abhängigkeiten vom Mann gekennzeichnet als das von Frauen aus industrialisierten, modernen Gesellschaften. Darüber hinaus läßt sich weder ihr Selbstbild noch ihr Frauenbild durch westliche Polarisierungen (vgl. Herwartz-Emden /Westphal 1997) charakterisieren. Ebenso läßt sich für männliche Migranten nachweisen, daß sie nicht schlicht autoritärer oder patriarchalischer gesinnt sind als westliche Männer (vgl. Herwartz-Emden 1996). Ihr Männer- und Vaterbild erweist sich als komplexer und teilweise geringer geschlechtsspezifisch dissoziiert und geprägt als das westdeutscher Männer (vgl. FAFRA-Werkstattbericht 1997).

Das sogenannte *Traditions-Modernitäts-Paradigma* - vielfach beschworen und abgelehnt in der kritischen interkulturellen Diskussion - dem erstens ein westlich geprägtes Modell von Modernität unterliegt und zweitens ein bipolares Denkmuster von Tradition und Moderne - das die Welt entsprechend aufteilt - hat sich in der Migrationsforschung seit langem als unhaltbar gezeigt, ist aber von Dauerhaftigkeit in pädagogischer Literatur (das Paradigma wird als charakteristisch für die Phase der Ausländerpädagogik bezeichnet). In diesem Paradigma ist u.a. die Annahme eines linearen Übergangs vom *Nullpunkt der Einwanderung* zur *Endstufe der Integration* in die Aufnahmegesellschaft implizit enthalten. Dieser Übergang sei entsprechend mit einem Konflikt und einem sog. „Kulturschock“ verbunden, der die kulturelle Identität des Migranten tangiere bzw. in Frage stelle und zu einer anomischen Situation führe. Entsprechend stellen sich Migrantenfamilien und ihre Sozialisationsbedingungen tendenziell als *defizitär* heraus. Kontrastiert mit empirischen Befunden, erweist sich diese Annahme in ihrer Einseitigkeit als Fehldiagnose. Vielmehr läßt sich eine große Variationsbreite - sowohl hinsichtlich der Intensität als auch hinsichtlich der Dauerhaftigkeit des angenommenen Konfliktpotentiales - im Verlauf von Eingliederungsprozessen beobachten.

Für Migrantinnen bzw. Einwanderinnen wird in diesem Paradigma außerdem unterstellt, daß „Modernität“ und insgesamt höhere Emanzipationsfreiräume zu erwarten seien, die unerläßlich erscheinen und deren

Erreichen unbedingt lohnenswert sei. Veränderungen erscheinen in dem genannten Paradigma erstrebenswert, gelingen sie nicht, so wird dies auf die sog. „traditionellen Barrieren" zurückgeführt. Bereits die Untersuchungen von Katharina Ley (1979), die sich mit der Einwanderungssituation italienischer Arbeitsmigrantinnen in die Schweiz theoretisch und empirisch beschäftigte sowie die Studien von Mirjana Morokvasic (1987), die die Einwanderungsprozesse von Jugoslawinnen in verschiedenen Ländern Europas untersuchte, belegten für weibliche Wanderer, daß sich ihre Konzepte und ihr Verhalten wesentlich komplexer darstellen und vielschichtige Gestalt annehmen. In jüngerer Zeit belegen dies die Untersuchungen des Forschungsprojektes FAFRA, die in interkulturell vergleichender Perspektive die Lebenssituation von Einwandererfamilien und ihrer einzelnen Mitglieder vergleichen.

Der Erklärungsrahmen

In der Frage der Geschlechterverhältnisse und der Veränderungen der Aufgaben der Geschlechter, der Gestaltung der Partnerschaft und der ehelichen Verhältnisse, liegt ein zentrales Konfliktpotential für Migranten - das allerdings nur in einem erweiterten und nicht in dem o.g. einseitig verkürzten Bezugsrahmen zu fassen und erklären ist. In Einwandererfamilien ergibt sich, so meine These, eine doppelte Konfrontation von Machtverhältnissen und Geschlechterordnungen:

1. Gesellschaftliche Machtverhältnisse zwischen Mehrheiten und Minderheiten spiegeln sich in den Familien wieder. Sie treffen auf spezifisch ethnische Beziehungsformen bzw. auf Asymmetrien zwischen Mann und Frau. In den familiären und persönlichen Beziehungen werden allgemein Machtbeziehungen nicht nur reproduziert, sondern *individualisiert.* Im Falle des Aufeinandertreffens von Mehrheit und Minderheit werden solche Individualisierungen in der Wissenschaft und in der Öffentlichkeit nicht selten zur ethnischen Besonderheit erklärt, kulturalisiert und an den Kategorien der dominanten Geschlechterordnung gemessen. Asymmetrie wird als Polarisation, Hierarchie oder Dominanz wahrgenommen und definiert. Fremdartige soziale Regeln werden einseitig aus der Perspektive der eigenen Geschlechterbeziehungen interpretiert.

2. Die Geschlechterordnung der Herkunftsgesellschaft trifft auf die des Einwanderungskontextes. Geschlechterordnungen in Gesellschaften markieren immer eine soziale Differenzierung und eine familiäre in Ver-

haltenserwartungen und Aufgabenbereiche, aber *nicht zwangsläufig Ungleichheit oder Herrschaft*. Auf das System Familie im Migrationsprozeß bezogen bedeutet dies, daß die Erscheinungsformen von Geschlechterbeziehungen kontextualisiert werden müssen, d. h. nur in bezug auf die Kontexte von Herkunfts- *und* Aufnahmegesellschaft untersucht werden können. Die Mechanismen zur Typisierung, Bewertung und Verortung nach Geschlecht müssen in der Zusammenschau der je verschiedenen Geschlechterverhältnisse von Herkunftskontext und Aufnahmekontext analysiert werden. Auf der Ebene der Erfassung von Veränderungen bzw. von Gewinnen und Verlusten der Geschlechter, die mit der Einwanderung einhergehen, zeigte sich aufgrund meiner Forschungsergebnisse, daß die Frage nach Veränderung keineswegs allgemein beantwortet werden kann. Veränderung ist im hohen Maß kontextabhängig und durch die Vielschichtigkeit der aufeinanderwirkenden Kontexte bestimmt. Herkunfts- und Aufnahmekontext von Wanderern sowie die *Makro- und Mikroebene* ihrer Analyse müssen für diese Frage zusammengeführt und gleichzeitig auseinandergehalten werden.

So ergibt sich beispielsweise für *Aussiedlerinnen* aus der ehemaligen Sowjetunion in der Bundesrepublik Deutschland auf der Makroebene aufgrund des Wegfalls des im Herkunftskontextes gegebenen staatlichen Kinderbetreuungssystems eine Zunahme von struktureller Benachteiligung (vgl. Herwartz-Emden/Westphal 1997). Indem ihnen in der Einwanderungssituation der alltägliche Betreuungsaufwand für Kinder und die Betreuungs- und Organisationsbelastung obliegt, sind sie unvergleichlich mehr belastet. Dazu addiert sich der ideologische und alltagspraktisch wirksame Druck, der ihnen durch die Konfrontation mit hiesigen Mutterbildern und der damit verbundenen Vorstellung der Mutter-Kinder-Beziehung entsteht. Auf der Mikroebene kann diese Veränderung, je nach individueller Situation (wie materieller Familienlage, Arbeitsmöglichkeiten der Frau etc.) als Gewinn an Freiheit, Bereicherung und Entlastung erlebt werden (Zeit für Kinder, persönliche Freizeit etc.).

Konfliktpotentiale: Emotionale Belastungen

Konfliktpotentiale in der Familie sind, den empirischen Befunden zufolge, darin zu sehen, daß Migration mit *Trennungen* einhergeht, die emotional oft sehr belastend sind. Die Trennung der Kinder von den Eltern ist hierbei ein sehr bekanntes und ausgeprägtes Merkmal. Diese Trennungen führen nicht nur zu großen Belastungen in den Beziehungen, sondern belasten ebenfalls die Schulkarrieren der Kinder sowie generell ihre Möglichkeit, sich im hiesigen Kontext wohl zu fühlen und integriert zu werden.

Die psychosoziale Situation von Einwandererfamilien ist eine besondere: Das Thema Trennungen bzw. Familienzusammenführung ist beispielsweise nicht mit dem Zeitpunkt beendet, von dem an die Kernfamilie in Deutschland zusammenlebt. Der Migrationsprozeß ist damit nur scheinbar beendet, Familienzusammenführung und auch Trennungen sind für alle Familienmitglieder jeder Generation dauerhaft zu bewältigen. Binnenmigration, Pendeln, Remigration und möglicherweise erneute Einwanderung bedeuten immer wieder, in der Familie eine neue Struktur zu gestalten. Trennungserfahrungen gehen einher mit hohen emotionalen Belastungen, wobei nicht nur Trauerprozesse, sondern auch Loyalitätskonflikte (diese vor allem bei Scheidungen) und Schuldgefühle zu nennen sind. Die von den Familien zu bewältigenden emotionalen Herausforderungen sind in der bisherigen Forschungsliteratur nur stiefmütterlich behandelt. Einige wenige wissenschaftliche Veröffentlichungen widmen sich der Frage, wie sich Integrations- und Einwanderungsprozesse in emotionaler bzw. psychosozialer Hinsicht darstellen (vgl. Hettlage-Varjas/Hettlage 1984, 1989), oder wie sich diese Prozesse je spezifisch für die einzelnen Generationen und Geschlechter gestalten (vgl. Kürsat-Ahlers 1992, 1995) - darauf gehe ich im folgenden detaillierter ein. Für *Einwanderinnen* ist allgemein anzunehmen, daß sie - aufgrund ihrer geschlechtsspezifischen Verantwortung im Bereich der Fürsorge- und Pflegeaufgaben von Familien - in besonderer Weise mit emotionalen Belastungen konfrontiert sind. Werden die alten Eltern oder die Kleinkinder der Familie im Herkunftsland zurückgelassen, so trifft der damit verbundene Schmerz in besonderer Weise die Frau. Die zugleich entstehenden Schuldgefühle sind ebenfalls von ihr zu bewältigen. Auf diesem Hintergrund der weiblichen Beziehungsverantwortung wird deutlich, daß die Frau und Mutter im Aufnahmeland den Integrationsprozeß der Familie entscheidend beeinflußt. Von ihrer Fähigkeit der Verarbeitung widersprüchlicher Anforderungen sowie deren Vermittlung an die einzelnen Familienmitglieder hängt in hohem Maße die psychosoziale familiäre Situation ab.

Eine weitere Belastung der Migrantenfamilien besteht darin, daß die einzelnen Familienmitglieder unterschiedlich in die Aufnahmegesellschaft integriert sind. Gegenwärtig ergeben sich z.B. in den Aussiedlerfamilien große Probleme dadurch, daß ein Ehepartner - entweder Mann oder Frau, oft jedoch die Frau - keine Arbeit findet und somit sowohl sozial als auch emotional hinter den Erfahrungen des anderen zurückbleibt und, bedingt durch die Arbeitslosigkeit, reduzierte Integrationschancen in die deutsche Gesellschaft hat. Für zahlreiche Jugendliche, die keinen Ausbildungsplatz finden, ergeben sich ebenfalls ähnlich schwierige und oft krisenhafte Situationen.

Migrantenfamilien sind, was den familiären Zusammenhalt anbetrifft, ganz im Gegensatz zu vorherrschenden Stereotypen, generell durch eine hohe Kohäsion zu kennzeichnen (so die Forschungen von Nauck). Diese Kohäsion heißt z.B., daß die Familienmitglieder mehr übereinander wissen und mehr miteinander kommunizieren als vergleichbare deutsche Familien. Die Generationenbeziehungen sind keineswegs einzig durch Zerrüttung oder schwerwiegende Konflikte zu charakterisieren, sondern durch ein hohes Maß an gegenseitigem Respekt und Unterstützung. Die Funktionalität von Migrantenfamilien weist ein sehr breitgefächertes Bild auf, hoch funktional sind z.B. hier ebenso Merkmale wie hohe Rückkehrmotivation, aber auch klare Zukunftsorientierung in Deutschland, strenge religiöse Orientierung wie hohe Aufgeschlossenheit für bundesdeutsche Wertorientierungen, Einelternfamilien ebenso wie klassische Familienarrangements. Für die Funktionalität ist in diesen vielfältigen Formen die Kohäsion des familiären Systems eine herausragende Variable (vgl. Schepker/Eberding/Toker 1997).

Zu der Frage der Risikobelastung sei kurz darauf verwiesen, daß sich in Einwandererfamilien Scheidungen und Trennungen nicht in höherem Maße ergeben wie in bundesdeutschen Familien.[1] Ebenso ist die Inan-

---

[1] Eine sehr schwer zu bewältigende Konfliktsituation kann sich für Migranten und Migrantinnen im Falle einer Scheidung ergeben. Die Scheidungshäufigkeit lag bei Migrantenfamilien im Jahre 1985 bei 54 Ehen (pro 10.000 bestehende Ehen) und blieb auf dem Niveau bis 1990. Bei deutschen Ehen lag die Scheidungshäufigkeit im Jahre 1985 bei 86 Ehen (pro 10.000 Ehen). Der Schwerpunkt der Scheidungsverfahren in Deutschland (1978-1987), in die ausländische Ehepartner involviert sind, liegt bei den binationalen Ehen - wobei hier die Scheidungshäufigkeit bei den Ehen mit deutscher Ehefrau am höchsten ist (vgl. Pasero 1990, 105). In bezug auf die Scheidungen von Ehen, in die ein Partner türkischer

spruchnahme sozialer Dienste, so auch der Familienberatungsstellen nicht höher als die von vergleichbaren bundesdeutschen Familien; begonnene Therapien werden nicht häufiger abgebrochen. Eine Symptomauffälligkeit von Kindern, die psychiatrische Behandlung erforderlich machen würde, ist nicht häufiger zu verzeichnen als in vergleichbaren bundesdeutschen Familien (vgl. Schepker /Eberding /Toker 1997).

Die emotionale Verarbeitung der Einwanderungserfahrung

Seit den 50er Jahren haben fast sieben Millionen Ausländer in Deutschland auf Dauer ihren Wohnsitz genommen. 1985 lebten bereits zwei Drittel der Arbeitsmigranten mehr als zehn Jahre in der Bundesrepublik. Hinzu kommt in den letzten zehn Jahren verstärkt der Zuzug von Aussiedlern aus Osteuropa, die gegenwärtig die zentrale Einwanderungsgruppe darstellen.

Die rechtliche Lage von Zugewanderten zeichnet sich ganz überwiegend durch einen unsicheren rechtlichen Status aus[2], ausgenommen hier-

---

Nationalität verwickelt ist, ergab sich seit 1983 eine deutliche Verschiebung der realisierten Verfahren zugunsten türkischer Ehegatten gleicher Nationalität (siehe hierzu die Änderung des türkischen Privatrechts - bereits getrennt lebende Ehepartner nutzten diese, um die Legalisierung dieses Status' nachvollziehen). Der soziale Prozeß der Niederlassung von Migranten und seine Verstetigung führt dazu, daß familiale Angelegenheiten und Konflikte an Ort und Stelle geregelt werden (vgl. Pasero 1990, 107), was langfristig zu einem Anstieg der Scheidungsziffern beitragen wird. Für viele ausländische Frauen ist eine Scheidung mit problematischen Konsequenzen verbunden, da häufig ihr Aufenthaltsstatus von der Scheidung tangiert wird bzw. sich verändert und sie unter Umständen das Land verlassen müssen. Scheidungen verursachen, ebenso wie andere lebensgeschichtlich einschneidende Ereignisse, Umbrüche und Unsicherheit im Lebenslauf und im alltäglichen Erleben. Da die rechtlichen Determinanten des Status von Ausländerinnen und Ausländern bereits durch große Unsicherheit gekennzeichnet sind, wird verständlich, daß die Erfahrung von Scheidung und Trennung sehr einschneidend wird (vgl. Pasero 1990). Da Trennungen und Scheidungen in der Regel mit finanziellen Schwierigkeiten und Einbußen einhergehen, kann die Situation, sobald sich bspw. Sozialhilfebezug als letzte Möglichkeit ergibt, dramatisch werden.

[2] Alle AusländerInnen haben - im Vergleich zu Deutschen bzw. Aussiedlern - grundsätzlich einen minderen Rechtsstatus, weil sie dem Ausländergesetz unterstellt sind. Angehörige aus Nicht-EG-Staaten und aus der Türkei leben und arbei-

von ist lediglich die Gruppe der Aussiedler, die aufgrund ihres Deutschseins einen eindeutigen Statusvorteil im Einwanderungsprozeß gegenüber anderen Gruppen hat. Zusätzlich zu ihren Statusunsicherheiten haben Einwanderer die alltäglichen Diskriminierungen einer fremdenfeindlichen Gesellschaft zu verarbeiten. In jedem Aspekt ihrer Lebensäußerungen treffen sie auf die in der bundesrepublikanischen Gesellschaftsstruktur verankerte Fremdenfeindlichkeit - die Aussiedler sind davon in sehr ähnlicher Weise betroffen wie andere Gruppen.

Die emotionale Verarbeitung der Erfahrungen im Einwanderungs- und Niederlassungsprozeß von sowohl ArbeitsmigrantInnen aus der Türkei als auch AussiedlerInnen aus der ehemaligen Sowjetunion wurde bisher nur in wenigen Arbeiten im deutschsprachigen Forschungsraum untersucht. Auf diese Ansätze werde ich im folgenden eingehen. Zumeist wird dabei ein Phasenmodell von Integrations- bzw. Entwicklungsstufen im psychischen Prozeß der Migration zugrundegelegt.

Mit dem Begriff der kulturellen „Zwischenwelten" entwickelten Andrea Hettlage-Varjas und Robert Hettlage einen soziopsychoanalytischen Ansatz, welcher sich gegen eine gastlandorientierte Perspektive richtet. Sie untersuchen die Identitätsbildung von Migranten, die durch das Fremdsein in der Aufnamegesellschaft zur Neukonstruktion ihres Wirklichkeitsverständnisses gezwungen sind (vgl. Hettlage-Varjas/ Hettlage 1984, 346). Nach ihrer Auffassung gibt es für die Migranten nicht nur die beiden Extrempole der Herkunfts- und Aufnahmekultur: „Zwischen den beiden Welten", so die Autoren, „findet sich nicht ein Nichts, sondern ein Alltag, der bewältigt sein will" (Hettlage-Varjas /Hettlage 1989, 37).

---

ten in der BRD unter der Bedingung einer „befristeten Sicherheit" (vgl. Geißler 1992, 156), d.h. sie erhalten zunächst eine Arbeits- und Aufenthaltsgenehmigung für ein bzw. zwei Jahre. Bis zur Neufassung des Ausländergesetzes 1991 war es z.B. gesetzlich nicht geregelt, unter welchen Bedingungen eine Aufenthaltsverlängerung genehmigt bzw. verweigert werden konnte. Außerdem drohte mit dem Arbeitsplatzverlust die Ausweisung, d.h. der Verlust des Arbeitsplatzes bzw. Arbeitslosigkeit stellte eine existentielle Bedrohung dar. Erst nach 5 Jahren Aufenthalt kann unter bestimmten Voraussetzungen (z.B. Nachweis ausreichenden Wohnraums) eine unbefristete „Aufenthaltserlaubnis" und nach 8 Jahren eine „Aufenthaltsberechtigung" erworben werden (erst hier bedeutet Sozialhilfebezug nicht mehr Ausweisung). 1985 lebten 2/3 der süd- und osteuropäischen AusländerInnen bereits länger als 10 Jahre in der BRD, dennoch hatten erst 23% von ihnen eine Aufenthaltsberechtigung erworben, 1980 waren es sogar nur 2% (vgl. Geißler 1992, 156).

Es geht vielmehr um einen Zwischenraum, in dem sich Migranten bei ihrer Identitätsbildung in einem langen spiralförmigen Prozeß bewegen. Vielschichtige Verhaltensweisen werden immer wieder neu durchgespielt und Schnittpunkte zwischen dem Eigenen und Fremden ständig neu ausgelotet. Nach ihrer Auffassung müssen Migranten allerdings vier Entwicklungsphasen[3] durchlaufen, um eine neue, eigenständige, „bikulturelle Identität" zu entwickeln (vgl. Hettlage-Varjas 1992, 147). In dem Konzept von Hettlage-Varjas/Hettlage wird die zu erreichende Stufe der „bikulturellen Identität" idealtypisch gesetzt - inwieweit sie faktisch für Individuen erreichbar ist und was die Voraussetzungen dafür sind, ist empirisch nicht untersucht. Die Dynamik der Identitätskonfrontation zwischen Herkunfts- und Aufnahmekontext wird nicht verbunden mit Machtverhältnissen und strukturell bedingten Ausgrenzungsprozessen, und die Frage nach der geschlechtsspezifischen Gestaltung von „Zwischenwelten" bleibt offen.

Eine Annäherung in dieser Richtung bietet demgegenüber der Ansatz von Elçin Kürsat-Ahlers. Sie geht auf *Migrantinnen* und ihren spezifischen Prozeß des Heimischwerdens im Migrationsprozeß ein (Kürsat-Ahlers 1992). Die Autorin ist der Auffassung, daß der gesellschaftliche Druck auf die Einwandererkolonien vor allem und am meisten die Ich-Entwicklung und freie Identitätsfindung der Frauen beeinträchtigt. Migrantinnen und Einwanderinnen weisen offensichtlich eine spezifische Art und Weise der emotionalen Verarbeitung der „Etappen des Heimischwerdens" im Aufnahmeland auf. Sie haben hierbei aber auch besondere Schwierigkeiten zu bewältigen, unter anderem die Verarbeitung von zahlreichen Schuldgefühlen - die wiederum auf ihre zentrale Position in der Familie und die Verantwortlichkeit für die Gestaltung der familiären Verhältnisse und die Generationenbeziehungen zurückführen sind.

---

[3] Chronologisch benannt, lassen sich die Phasen folgendermaßen kennzeichnen: (1) die Phase der interkulturellen Orientierungslosigkeit und des Identitätsverlustes; (2) die Phase des tiefen Gespaltenseins mit entweder Integrationsverweigerung oder Überanpassung in der Aufnahmekultur und Entwertung oder Idealisierung der Herkunftskultur; (3) die Phase des Verlustes und der Trauerarbeit mit der reflektierten Krise der Entfremdung der neuen Interpretation von Selbst und Umwelt; (4) die Phase der lebensgeschichtlichen Selbstverständlichkeit mit einem bikulturellen Selbstbild und einem Gefühl bikultureller Zugehörigkeit.

Migrantinnen befinden sich nach Kürsat-Ahlers im Spannungsfeld zwischen zwei Machtstrukturen: erstens der strukturellen Machtstellung der Männer in ihrer eigenen Minderheit und zweitens der Machtüberlegenheit der deutschen Gesellschaft, die sowohl durch Stigmatisierungsmechanismen, Diskriminierung als auch durch Gesetze und Institutionen gesichert ist. Angesichts der Feindseligkeit der Aufnahmegesellschaft stehen Migrantinnen unter dem psychischen Zwang und der sozialen Überlebensnotwendigkeit, sich mit der eigenen Minderheit zu arrangieren. Das heißt, sie müssen sich nach Auffassung der genannten Autorin gegebenenfalls auch mit einem traditionellen Rollenverständnis abfinden, dessen strikte Einhaltung unter Migrationsbedingungen zur kollektiven Identitätsfrage erhoben wird. Migranten durchlaufen nach diesem Konzept vier Etappen der Ich-Werdung im Migrationsprozeß[4]; im Falle einer günstig verlaufenen Aufstiegs- und Partizipationsmöglichkeit hat der/die MigrantIn „die Chance, zu einer dualen kulturellen Orientierung zu gelangen" (Kürsat-Ahlers 1995, 167).

Wie Ergebnisse der neueren internationalen (Frauen-)Forschung zu Migration zeigen (vgl. Kibria 1990), entwickeln Einwanderinnen/ Migrantinnen eine Vielfalt an sehr kreativen Möglichkeiten, Arrangements mit der eigenen Gruppe zu finden, die „nach außen" die normativen Verhaltensstandards der Gruppe erfüllen, aber dennoch völlige Umorientierungen der Frau beinhalten - die häufig zunächst im verborgenen bleiben. Ursache für die Notwendigkeit der Aufrechterhaltung von traditionellen Orientierungen in ethnischen Minoritäten ist nicht nur die Feindseligkeit der Außenwelt, sondern auch eine Vielzahl von „rationalen" und „emotionalen" Faktoren in den Lebensbedingungen der Minorität selbst (vgl. Heckmann 1992).

Die emotionale Verarbeitung der Erfahrungen im Niederlassungsprozeß von *AussiedlerInnen* wurde bisher nicht systematisch analysiert. In bezug auf diese Gruppe muß folgender Aspekt einbezogen werden: Im

---

[4] Auf diese Etappen sollen an dieser Stelle nicht weiter eingegangen werden. Sie seien hier kurz genannt: (1) Eingangsphase (die Anfangseuphorie); (2) Dekompensationen (die desillusionierende Phase der Psychogenese der Migration); (3) Abwehrreaktionen (z.B. die Überidentifikation mit und Aufwertung der eigenen Gruppe) und (4) Reorganisation (das Stadium des „Gehorchens" und die teilweise Identifikation mit beiden Gesellschaften und die Bemühung, beiden Gesellschaften gerecht zu werden; vgl. Kürsat-Ahlers 1995, 160-168).

Vergleich zu Migranten/Einwanderern stehen Aussiedler unter einem besonderen Assimilationsdruck. Sie müssen, aufgrund ihrer primären Einreisemotivation, als Deutsche unter Deutschen leben zu wollen (vgl. Dietz /Hilkes 1992), in ihrem Alltag ständig nachweisen, daß sie „deutsch" sind. Die Anforderungen, die sich dadurch an ihre Selbstdefinition ergeben, führen sie in einen widersprüchlichen Prozeß. Sie begreifen sich als Deutsche, erleben im Aufnahmeland allerdings ständig, daß sie Fremde sind. Sie werden als fremde Deutsche ausgegrenzt und müssen die Differenzerfahrung zwischen ihrer ursprünglichen Selbstdefinition und der hier erfahrenen Selbstdefinition dauerhaft verarbeiten. Die im Aufnahmeland Bundesrepublik Deutschland vorherrschende Auffassung über Aussiedler und Aussiedlerinnen ist, daß Aussiedler, insbesondere Aussiedlerinnen, zurückgeblieben und traditionell sind.

Einzig im Rahmen eines Artikels über „Kulturarbeit mit Aussiedlern als phasenspezifischer Prozeß" wird von Line Kossolapow (1992) auf verschiedene Stadien der Eingliederung von Aussiedlern hingewiesen. Kossolapow bezeichnet das erste Jahr der Anwesenheit von Aussiedlern in der Bundesrepublik als „Einstiegsphase", dem dann die Kontaktaufnahmephase im zweiten und dritten Jahr folgt und im vierten und fünften Jahr die Einbezugsphase. Nach fünf Jahren Aufenthaltsdauer könne man, so Kossolapow weiter, von einer „Identitätsfindungsphase" sprechen, welche von drei Varianten gekennzeichnet sei: Anpassung unter Verdrängung der Herkunftsspezifika; Gruppenbildung unter besonderer Betonung der eigenen Besonderheit; Entwicklung einer „Mischkultur", welche die Anteile beider Kulturen verarbeitet. Ähnlich wie der phasenspezifische Verlauf bei Hettlage-Varjas, führen Kossolapows Überlegungen demnach im dritten Typus ihrer Identitätsfindungsphase zur Entwicklung einer sogenannten „Mischkultur" als Spezifikum eines gelungenen Eingliederungsprozesses. Zugleich sind aber auch Fehlentwicklungen möglich, die von der Autorin im Zusammenhang mit Diskriminierungen und Ausgrenzungen von AussiedlerInnen in der bundesdeutschen Gesellschaft gebracht werden. Die für Aussiedler schwierige Identitätsfindung, die mit ihrer Selbstdefinition des Deutschtums bzw. ihrem Deutschsein zu tun hat, wird von Kossolapow allerdings nur unzureichend analysiert.

Ausgewählte Interviewpassagen: Fremdheitserfahrungen von Einwanderinnen - Die emotionalen Dimensionen der Ausgrenzung

In dem von mir durchgeführten, von der DFG von 1991-1997 finanzierten Forschungsprojekt FAFRA, haben wir zwei Gruppen von Einwandererfamilien mit ansässigen Deutschen interkulturell-vergleichend untersucht (Aussiedler aus der ehemaligen SU und Arbeitsmigranten aus der Türkei). Zunächst befragten wir die Frauen, sodann Männer und Jugendliche aus diesen Gruppen. Untersuchungsziele waren verschiedene Aspekte des Akkulturations- und Eingliederungsprozesses von in die Bundesrepublik einwandernden Gruppen. Im Vordergrund standen dabei die Fragen von Geschlechtsrollenwandel und Einwanderung, Sozialisationsbedingungen und Erziehungseinstellungen in den Familien, Berufs- und Bildungsorientierungen, Selbst- und Fremdbildern. Ein breites Spektrum von zentralen Faktoren des Einwanderungs- und Eingliederungsprozesses wurde systematisch vergleichend in Beziehung gesetzt zu den Bedingungen und Merkmalen von Familien in der Aufnahmegesellschaft. Wir untersuchten soziale Wandlungsprozesse in subjektiver Perspektive im Bereich der Familie und in innerfamiliären Beziehungen bzw. in den Geschlechter- und Generationenbeziehungen.

Bei der emotionalen Verarbeitung der Fremdheit im Einwanderungsprozeß geht es um die Frage, wie die jeweilige Situation gehandhabt werden kann bzw. wie Einwanderer und Migranten in ihrem Alltag mit der Feindlichkeit der Umgebung, der Herabsetzung ihrer Persönlichkeit und dauerhaften Unterlegenheitsgefühlen umgehen. In allen vom FAFRA-Forschungsteam durchgeführten Interviews mit Arbeitsmigrantinnen aus der Türkei und Aussiedlerinnen aus der ehemaligen Sowjetunion wurde das *Fremdsein* oder *Fremdwerden* in der hiesigen Gesellschaft angesprochen. Die beiden Gruppen der Befragten thematisierten zuallererst die Stigmatisierung, die sie erleben. Sie setzten sich im Interview mit dieser Erfahrung auseinander. Dabei kommt bei beiden Gruppen zum Ausdruck - und dies ist eine Gemeinsamkeit in den Aussagen -, daß sie sich ihrer Mitgliedschaft in einer Gruppe mit niedrigem Sozialstatus bewußt sind. Sie nehmen die Ausgrenzungen zwischen ihnen als „Fremde" und den „Deutschen" aus der Mehrheitsgesellschaft wahr. Allerdings kommt diese Wahrnehmung bei den Frauen aus der Türkei und den Aussiedlerinnen in unterschiedlichen Gesichtspunkten zum Ausdruck. Die befragten Frauen aus der Türkei setzen sich, wie Kürsat-Ahlers dies in ihrer Analyse über den psychischen Verarbeitungsprozeß der Migrantin darlegt, mit der *„Machtüberlegenheit der deutschen Gesellschaft“* auseinander. Dagegen betonen die befragten Aussiedlerinnen den Konflikt zwischen der eigenen Wahrnehmung als Deutsche und ihren Erlebnissen als Fremde in der Aufnahmegesellschaft. Die Frauen aus *beiden* Gruppen thematisieren ihre *Differenzerfahrungen* im bundesdeutschen Alltag, die je nach ihrer spezifischen gesellschaftlichen Verortung - bzw. ihrem Status als Ausländerin und als Aussiedlerin - jedoch *unterschiedlich* erlebt und verarbeitet werden.

Frauen aus der Türkei

Eine Frau aus der Türkei (48 Jahre, 3 erwachsene Kinder, Fabrikarbeiterin, Schulbildung bis zur 3. Klasse, Einreisejahr: 1969) geht mit ihrer Fremdidentifikation offensiv vor: Sie „weiß“, daß sie eine Fremde ist und setzt sich mit ihren Arbeitskollegen entlang dieser Kategorie auseinander, wie die folgende Passage zeigt:

Frau: *„Ich arbeite seit 22 Jahren in der gleichen Fabrik, ich komme mit den Deutschen gut aus. Niemand sagt mir, du bist eine Fremde. Aber wenn was passiert, dann sage ich: 'Ich bin eine Fremde, eine Ausländerin'. Ich weiß das.“*
Frage: *„Was wissen Sie?“*
Frau: *„Daß ich eine Fremde bin. Wir diskutieren und sprechen miteinander. (...) Manchmal sagen sie 'Scheiß - Türken' zum Beispiel. Ich sage ihnen, ich bin eine Türkin, aber ich kann nie Scheiße sein, ein Mensch kann das nicht sein. Wenn ich als Mensch das bin, dann bist du es auch, da du auch ein Mensch bist. Dann entschuldigen sie sich bei mir. Ich weiß, daß ich eine Fremde bin, sage ich ihnen, das sieht man an meinem Haar. Aber wenn ihr mir so was sagt, das ist auch für euch nicht gut“ (Int 14).*

Die zitierte Befragte bringt ihr Fremdsein mit ihrem Status als Ausländerin und mit ihrem Aussehen in Zusammenhang; ihre Ausgrenzungserfahrung belegt dies. Die Fremdzuschreibung im Alltag wirkt auf ihre Selbstdefinition ein, die sie in ihrem Argumentationsmuster anwendet. In ihrer Rekonstruktion dieser Kategorie differenziert sie zwischen der „Tatsache“ ihrer sozialen Stellung als Ausländerin und den mißachtenden Sprüchen, die sie in ihrem Alltag zu hören bekommt. In ihrer Auseinandersetzung mit den Kollegen hebt sie die Gemeinsamkeit zwischen ihr und ihnen hervor: das Menschsein. Zwar ist sie eine „Fremde“ (oder in der hiesigen Situation eine fremdgewordene Person), aber sie ist zuallererst ein Mensch - genauso wie der Nicht-Fremde. Diese (abstrakte) Gleichstellung aller Menschen wird mit Ausschließungspraktiken verletzt, was für die Befragte unverständlich ist, insbesondere im Hinblick auf ihre Integration in die Gesellschaft als Arbeiterin:

„Obwohl wir hier arbeiten - wir haben 22 Jahre zur deutschen Wirtschaft beigetragen - sehen sie uns mit Fremdenaugen, mit Türkenaugen an. Es wird doch überall 'Türken raus' geschrieben" (Int. 14).

Zwar ist die Befragte diesen Stigmatisierungsmechanismen („Türkenaugen") ausgeliefert, aber keinesfalls steht sie ihnen passiv gegenüber. Sie nimmt Stellung gegen die Abgrenzung zwischen Menschen: „Mensch ist Mensch. Ich will keinen Menschen mit anderen Augen sehen. Wir sind alle Menschen. Unser Gott ist der gleiche. Manche differenzieren, ich bin dagegen". Zudem macht sie deutlich, daß sie solchen Abgrenzungserfahrungen in ihrem Alltag aktiv entgegentritt:

„In unserer Fabrik, auf die Toilettentür schrieben sie 'Türken raus'. Ich sagte den Kollegen, die Toilette hat keine Zunge, sie kann nicht reden. Wenn ihr unbedingt 'Türken raus' schreiben wollt, dann schreib das auf ein Stück Papier und gib es mir. Dann sehen wir, was diese türkische Person euch sagt. Sag mir direkt, du bist ein türkischer Mensch, verlaß die Firma. Oder konfrontiere mich draußen" (Int. 14).

Aussiedlerinnen

Ebenso wie die befragten Frauen aus der Türkei werden von den Aussiedlerinnen[5] die Differenzerfahrungen als Fremde in der bundesdeutschen Gesellschaft geschildert. Dennoch werden ihre Beschreibungen der Fremdheitserfahrungen mit dem Unterschied zwischen den „hiesigen Deutschen" und ihnen als den „fremden Deutschen" überlagert. Sie be-

---

[5]Die während der ersten Phase der Forschungsarbeit befragten Aussiedlerinnen (Int. 1-14) befanden sich zwischen zwei und vier Jahren in der Bundesrepublik. Wegen ihrem relativ kurzen Aufenthalt stellen diese Befragungen eine wichtige Dokumentation bzw. „Momentaufnahme" der ersten Einstellungen und Gefühle der Frauen kurz nach ihrer Einwanderung. Die befragten Frauen haben über das Deutschsein und ihre hierzulande erlebte Fremdheit während dieser Interviews von sich aus zum zentralen Thema gemacht, was ihre starke Beschäftigung mit diesen Erlebnissen während der Anfangszeit ihrer Niederlassung verdeutlicht.

greifen sich als Deutsche[6], aber erleben zugleich, daß sie in der Aufnahmegesellschaft Fremde sind, wie die folgenden Zitate verdeutlichen:

„Ich habe so ein fremdes Gefühl, ja. Die hiesigen Deutschen schauen uns so an, als ob wir Fremde wären. Ich hoffe, daß das vorbei geht, aber wahrscheinlich nicht" (Int. 1); „Ich verstehe nicht, warum die Beziehungen der hiesigen Deutschen zu uns Aussiedlern nicht gut sind. Wir sind doch auch Deutsche" (Int. 1); „Meine Bekannten werden immer von den Deutschländern beleidigt" (Int. 2); „Viele Deutschen sagen, daß wir Aussiedler sind und keine richtigen Deutschen, daß wir Russen sind. Viele sagen auch, wieso bist du eine Deutsche, du kannst überhaupt kein Deutsch sprechen" (Int. 3); „Ich bin in Rußland geboren. Und das bedeutet schon was. Ja, wir haben einen Stempel. Wir sind in Rußland geboren. Man hat so ein unbequemes Gefühl" (Int. 5); „Ich habe das Gefühl, weil ich aus Rußland gekommen bin, weil ich keine hiesige Deutsche bin, hat er (ein Bekannter, H.-E.) mit mir den Kontakt abgebrochen. Ja, sie kapseln dich einfach ab" (Int. 10); „Wir bleiben für die hiesigen Deutsche immer nicht-deutschstämmig. Vielleicht nicht für alle, aber für die Mehrheit. Ja, man muß die Konsequenzen sehen. Im Paß steht deutsch, aber trotzdem (...) die Sprache vielleicht (...) die Fremde..." (Int. 10).

In diesen Zitaten wird deutlich, daß die Befragten mit den hierzulande erfahrenen Zuschreibungen als „Fremde" oder „Nicht-Deutsche" konfrontiert sind und sich damit auseinandersetzen müssen. Im Hinblick auf die eigene Wahrnehmung und auf die rechtliche Basis als Deutsche erscheint dies für die Befragten widersprüchlich: Sie haben aus ihrer Sicht einen *Anspruch* auf die Zugehörigkeit zur (ethnischen) Kategorie des Deutschseins, aber werden von den hiesigen Deutschen als solche nicht anerkannt. Sie tragen einen „Stempel" als Fremde und werden entlang dieser Kategorie von den „eigentlich" Dazugehörigen als Nicht-Deutsche ausgegrenzt. Das „fremde Gefühl" wird ihnen im Alltag ständig vermittelt, z.B. durch das sowohl von den Befragten selbst als auch von ihrer Umwelt als unzureichend wahrgenommene sprachliche Ausdrucksvermögen:

„Es tut mir sehr, sehr leid, daß ich sehr schlecht deutsch spreche „ (Int. 1); „Wegen der Sprache habe ich ein Schuldgefühl gegenüber den Deutschen" (Int. 3); „Ich fühle mich ein bißchen wie ein nicht wertvoller Mensch wegen der Sprachschwie-

---

[6]Auf die historischen Dimensionen und die rechtlichen Aspekte der bundesdeutschen Aussiedler-Politik wird nicht eingegangen, vgl. hierzu Bade 1992, 401-410; 1994, 43-50; Otto 1990; 1992, 11-68.

rigkeit" (Int. 4); „Ich fühle mich ein klein bißchen benachteiligt. Wenn man anfängt zu sprechen, dann gucken die Leute sofort" (Int. 5); „Die Probleme mit der Sprache (...) du stehst so blöd, kannst nichts sagen, nichts fragen" (Int. 10).

Besonders die älteren Befragten thematisieren ihre Erfahrungen in der Nachkriegszeit mit der Ausgrenzung in der ehemaligen Sowjetunion als Minoritätengruppe:

„Dort habe ich gehört, wie sie von den Deutschen sprechen. Böse, schlecht sagen sie über die Deutschen" (Int. 2); „Sie haben mich als Deutsche beleidigt", Int. 3; „Ich habe gefühlt, weil ich eine Deutsche bin, daß die Firma mich gar nicht annehmen wollte" (Int. 8).

Diese Erfahrungen werden im hiesigen Kontext wieder aktualisiert - trotz ihrer Selbstwahrnehmung und ihres rechtlichen Status als Deutsche.

Literatur:

Alba, R.D. /Handl, J. /Müller, W., Ethnische Ungleichheiten im Deutschen Bildungssystem. In: Kölner Zeitschrift für Soziologie und Sozialpsychologie, 46. Jg. (1994) Heft 2, 209-237

Bade, K.J., Ausländer, Aussiedler, Asyl. Eine Bestandsaufnahme. München 1994

Bade, K.J., Fremde Deutsche: 'Republikflüchtige' - Übersiedler - Aussiedler. In: Bade, K.J. (Hrsg.), Deutsche im Ausland. Fremde in Deutschland. Migration in Geschichte und Gegenwart. München 1992, 401-410

Bericht der Beauftragten der Bundesregierung für die Belange der Ausländer über die Lage der Ausländer in der Bundesrepublik Deutschland 1993, hrsg, v. der Beauftragten der Bundesregierung für die Belange der Ausländer, Bonn, März 1994

Brunken, U., Jugendliche Migrantinnen beim Übergang von der Schule in das Erwerbsleben. In: Zeitschrift für Jugendsozialarbeit, 46. Jg. (1995) Heft 2/3, 109-115

Dietz, B. /Hilkes, P., Rußlanddeutsche: Unbekannte im Osten. Geschichte, Situation, Zukunftsperspektiven. München 1992

FAFRA-Werkstattbericht 1997, Vaterschaft und Erziehung im interkulturellen Vergleich. Hrsg. vom FAFRA-Forschungsteam: Universität Osnabrück, Fachbereich Erziehungs- und Kulturwissenschaften, Allgemeine Pädagogik/Frauenforschung, Osnabrück

Geißler, R., Die Sozialstruktur Deutschlands. Ein Studienbuch zur sozialstrukturellen Entwicklung im geteilten und vereinten Deutschland. Opladen 1992

Gümen, S. /Herwartz-Emden, L. /Westphal, M., Die Vereinbarkeit von Beruf und Familie als weibliches Lebenskonzept: eingewanderte und westdeutsche Frauen im Vergleich. In: Zeitschrift für Pädagogik, 40. Jg., 1994, Nr. 1, 63-80

Heckmann, F., Ethnische Minderheiten, Volk und Nation. Soziologie interethnischer Beziehungen. Stuttgart 1992

Herwartz-Emden, L., Mutterschaft und weibliches Selbstkonzept. Eine interkulturell vergleichende Untersuchung. Weinheim/München 1995

Herwartz-Emden, L. /Westphal, M., Die Folgen der Einwanderung für das Geschlechterverhältnis. In: Dokumentation der Konferenz „Folgen der Arbeitsmigration für Bildung und Erziehung", 20.-22. März 1997, Gustav-Stresemann-Institut. Bonn 169-179

Hettlage-Varjas, A., Bikulturalität - Privileg oder Belastung? In: Kürsat-Ahlers, Elçin H. (Hrsg.), Die multikulturelle Gesellschaft: Der Weg aus der Gleichstellung? Bielefeld 1992, 142-167

Hettlage-Varjas, A. /Hettlage, R., Auf der Suche nach der verlorenen Identität. Kulturelle Zwischenwelten - eine sozio-psychoanalytische Deutung des Wandels bei Fremdarbeitern. In: Journal Psychoanalytisches Seminar Zürich 20, 1989, 26-48

Hettlage-Varjas, A. /Hettlage, R., Kulturelle Zwischenwelten. Fremdarbeiter - eine Ethnie? In: Schweizer Zeitschrift für Soziologie 2, 1984, 357-404

Kibra, N., Power, patriarchy and gender conflict in the Vietnamese immigrant community. In: Gender & Society 1, 1990, 9-24

Kossolapow, L., Kulturarbeit mit Aussiedlern als phasenspezifischer Prozeß. In: Althammer, W. /Kossolapow, L. (Hrsg.), Aussiedlerforschung. Interdisziplinäre Studien. Köln 1992, 19-28

Kürsat-Ahlers, E.H., Migration als psychischer Prozeß. In: Attia, I. u.a. (Hrsg.) Multikulturelle Gesellschaft - monokulturelle Psychologie? Antisemitismus und Rassismus in der sozialen Arbeit. Tübingen 1995, 157-171

Kürsat-Ahlers, E.H., Zur Psychogenese der Migration, Phasen, Probleme. In: Informationsdienst zur Ausländerarbeit, Heft 3/4, 1992, 107-113

Ley, K., Frauen in der Emigration. Eine soziologische Untersuchung der Lebes- und Arbeitssituation italienischer Frauen in der Schweiz. Frauenfeld/Stuttgart 1979

Morokvasic, M., Jugoslawische Frauen. Frankfurt a.M. 1987

Nauck, B., Differentielle Fertilität in der Bundesrepublik Deutschland und in der Türkei. Ein interkultureller und interkontextueller Vergleich. In: Glatzer, W. (Hrsg.), Die Modernisierung moderner Gesellschaften. Sektionen, Arbeits- und Ad-Hoc-Gruppen. Opladen 1991

Nauck, B., Intergenerative Beziehungen in deutschen und türkischen Familien. Elemente einer individualistisch-strukturtheoretischen Erklärung. In: Bott, P. /Merkens, H. /Schmidt, F. (Hrsg.), Türkische Jugendliche und Aussiedlerkinder in Familie und Schule. Theorie und empirische Beiträge der pädagogischen Forschung. Hohengehren 1991, 79-101

Otto, K.A. (Hrsg.), Westwärts - Heimwärts? Aussiedlerpolitik zwischen „Deutschtümelei" und „Verfassungsauftrag". Bielefeld 1990

Otto, K.A., Aussiedler und Aussiedler-Politik im Spannungsfeld von Menschenrechten und Kaltem Krieg. Historische, politisch-moralische und rechtliche Aspekte der Aussiedler-Politik. In: Ders. (Hrsg.), Westwärts - Heimwärts? Aussiedlerpolitik zwischen „Deutschtümelei" und „Verfassungsauftrag". Bielefeld 1990, 11-68

Pasero, U., Familienkonflikte in der Migration. Eine rechtssoziologische Studie. Wiesbaden 1990

Rerrich, M.S., Balanceakt Familie. Zwischen alten Leitbildern und neuen Lebensformen. Freiburg 1988

Schepker, R. /Eberding, A. /Toker, M., Familiäre Bewältigungstrategien und institutionelle Zugänge bei Erziehungsschwierigkeiten am Beispiel migrierter Familien aus der Türkei. In: Dokumentation der Konferenz „Folgen der Arbeitsmigration für Bildung und Erziehung", 20.-22. März 1997, Gustav-Stresemann-Institut, Bonn, 344-353

Peter Möhring

Zum psychoanalytischen Verständnis von Migration und Interkultureller Begegnung

Die Psychoanalyse und die Kultur

Bei einem internationalen psychoanalytischen Kongreß gab es eine Arbeitsgruppe zur Bedeutung kultureller Faktoren für psychoanalytische Theorie und Therapie. Der Hauptgegensatz der Standpunkte, die übrigens beide von Indern eingenommen wurden, lautete wie folgt: Ob ich einen Bankangestellten in Kalkutta oder einen Bankangestellten in London analysiere, da gibt es keinen wesentlichen Unterschied. Der andere: Es gibt eine spezifisch indische Sozialisation, die wesentlichen Einfluß auf die Persönlichkeitsentwicklung nimmt. Ein asiatischer Teilnehmer der Gruppe schilderte seine Erfahrungen als Analysand bei Lehranalytikern, die verschiedenen Kulturen angehörten: Hier orientalisch üppig, weitschweifend, beredt, dort westlich klar, karg, präzise, knapp. Er selbst hatte sich dort besser verstanden gefühlt, wo er sich vertrauter gefühlt hatte, was in seinem Fall der orientalische Analytiker war. Hätte der erste Diskutant recht, wäre es von größerer Tragweite für die individuelle psychische Entwicklung, ob einer Landwirt oder Bankangestellter ist, als ob er Inder oder Engländer ist, und man sollte sich eher mit der Psychoanalyse der sozialen Schichtungen, der demographischen Verteilung und der Berufsbilder befassen, als mit der Migration. Ich hätte diesen Artikel nicht geschrieben, wenn ich mich nicht der Auffassung des zweiten Diskutanten näher fühlen würde, wenngleich ich durchaus auch sehe, daß ich mich in vielem von dem, was meine bewußte Persönlichkeit ausmacht, einem liberalen Intellektuellen in Ankara näher fühlen kann als einem nationalistischen Waldarbeiter aus dem Oderbruch, wenn es dort einen solchen geben sollte. Es ist auch eine Frage der Perspektive, die man einnehmen will, die ich hier einnehmen will, wenn ich mich entscheide, über Migration, und dabei als Psychoanalytiker über die unbewußte Dimension interkultureller Phänomene, und nicht über ökonomische und politische Verhältnisse zu schreiben. Es gäbe keinen Anlaß zu diesem Buch, gäbe es nicht die vielfachen Folgen der modernen Migrationsbewegungen, an die sich die Industrienationen, hier: Deutschland, bislang nur ungenügend anpassen können, gäbe es nicht diese Herausforderung für alle, das Zusammenwachsen der Menschen auf dem Erdball vor Ort zu praktizieren, denn wo sonst kann, soll, muß es geschehen, wenn nicht überall vor Ort?

Mein Thema schränkt mich auf Aussagen ein, die eine psychoanalytische Sicht des Themas beinhalten. Beschränkung tut Not und kann durchaus zur Tugend werden. Ich bitte aber um Nachsicht, wenn ich auf diesen wenigen Seiten manches Thema nur andeute und berühre, obwohl es eigentlich Besseres verdient hätte, also eine ausführliche Würdigung. Das bedeutet, daß ich mich im wesentlichen auf Dinge beschränke, die sich in Individuen abspielen, auf psychische Inhalte, und auf das, was man in der Psychoanalyse Objektbeziehungen nennt, also auf Phantasien und Interaktionsvorgänge, die sich zwischen Menschen bewußt und unbewußt abspielen.

Wenn man sich als Psychoanalytiker mit kulturellen Faktoren beschäftigt, muß man in seine Konzeption die Würdigung dieser Faktoren für die Bildung der psychischen Struktur, auch und besonders des Unbewußten, aufnehmen, sonst betreibt man Ethnologie oder Soziologie. Aber was tut man, wenn man den Einfluß der Kultur auf die Ausformung bewußter und unbewußter Strebungen nicht faßt? Dann beschränkt man sich bei seinen Überlegungen auf das, was dem Menschen unabhängig von seiner Kultur zu eigen ist, und betreibt so nach meiner Auffassung, ob man will oder nicht, eine Art von Biologie, denn der Mensch ohne Kultur ist das biologische Wesen homo sapiens. Auch sind die Begriffe „Kultur“ und „Psyche“, wie sie uns vertraut sind, ohne einander nicht denkbar, verstehen wir sie als sich ergänzende Seiten dessen, was die Menschen zwar mittels ihrer biologischen Ausstattung, aber als Menschheit diese zu ihren speziellen Lebensformen transzendierend, erschaffen. Diese Gedankengänge hat G. Devereux (1953) für mich überzeugend dargelegt. Nun können wir sagen, Psychoanalytiker betreiben weder Soziologie noch Biologie, sondern eben Psychoanalyse. Die Psychoanalyse bewegt sich nun aber eben in diesem Spannungsfeld zwischen, sagen wir, Natur- und Kulturwissenschaften, so hat es Freud ein Leben lang gesehen. Die Formung oder, wie im Falle der Psychopathologie, Verformung des Menschen durch die Kultur, die Schöpfung der Kultur durch den Menschen, die Möglichkeiten, die Kultur dem Einzelnen bietet, aber auch seine Einschränkungen durch die Kultur, diese Themen schwingen bei Freud - stärker als bei den meisten seiner Nachfolger - ständig mit, wenn er seine Modelle des Psychischen konstruiert. Wenn wir diese Gedanken ernst nehmen und auf Gesellschaften unter Berücksichtigung ihrer jeweiligen Besonderheit und Verschiedenheit von anderen anwenden, kommen wir daran, für die einzelnen Kulturen jeweils eigene ethnische Persönlichkeiten zu postulieren, die jeweils unterschiedliche psychische Strukturen und Relationen von bewußtem und unbewußtem (nach Devereux die bewußte und unbewußte Phase der ethnischen Persönlichkeit) haben, nicht vorbei. Die psychoanalytische Ethnologie, wie sie z.B. Roheim, von Freud ausgehend, betrieb, und die Ethnopsychoanalyse, beispielsweise durch G. Devereux, P. Parin und M. Erdheim vertreten, hat genau die Herausarbeitung dieser Faktoren versucht, und in den Vereinigten Staaten gab es eine jahrzehntelange Diskussion über das Verhältnis von Kultur und Persönlichkeitsentwicklung.

Vertrautheit und Fremdheit aus psychoanalytischer Perspektive

Wenn ich mich aus Sicht der Psychoanalyse mit Migration befasse, dann liegt es nahe, sich mit Phänomenen zu befassen, die mit Fremdheit, Begegnung und Trennung zu tun haben. Charakteristika der Migration ergeben sich aus dem Aufeinandertreffen von Menschen mit unterschiedlichem kulturellen Hintergrund und unterschiedlichen ethnischen Persönlichkeiten, und daraus, daß Menschen den Entschluß fassen oder sich gezwungen sehen, ihr Herkunftsland mit der Perspektive einer zumindest längeren, oft endgültigen Abwesenheit zu verlassen. Durch die Anwendung von ethnopsychoanalytischen Denkmodellen finden wir zu einer weiteren Dimension des Verständnisses der Prozesse, die dabei ablaufen. Identität ist mit Geschichte und Herkunft verknüpft. Der Übertritt von Menschen von einer Kultur in eine andere wirkt sich auf bewußte und unbewußte Elemente ihrer Identität aus. Das Aufeinandertreffen ethnisch verschieden strukturierter Psychen bedingt eine wechselseitige Fremdheit. Diese ist im Unbewußten unmittelbar repräsentiert. Erdheim (1988) sprach von der Imago des Fremden, als einem unbewußten Bild, das sich von Beginn der Objektbeziehungen an konstituiere. Der Bezug auf das Umfeld, der Rückgriff auf die Chiffre „vertraut", die jedem Einheimischen, der dort lebt, wo er schon immer lebte, möglich ist, verschafft diesem gegenüber einem Fremden in der Begegnung soziale und psychologische Vorteile. So kann er beispielsweise auf vertraute soziale Identifizierungen und reale Objektbeziehungen zurückgreifen, um seine Angst zu reduzieren, und kann seine gesamten Erfahrungen bruchlos verwenden, um seine Absichten zu verwirklichen. Daraus resultiert etwas, das ich einen Vorteil an Übertragungswertigkeit nenne, worunter ich folgendes verstehe: Wenn, sagen wir, zwei Menschen sich begegnen, sind sie mit unterschiedlichen Übertragungsbereitschaften ausgestattet. Jeder hat Interaktionsmuster, die sich aus bewußten und unbewußten Quellen speisen, und die in internalisierten Beziehungserfahrungen gründen. In diesen Interaktionsmustern und Beziehungserfahrungen kommen ihm unterschiedliche Rollen zu, erwachsenere und kindlichere, ohnmächtige und mächtige, und zwar entlang von Geschlechts-, Generations- und Macht-Kategorien. In der Beziehung zu, sagen wir, meinem kleinen Sohn, bin ich Vater und werde von ihm mit Attributen von Macht, Sicherheit, vielleicht auch manchmal von Bedrohung versehen, wie umgekehrt ich mich als der stärkere fühlen kann, mit Verantwortung, aber auch einem Freiraum, der dadurch entsteht, daß ich vor ihm keine Angst haben muß. Einem Vorgesetzten, oder einem Vertreter einer Staatsgewalt gegenüber komme ich in eine ganz andere Rolle, nämlich die des weniger mächtigen, des Kleinen, des unterlegenen, der manchmal bei dem Mächtigeren Schutz suchen mag, aber auch um die Kräfte weiß, die dieser gegen mich richten kann, und daher mit erhöhter Angstbereitschaft reagiere, oder auch mit Zorn, Auflehnungsbereitschaft, je nachdem. Im ersteren Fall bin ich eher mit meiner Elternrolle identifiziert, im zweiten Fall vollziehe ich auf die Vorgesetzten etc. Elternübertragungen. Dieser Unterschied nimmt nun wiederum Einfluß auf meinen Ich-Zustand, auf die wichtige Frage, ob ich selbst in der Lage bleibe, den zu erwartenden Ablauf der Dinge nach meinen Möglichkeiten zu gestalten, also auf das Erleben der Kohärenz meiner Person. Hat man selbst in diesem Sinne hohe Übertragungswertigkeit, führt das zur Angstreduktion beziehungsweise einen von vorne herein niedereren Angstpegel. Unter vielen Bedingungen werde ich die Übertragungswertigkeit der anderen in dem Fall, daß ich als Fremder in ein fremdes Land komme, häufig überschätzen, bin ich doch tatsächlich in einer vielfach geschwächten und abhängigen Position: Sprache, Sitten, große Teile der gesamten Kultur sind mir fremd. Sicherlich ist auch das umgekehrte möglich, ein „kolonialistischer" Geist kann zur überheblichen Einschätzung seiner selbst als „überlegen", der anderen als „primitiv" oder ähnlichem führen. Daß dies wiederum eine Abwehr von Unsicherheit bedeuten mag, ist in diesem Kontext erst in zweiter Linie interessant. In erster Linie kommt es mir hier darauf an, welche Konstellation sich bei den Begegnungen in der Übertragung einstellt. An einen Fremden werden weit höhere Anforderungen an seine Reife und Autonomie und die Beherrschung von Angst gestellt, weil weit kompliziertere psychische Operationen nötig sind, um eine solche Begegnungssituation in der Fremde zu meistern. Er steht nicht in dem vertrauten ethnischen Raum, der ihn in der wechselseitigen Ähnlichkeit der Trieb-Abwehr-Konflikte, der Gemeinsamkeit des Verwendens von Abwehr- und Anpassungsmechanismen unmittelbar verankert.

Die Psychoanalyse, eine Wissenschaft von Migranten?

Ich möchte nicht über die Psychoanalyse der Migration schreiben, ohne darauf hinzuweisen, wie sehr Migration und Migrantenschicksale in die Entwicklung der Psychoanalyse verwoben sind. Wäre die Entwicklung der Psychoanalyse ohne Migranten überhaupt vorstellbar gewesen? Faktisch war sie es jedenfalls nicht. Schon ihr Begründer emigrierte zweimal in seinem Leben: als Kind zog er mit seiner Familie von Freiberg in Galizien nach Wien, in hohem Alter war er zur Migration nach London gezwungen. Eine ganze Generation von Analytikern mußte zu Zeiten des Dritten Reichs aus dessen Einflußbereich emigrieren, als ihre Wissenschaft und nicht selten ihr Leben bedroht war. Auf Schritt und Tritt begegnen wir Menschen, die emigriert sind, wenn wir uns mit Psychoanalyse befassen. Seien es die Begründer gegenwärtig einflußreicher psychoanalytischer Strömungen, wie Melanie Klein oder Heinz Kohut, sei es der gegenwärtige Präsident der Internationalen Psychoanalytischen Vereinigung, Otto Kernberg. Sie wechselten, häufig aus politischen Gründen, das Land, in dem sie sich aufhielten, waren Migranten. So dürften Migrationsprozesse in der Psychoanalyse ihre Spuren hinterlassen haben. Wie diese aussehen könnten, möchte ich kurz andeuten. Der Effekt, den der Blick eines Fremden auf einen Gegenstand hat, ist leicht vorstellbar: Er sieht Dinge daran, die diejenigen nicht sehen, die mit ihm vertraut sind, und sieht die den Anderen vertrauten Dinge auf andere Weise. Dieses Effekts bedient man sich in verschiedenen Zusammenhängen, etwa in Sozialwissenschaften wie der Ethnologie, wo der Blick des Fremden Forschung überhaupt erst konstituiert, und der Ethnomethodologie, einer soziologischen Methode, die den Blick des Fremden auf das Vertraute quasi simuliert. Durch diese Verfahren wird die Unmittelbarkeit des Bezuges relativiert. Auch der psychoanalytische Blick ist der eines Fremden, wenngleich gleichzeitig die eigene Reaktion auf den Gegenstand des Interesses, die Gegenübertragung, wichtiges Element des psychoanalytischen Erkenntnisprozesses ist. Der Analytiker nimmt eine Perspektive ein, die weit von der Alltagswahrnehmung entfernt ist und auf das Unbewußte, den Ödipus-Komplex, die psychosexuelle Entwicklung etc. blickt. Die Psychoanalyse richtet ihren Blick auf das, was einem an sich selbst fremd ist, nämlich auf ausgeschlossene, aus der bewußten Selbstwahrnehmung und Interaktion exkommunizierte Inhalte. „Fremde sind wir uns selbst" lautet der Titel eines Buches von J. Kristeva, die damit genau auf diesen Punkt zielt. „Denn mit Freud dringt die Fremdheit, das Unheimliche, unmerklich in die Ruhe und Gelassenheit der Vernunft selbst ein und durchdringt, ohne sich auf den Wahnsinn, die Schönheit oder den Glauben, auch nicht auf die Ethnie oder die Rasse zu beschränken, unser Sprachsein selbst: ein durch andere Logiken, einschließlich die der Heterogenität der Biologie, verfremdetes (...) Fortan wissen wir, daß wir uns selbst fremd sind, und es ist allein dieser Rückhalt, von dem aus wir versuchen können, mit den anderen zu leben" (Kristeva 1990, 184).

Diese Eigenart der Psychoanalyse, den Menschen zur Aneignung seiner ihm fremden Territorien zu führen, könnte sie als besonders geeignet erscheinen lassen, sich mit der Beziehung des Vertrauten und Eigenen zum Fremden zu befassen, und zu konzeptualisieren, was auf der unbewußten Ebene geschieht, wenn man sich realiter von einem Territorium in ein anderes bewegt (vgl. Möhring 1995).

Die Fremde, das Fremde und psychischen Vorläufer. Migration in psychoanalytischer Perspektive

Daß es seit allen Zeiten Migration gab, daß zu allen Zeiten Menschen in friedlicher oder kriegerischer Absicht, freiwillig oder gezwungen, allein oder als Gruppe, Armee oder Volk, fremde Gebiete aufsuchten, daß es fremde Herrschaft, aber auch Knechtschaft in der Fremde gab, ist trivial. Daß das für die Migranten bedeutet, daß die Regulation der Beziehungen zu Fremden der wichtigste Faktor für die Ausgestaltung des gesellschaftlichen Lebens wird, merkt mancher erst, wenn er selbst in der Fremde ist. Das Fremde als Quelle von Angst und Faszination hat uralte Tradition. Dies gilt nicht nur für die Geschichte der Menschheit, es gilt für die individuelle Geschichte jedes Einzelnen, denn wenn er in diese eigene Geschichte blickt, an ihren Anfang, wie dies etwa in der Psychoanalyse geschieht, stellt er fest, daß es dort einen Moment gegeben haben muß, in dem das Fremde, das Nicht-Ich, bewußt geworden ist. Wenn ich mir vorstelle, daß in mir die Erkenntnis dämmert - es wäre viel zu einfach, zu sagen, wenn ich denke -, daß es nicht nur jemanden wie mich gibt, sondern auch jemanden, der nicht Ich ist, anders, draußen, eben fremd, wenn ich mir vorstelle, wie das Gewahrwerden der Welt mir den Atem nimmt, dann mag das ein erschütterndes Erlebnis gewesen sein. Aber die Welt ist schon nicht mehr unschuldig für den, der sie eben entdeckt hat, sie ist schon kontaminiert mit Elementen seiner bis dahin gemachten Erfahrung, mit Erinnerungsspuren von mit Gefühlen verbundenen Ereignissen. Diese Ereignisse können einen inneren (etwa Hunger, Blähungen) oder äußeren (füttern, streicheln, schlagen) Anlaß haben, können einer Motivation, einem somatischen Geschehen oder einer äußeren Handlung entstammen. Was geschieht mit diesen Wahrnehmungen? Als grundlegende, früh sich entwickelnde psychische Mechanismen hat Kernberg (1975) die Spaltung und die Projektion beschrieben. Danach werden Erfahrungen nach zwei polaren Kategoriensystemen, zum einen in „gut" im Sinne von angenehm, annehmend, willkommen, erstrebenswert gegen „böse" im Sinne von unangenehm, ablehnend, schmerzlich, schlecht, zum anderen nach „innen" im Sinne von zu einem selbst gehörig gegen „außen" im Sinne von nicht zu einem selbst gehörig, kategorisiert. So gibt es schon bald als allen kommenden Wahrnehmungen zugrundeliegende Denkfiguren des Kleinkindes (die Wissenschaft streitet noch darüber, wann) eine Trennung und Aufspaltung in eine gute und eine böse, eine innere und eine äußere Welt, die insgesamt alle Wahrnehmungen und psychischen Repräsentationen der Welt strukturiert, und so zwangsläufig die Wahrnehmung der äußeren Realität auf schwerwiegende Weise beeinflußt. Zum einfacheren Verständnis dessen mag es nützlich sein, sich vorzustellen, daß auch andere, reifere Abwehrmechanismen die Wahrnehmung beeinflussen. Wer etwa in Reaktionsbildung auf seine Aggressivität und zur projektiven Befriedigung eigener frustrierter oraler Bedürfnisse das sogenannte Helfersyndrom ausgebildet hat, findet überall Bedürftige, und wer seinen ödipalen Rivalitätskonflikt nicht zu einer Lösung geführt hat, findet überall Gegner, die er übertrumpfen will. Die Liste läßt sich beliebig fortsetzen, und diese Vorgänge ändern sich lebenslang zumindest nicht prinzipiell, wenngleich natürlich die Fähigkeit zur Realitätserkennung im Verein mit den sonstigen psychischen Reifungsvorgängen im Laufe der Entwicklung zunimmt. Diese Fähigkeit muß aber nicht, wie wir es uns wünschen würden, damit auch notwendigerweise zur Absicht der Befriedigung entwicklungsgeschichtlich reiferer Triebziele eingesetzt werden. Redl und Wineman (1951) haben für verwahrloste Kinder einen für meine Überlegungen relevanten Aspekt herausgearbeitet, der durchaus generalisierbar ist, nämlich, daß auch hochentwickelte Ich-

Leistungen durchaus nicht im Dienste reifer psychischer Operationen, sondern zur Befriedigung präödipaler Triebziele eingesetzt werden können. Nicht umsonst hat G. Devereux (1973) in seiner grundsätzlichen Kritik der Sozialwissenschaft die Gegenübertragung, also die psychischen Prozesse, die dazu führen, daß der Mensch sagt: „dies nehme ich wahr", als einen jeder, auch der wissenschaftlichen, Erkenntnis vorangehenden Prozeß der Selektion von Daten herausgearbeitet und die Wissenschaft dafür kritisiert, daß sie diese Vorgänge nicht in den Theoriebildungen berücksichtigt. Nicht anders geht es auch dem, der seine Alltagswahrnehmung strukturiert. Was hat dies für Folgen für das Thema der Migration? Die nächstliegende Folgerung ist die, daß auch die Wahrnehmung des Fremden und der Fremde den Bedingungen unterworfen ist, die ich eben beschrieben habe. Um uns dem zu nähern, folgen nun weitere psychoanalytische Überlegungen zur Migration.

Was ist Migration, wodurch wird sie ausgelöst? Da es *die* Migration nicht gibt, stoßen wir auf bedeutsame Unterschiede von Einschätzung, Bewältigung und Verlauf von Migrationsprozessen, die bereits durch die Rahmenbedingungen gegeben sind. Da jedoch jedes Erleben an uns selbst geschieht, geht es aus der Sicht der Psychoanalyse letztlich doch um die inneren Bilder der Migration, die wir erzeugen, wobei auf deren Erzeugung natürlich auch Einflüsse von außen einwirken. Jeder von uns würde eine Migration anders erleben, oder erlebt sie anders, auf seine einmalig individuelle Weise. Es ist diese individuelle Weise, der Einmaligkeitscharakter des Erlebens, mit dem sich die Psychoanalyse in der Situation der Behandlung beschäftigt. Diese individuelle Erlebnisweise, die Solo-Stimme sozusagen, kann übertönt werden durch die Gewalt des Einflusses von außen, wobei diese Gewalt wiederum durch das Erleben des Individuums in dessen Erleben ihre charakteristische Färbung erhält. Es sind die Konstellationen der menschlichen Psyche, und besonders das Verhältnis von bewußten und unbewußten Inhalten, was Gegenstand des Interesses der Psychoanalyse als Wissenschaft ist, auch wenn sie sich mit Problemen befaßt, die über das individuell-psychische hinausgehen. Das bedeutet, daß, wenn zum Beispiel politische Aspekte der Migration erörtert werden sollen, die psychoanalytische Perspektive den Blick darauf richtet, welche unbewußten Motivationen politischen Handlungen, vielleicht Umsiedlungen, Vertreibungen, unterlegt sind, und welche unbewußten Bedeutungen solche politisch motivierte Handlungen oder Äußerungen für jemanden annehmen, der ihnen ausgesetzt ist. Hier sind sicher im Zusammenhang mit den Migrationsbewegungen der heutigen Zeit Faktoren wie politische Gewalt und ökonomische Not an erster Stelle zu nennen, sowie die Massierung dieser Geschehnisse. Gewalt ruft Haß und Ohnmacht hervor, und Todesangst. Auch Not kann Gefühle von Angst und Ohnmacht hervorrufen, Depressivität und Apathie, sowie Neid auf all die, denen es besser geht. Die Massierung und Globalisierung dieser Probleme ruft bei denen, die ihnen nicht unmittelbar ausgesetzt sind, beispielsweise Ratlosigkeit, Angst oder Abwehr hervor. Die Psychoanalyse kann sich mit dem Schicksal dieser Gefühle und Zustände befassen, welchen Abwehrbewegungen, aber auch welchen bewußten Handlungen und Lösungsversuchen man bei ihrer Bewältigung begegnet. Man tritt dann in ein anderes Feld ein als das der üblichen individuellen Psychopathologie, es muß großenteils noch bearbeitet werden. Die Psychoanalyse hat durchaus den theoretischen Hintergrund, um sich auf diesen Feldern zu profilieren. Es könnte eine Psychoanalyse der Politik geben, und es gibt sie ansatzweise. Es gibt Analytiker wie P. Parin, H.-E. Richter oder T. Bauriedl, die sehr wohl in diesem Feld handeln. Im Großen lassen sich die Probleme der Migration nicht auf der Ebene des individuellen Schicksals lösen. Es wäre sicher wünschenswert, daß es mehr politisch engagierte Psychoanalytiker gäbe, die ihr Wissen in den Dienst der Politik stellen, oder die politisch denken. Daß dem nicht so ist, ist aber nicht der Psychoanalyse anzulasten, sondern den Personen, die sie repräsentieren. Diese haben sie in den letzten Jahrzehnten in eine Richtung geführt, die die Psychoanalyse vornehmlich als klinische Disziplin in Erscheinung treten ließ, als Heilkunde, was zu Recht als Medicozentrismus kritisiert wurde. Hierin ist einer der Gründe zu sehen, daß es bislang eine Psychoanalyse der Migration nur in Ansätzen gibt, und daß auch die Analytiker genauso wenig auf die Migrationsbewegungen der letzten Jahre und ihre psychosozialen Folgen vorbereitet sind wie der Rest der Gesellschaft.

Sozialpsychologisch werden im allgemeinen Phasen der Migration beschrieben, z.B. unterscheidet Sluzki (1979) fünf Phasen der Migration, eine Vorbereitungsphase, die Durchführung, eine Phase der Überkompensation, eine Phase der Dekompensation, und als letztes generationsübergreifende Phänomene. Garza-Guerrero (1974) betrachtete die Migration unter dem Gesichtspunkt der Trennung und des Kulturschocks. Er unterschied drei Phasen des Bewältigungsprozesses des Migrationserlebens: die Phase der kulturellen Begegnung, die Phase der Reorganisation und die Phase der neuen Identität. Der Ausgang des Trauerprozesses, der unvermeidlich ist, hängt nach Ansicht dieses Autors vor allem von der Stabilität der internalisierten Objektbeziehungen ab.

Dem Ehepaar Grinberg (1990), die, aus Argentinien stammend, später nach Spanien emigrierten, verdanken wir die wohl bekannteste psychoanalytische Publikation über Migration. Für diese Autoren stellt die Migration ein sowohl akutes als auch akkumulatives Trauma dar. Migration ist eine Krisensituation, die das Gefühl der kontinuierlichen Existenz, das durch die kulturelle Erfahrung gesichert wird, in Frage stellt. Die Autoren beziehen sich auf Winnicott, für den kulturelle Erfahrung die Fortsetzung des potentiellen Raumes zwischen dem Individuum und der Umwelt ist. „Der Immigrant braucht einen potentiellen Raum, der ihm als „Übergangsort“ und „Übergangszeit“ vom mütterlichen Land-Objekt zur neuen äußeren Welt dient: ein potentieller Raum, der die Möglichkeit gewährt, die Migration als Spiel zu erleben, mit aller Seriosität und allen Implikationen, die es für das Kind hat“ (ebd., 14). Wenn dies nicht gelingt, wenn die praktisch unvermeidliche psychische Desorganisation nicht kompensiert werden kann, entsteht ein Bruch der Kontinuitätsrelation zwischen Umwelt und Selbst, daraus resultierend eine Regression. Wenn aber der Migrant über ausreichende Verarbeitungsmöglichkeiten verfügt, kann die Krise mit einer Art Wiedergeburt enden. Ich werde mich in meiner Unterteilung auf zwei große Bereiche beschränken: auf das Vorher und das Nachher, auf die Situation vor der Migration und nach der Migration, und besonders auf die unbewußten Bedeutungen dieser Situationen eingehen, auf die Umstellungen die dabei nötig sind, und werde versuchen, auf die unbewußten Bedeutungen der unterschiedlichen realen Situationen einzugehen, die das „vorher“ und das „nachher“ begleiten.

Vorher

Sicher gibt es Individuen, die sich besser oder schlechter dafür eignen, zu emigrieren. Grinberg und Grinberg beziehen sich in diesem Zusammenhang auf Balints philobatären Charakter, der Trennungen und Fortbewegung leichter verkrafte, nennen aber auch den Grad der persönlichen Individuation als bedeutsam. Auch, wer dazu neigt, sich einsam zu fühlen, weil er sich ausgeschlossen, nicht dazugehörig wähnt, wird es schwerer haben, das Erlebnis einer Phase des realen Ausgeschlossen-Seins, wie sie den Migranten als Fremden unvermeidlich trifft, zu tolerieren. In dem Buch der Grinbergs finden sich viele Beispiele, aus denen Kriterien der Fähigkeit zu emigrieren hervorgehen, die vor allem etwas mit der Fähigkeit, sich zu trennen, zu tun haben, mit der Fähigkeit zur Introjektion guter Objekte. Es wird jedoch auch deutlich, wie sehr die Phantasie von Migration und ihr Erleben von eigener früher Erfahrung geprägt ist, und von unbewußten Phantasien gestaltet. Migration kann unbewußt Flucht vor etwas sein, und Suche nach etwas. Wenn sie unbewußt beides bedeutet, kann doch einer der beiden Aspekte das Übergewicht haben. In dieser Passage beziehe ich mich dezidiert nicht auf reale Ereignisse und Zustände. Ich weiß natürlich, daß jemand fliehen kann vor Hunger, Gefängnis, Folter, Tod, aber das sind bewußte Motive, die natürlich ihre Geltung haben, die ausschlaggebend sein können, aber nicht müssen für die Entscheidung zur Migration, und auch müssen die Bedingungen der Ankunft, die Fremdenfreundlichkeit versus -feindlichkeit des aufnehmenden Landes, nicht der entscheidende Faktor für das Gelingen vs. Mißlingen des Migrationsprozesses sein.

An dieser Stelle spreche ich von unbewußten Bildern, die, vom Migranten ausgehend, auf sein Land projiziert werden. Der Ursprung dieser Bilder liegt auch in Erfahrungen und ihrer Verarbeitung, sie sind der Niederschlag von Erlebtem, von Beziehungen, Erfahrungen, affektiven Zuständen. So entsteht beispielsweise das Bild des Verfolgers: der verschlingenden bedrohlichen frühen präödipalen Imago einer Mutter, die ihr Kind, Tochter oder Sohn, an sich gebunden halten will, dem Kind die Ausbildung einer eigenständigen Identität verweigern will, oder das Bild der versagenden Mutter, die ihr Kind verhungern läßt, es nicht mit Nahrung am Leben erhalten will. Es gibt sehr viele Möglichkeiten, wie das Land, das verlassen werden soll, unbewußt besetzt wird, auch auf anderen psychosexuellen Ebenen, wie mit dem unbewußten inneren Bild der rivalisierenden, ödipalen mißgünstigen Mutter, die der Tochter keinen Partner, keine Sexualität und Generativität gönnt, oder mit dem Bild des ödipalen Vaters, der den Sohn töten oder entmannen will, anstatt ihm eine eigenständige Existenz mit Sexualität und Generativität zu gestatten. Natürlich gibt es nicht nur die Projektion negativer unbewußter psychischer Inhalte auf das Land, das verlassen werden soll. Die positiven Aspekte der Primärerfahrung werden ja zunächst ebenfalls auf das Mutter- oder Vaterland projiziert, es wird der Umstand wirksam, daß auch der zukünftige Migrant die bisherige Spanne seines Lebens hier gelebt und überlebt hat. Daher enthält Migration in enormem Ausmaß den schmerzlichen Aspekt der Trennung, der von einigen Autoren ja ganz in den Mittelpunkt ihrer Überlegungen gestellt wird, und der von den Migrierenden nicht erfolgreich verdrängt werden kann. Daher wurden schon vor Jahrhunderten Menschen mit Heimweh-

Krankheit beschrieben, von Unglück und einsamem Tod in der Fremde erzählt. Die Vorstellung, nicht in der Heimaterde begraben zu sein, konnte die Menschen mit Schrecken erfüllen, da der Tod unbewußt mit der Rückkehr in den Mutterschoß gleichgesetzt wird, und dieser wiederum mit Heimaterde. Die ganze schwülstige Metaphorik von Heimat, Scholle und Boden müßte bei Gelegenheit auf ihre unbewußten Wurzeln untersucht werden, jedenfalls ist die Irrationalität und Gewaltsamkeit, die mit diesen Vorstellungen verbunden ist, als Hinweis auf ihre Verwurzelung im Unbewußten zu werten.

Eiguer und Ruffiot (1991) haben in ihrem Buch „Das Paar und die Liebe" den Vorgang, der bei der Trennung von Paaren die Verflechtung der beiden Psychen rückgängig macht, „entlieben" genannt. Auch ein Migrant „entliebt" sich in gewisser Weise von seinem Herkunftsland, selbst wenn er sich zum Weggang gezwungen sieht. Er läßt Familie und Freunde zurück, Gleichgesinnte, die Menschen, mit denen er wichtige Erfahrungen seines bisherigen Lebens teilte. Er muß nicht nur Objektbeziehungen aufgeben, sondern fürchtet auch um seine Identifizierungen, denn das, was bei der Liebestrennung von diesen Autoren als regelmäßiger begleitender Vorgang beschrieben wird, die Desidentifizierung, ist bei der Trennung vom Herkunftsland nicht in gleicher Weise möglich. Da wir nur mit und in unserer Kultur Menschen im sozialen Sinne sind, können wir auf Kultur als letztlich Persönlichkeit bedingendes Element nicht verzichten, und das heißt zunächst und naheliegenderweise für jeden, auch für den Migranten, auf seine Kultur, in der er aufgewachsen ist. Der Migrant spürt die Abhängigkeit dessen, was ihn als Persönlichkeit konstituiert, von der für ihn maßgeblichen Kultur, und daher kann er sich nur unvollständig trennen. Er kann verlorene Objekte in die Psyche integrieren, indem er den typischen Trauerprozeß durchläuft, an dessen Ende eine Identifizierung mit den verlorenen Objekten steht. Diese Identifizierung muß aber stark genug sein, um einen sicheren Kern von Identitätsgefühl zu hinterlassen, und flexibel genug sein, um mit Neuem angemessen umgehen zu können. Sie wird durch die Migration auf einen Prüfstand gestellt. Wenn die kulturellen Identifizierungen abgewehrt werden, erscheinen sie in unterschiedlicher Form, zumeist in Abkömmlingen von unbewußten Konflikten, wieder.

Der Umstand der räumlichen Trennung, die Tatsache, daß es ein „vorher" und ein „nachher" gibt, die Scheidelinie, die dadurch gezogen wird, begünstigt die Verwendung von frühen Abwehrformen der Spaltung und Projektion. Dabei treten Gut und Böse, Selbst und Objekt, und die fremde und die eigene Kultur als Bereiche für Spaltungen und Projektionen auf. Hierdurch wird die Reife des Individuums gefordert: Je stärker diese Abwehrformen in seiner Psyche verankert sind, desto eher wird er davon Gebrauch machen. Hier wird jedoch auch der interaktionelle Aspekt unübersehbar: Je radikaler, abrupter, gewaltsamer die Trennung erlebt wird, je mehr die Trennung selbst als ein archaischer Vorgang abläuft, desto mehr werden solch frühe Abwehrformen aktiviert. Je weniger die Migration durch äußeren Druck erzwungen wird, desto günstiger sind die Bedingungen für integrative psychische Wandlungsprozesse.

Nachher

Dort, wo der Migrant hinzieht, soll es für ihn besser sein als vorher, warum und wie auch immer. Sicherheit und Wohlbefinden, diese menschlichen Urbedürfnisse, die aus einem der vielen möglichen Gründe im Herkunftsland nicht gestillt waren, werden im Gastland zumindest erhofft. Dieser Aspekt der „guten“, nährenden, Befriedigung verschaffenden Mutter ist eines der auf das Gastland projizierten Bilder, es existiert neben anderen, die vor allem mit der Angst vor dem Fremden zu tun haben. Das „gelobte Land“ ist uns allen Metapher für den Ort, wo ein Leben in Frieden, Zufriedenheit und Glück möglich ist. Es wird in der Bibel zu einer Art von irdischem Ersatz für das verlorene Paradies, dieser jüdisch-christlichen Version einer fast ubiquitären mythologischen „Erfindung“, damit jedoch ähnlich idealisiert und damit unerreichbar. Für viele ist das Gastland, besonders, wenn man es sich bewußt als wohlhabend vorstellt, unbewußt mit derartigen Erwartungen besetzt, deren Enttäuschung als Ablehnung erfahren wird. Diese vermeintliche Ablehnung kann dann entsprechend erwidert werden. Damit will ich nicht sagen, daß es keine reale Ablehnung gibt. Ich weiß, daß diese häufig ist, und Migranten schwer verunsichern kann. Wenn diese erkannt und erwidert wird, ist dies jedoch ein Prozeß, der mit unbewußten Wünschen nichts zu tun hat. Faktisch kommt es zu einer Interferenz von bewußten Interaktionen und unbewußten Konflikten, wodurch jeweils verschiedene Konfliktbereitschaften aktualisiert werden. Der Begriff des Vorbewußten kann hier hilfreich sein: Werde ich als Migrant freundlich empfangen, bin ich noch kein anderer Mensch, aber die unbewußten Anteile meiner Angst- und Aggressionskonflikte bleiben zumindest zunächst eher stumm, als wenn ich in einem fremden Land als erstes überfallen werde. Im letzteren Fall werden solche Konfliktbereitschaften aktualisiert, vorbewußt und damit bewußtseinsnäher. Sie werden mir mehr Probleme bei der Meisterung meines Alltags machen, vielleicht wird ein traumatisierendes Erlebnis in der Anfangszeit für mich sogar zur Metapher der gesamten Migration. Dies mag auch Wurzeln in einer neurotischen Haltung haben, wird aber sicherlich durch ein traumatisches Erlebnis verstärkt. Dies hängt mit der an sich traumatischen Natur der Migration zusammen, an der besonderen Empfindlichkeit, die aus der Situation des Wechsels entsteht. Die Seele liegt noch blank und ungeschützt. In diesem Zusammenhang ist auch wichtig, den Anlaß der Migration mit zu bedenken. Ein Verfolgter ist noch sensibilisiert für Verfolgung, ein Verletzter für Verletzungen, ein Gedemütigter für Demütigungen.

Auch das Gastland kann als die Identität bedrohend, verschlingend, vernichtend, wie die dem Primärprozeß entstammende Mutter-Imago erlebt werden, da es in seiner Fremdheit unübersehbar ist, die für den Migranten bereits vor der Haustüre beginnt. Als Reaktion darauf können vertraute ethnische Elemente um so stärker in der unmittelbaren Umgebung belebt werden. Das Gastland kann auch als ein Ort erlebt werden, wo die zuvor landesüblichen und damit nicht nur als typisch, sondern als richtig und gültig erlebten Normen, Formen, in denen man Beziehungen reguliert und Befriedigung findet, sowie Ausgänge von Trieb-Abwehr- Konflikten bedroht sind. Die Gefühle der Bedrohung gehen aus von den anzutreffenden Unterschieden in der Regulierung von Triebbedürfnissen, die alle psychosexuellen Stufen, das Sexuelle, Anale und das Orale betrifft. Darüberhinaus werden Differenzen in Ich- und Überich-Strukturen festgestellt, d.h., in den Interaktionen der Angehörigen der fremden Kultur fehlen typische Abwehrmechanismen sowie Anpassungsformen.

Skizzen zur Tiefendimension interkultureller Begegnung

Wenn man die besonderen psychischen Bedingungen, die Migration schafft, nicht vornehmlich als durch die Trennung und den Verlust bedingt konzipiert, muß man eine Begrifflichkeit finden, mittels derer ein Wechsel von einer Kultur in die andere als Aufeinandertreffen individueller psychischer Organisationen mit fremden kulturellen Räumen beschrieben werden kann. Wie dies geschehen könnte, möchte ich nun kurz skizzieren, und dabei auf ethnopsychoanalytische Konstruktionen zurückgreifen, die ihrerseits wieder Erweiterungen psychoanalytischer Theorie sind. Wenn es darum geht, die jeweiligen Spezifika auf der Ebene der Persönlichkeitsstruktur zu beschreiben, die das charakteristische an einer Kultur sind, hat Devereux (1972) wichtige Überlegungen zum ethnischen Charakter, der eine bewußte und unbewußte Phase umfaßt, beigetragen. Das Gesamt aller Vorstellungen und Vorschriften, aller Regeln, nach denen das familiäre und gesellschaftliche Leben abläuft, die Mythologie, Religion, Politik und Ökonomie zwingt (nach Devereux) demjenigen, der in eine Kultur hineingeboren wird, während seiner Persönlichkeitsentwicklung dazu, bestimmte Persönlichkeitszüge zu entwickeln, die er mit den Angehörigen seiner Kultur gemeinsam hat. Diese Elemente machen seinen ethnischen Charakter aus. Das, was jemand an individuellen Persönlichkeitsanteilen hat, und damit nicht mit den anderen Mitgliedern seiner Kultur gemeinsam, nennt Devereux den idiosynkratischen Teil des Charakters. Der ethnische Charakter, wobei eine bewußte und eine unbewußte Phase dessen angenommen wird, also dem Bewußtsein zugängliche und vor dem Bewußtsein ferngehaltene Anteile, entsteht also beispielsweise durch Elemente wie die Vorstellung, Säuglinge müssen an die frische Luft, Schreien kräftige die Lungen, Sauberkeitserziehung müsse möglichst früh und konsequent einsetzen, Konkurrenz ist wichtiger als Solidarität, Jungen dürfen nicht weinen, Mutter sein ist toll, eine Familie besteht aus drei Personen, Stillzeiten müssen reguliert sein, es gibt ein Leben nach dem Tod, Gott sieht alles, mit einer Todsünde auf dem Gewissen landet man in der Hölle, Leistung muß sich lohnen, Liebesheirat und voreheliche Sexualität ist Pflicht, Wasser ist gefährlich, Ausländer nehmen einem Arbeit weg, und so weiter. Diese Aufzählung könnte vervollständigt zu einer ironisierten Charakteristik einer Art von zentraleuropäischer Nichtschwimmer-Kultur werden. Man kann bei dem Gedanken verweilen, welche psychischen Operationen der Einzelne aufbringen muß, um diesen Normen zu entsprechen. Er hat seine Angst vor dem Tod in einem Phantasma neutralisiert, dafür aber seine narzißtische Allmachtsphantasien auf eine allmächtige Instanz projiziert, in der die Angst wiederkehrt. Er hat seine frühkindliche verdrängte orale Gier auf die Habgier des Erwachsenlebens verschoben, verfügt über ein hohes Ausmaß an verdrängter analer Lust, dafür bewußter Scham und Aggression, mußte Schmerz und Trauer verdrängen, hat Angst vor Wasser, ohne richtig zu wissen, warum, und hat Angst, den sexuellen Anforderungen seiner Partner nicht gewachsen zu sein. Wenn man sich vorstellt, daß dieser Mensch nun auf jemanden trifft, der in seiner Kindheit bereits nach Schwämmen getaucht ist, es gewohnt war, seine Ausscheidungen am Strand abzusetzen, und sich die Reste des Kots mit den Fingern der linken Hand abzuwischen, die dann mit Sand gereinigt wurde, der dafür nur mit der rechten Hand gegessen hat, und von seinen Eltern mit 12 Jahren verheiratet wurde, für den es aber selbstverständlich sein wird, sich eines Tages eine Geliebte zu nehmen, und der zwar einen Beruf erlernt hat, der ihm zu Hause Ansehen verschafft, und der seine Familie gut ernähren kann, für den aber lebenslang die Forderungen des Familienältesten bindend bleiben, bis er selbst vielleicht eines Tages Familienältester ist, dann bekommt man ein Gefühl dafür, was für den einen wie den anderen durch die Begegnung in Frage gestellt wird. Dem letzteren wird der Gedanke der Trennung von seiner Herkunftsfamilie fremd bleiben, der dem anderen wesentlich ist. Sexualität, Liebe und Familie sollen sich bei den einen an demselben Ort verwirklichen, bei dem anderen mindestens an zweien. Für ihn wird ein gegen Verschmutzung gerichtetes Tabu berührt, wenn er sieht, wie Menschen auch mit der linken Hand essen, aber er wird belächelt werden, wenn er bei seiner Art bleibt. Was die Psychoanalyse zu dem Verständnis der Probleme beitragen kann, die dabei entstehen, ist das Wissen darum, welche gewaltigen psychischen Kräfte während der kindlichen Entwicklung wirksam sind, wie schwer einmal gebildete psychische Strukturen zu ändern sind, weil ihr Hintergrund archaische Gefühle sind, die Absolutheitscharakter haben, deren Inhalt Bemächtigung, Vernichtung, Verschmelzung sind. In der klinischen Psychoanalyse machen wir vorwiegend mit den psychopathologischen Ausformungen der unbewußten Kompromißbildungen Bekanntschaft, mit den idiosynkratischen Konflikten, an denen das Individuum scheitert. Es sind jedoch die gleichen Kräfte, welche die sogenannten normalen Persönlichkeiten formen, denn normal sind diese ja nur deshalb, weil sie der in dieser Kultur gültigen Norm entsprechen, die, wie ich andeutete, von Kultur zu Kultur sehr verschieden sein kann. Die Begegnung mit dem Fremden wirkt so, wie eine Konfrontation in der psychoanalytischen Behandlung wirkt: Sie berührt das Verdrängte, stellt eine Kompromißbildung in Frage, zwar ohne das Verdrängte bewußt zu machen, wodurch aber doch die Abwehr labilisiert wird. Das führt leicht zu Gegenreaktionen, etwa in Form von Verstärkung der Abwehr als Widerstand gegen die Bewußtwerdung. In diesem psychischen Mechanismus ist auch leicht ein Hintergrund für Fremdenfeindlichkeit zu erkennen.

Die Unterteilung in einen ethnischen und idiosynkratischen Charakter ist zwar als generelles Schema erhellend, aber zu grob für die Betrachtung dessen, wie der Einzelne in seiner Kultur lebt, zu schematisch, um genauer zu beschreiben, wie er seine Formen findet, um in einer Kultur und Gesellschaft Befriedigung zu finden, und dabei gleichzeitig das Ich von der Aufgabe entlasten kann, jeweils individuelle Konfliktlösungen und Kompromisse zu finden. Hierfür hat Parin (1977) den Begriff des Anpassungsmechanismus in Analogie zum Begriff des Abwehrmechanismus geprägt. Indem dieser Begriff hinzugezogen wird, kann man gut beschreiben, wie das Charakteristische einer Kultur auf der Ebene der individuellen psychischen Bildungen abgebildet wird, also, wie sich Angehörigen derselben Kultur bis in Relationen von bewußt/unbewußt ähneln, was als Konsequenz auch ausformulieren läßt, wie sie sich von Angehörigen anderer Kulturen unterscheiden. Mittels Anpassungsmechanismen regulieren nach Parin die Menschen ihre sozialen Beziehungen zueinander. Sie wissen etwa, daß sie in ihrer Kultur zum Beispiel als Arzt oder Bäcker bestimmte Sublimierungen einsetzen können, um ihre Tüchtigkeit immer wieder unter Beweis zu stellen, ihre Neugier zu stillen oder orale oder sadistische Strebungen in sublimierter Form auszuleben, oder als Familienvater, Helfer bei der freiwilligen Feuerwehr das Selbstbewußtsein zu mehren. Parin nennt das Rollenidentifizierung, einen Anpassungsmechanismus, der unbewußt abläuft, mit demselben Automatismus, wie Abwehrvorgänge ablaufen, und quasi automatisch Möglichkeiten zur Befriedigung bereitstellt. Wir müssen unsere gewohnte Lebensweise und das, was sie uns bereithält und wir darauf reagieren, nicht jeden Tag neu erfinden. Anpassungsmechanismen regulieren die Befriedigung der (oder auch den Verzicht auf) Triebwünsche nach außen, in der sozialen Interaktion, wie Abwehr diese Funktion nach innen erfüllt. Die Bildung eines Gruppenichs ist ein weiterer Anpassungsmechanismus, den Parin beschrieben hat. Dabei wird die Struktur „Ich" nicht als individuell, sondern als innig verbunden mit einer Gruppe (z. B. von Gleichaltrigen) wahrgenommen, was das Ich enorm stärkt, wenn die Gruppe beisammen ist, es jedoch schwächt, wenn der Mensch alleine ist. Einem Menschen mit einer solchen psychischen Struktur muß viel an Selbstgefühl und Selbstsicherheit fehlen, wenn er emigriert. Man kann diesen Gedanken von Parin dahingehend erweitern, daß der ethnische Charakter in jedem Fall, auch in Kulturen, deren interne Beziehungsregulative anderer Art sind, etwa individualistischer, nach außen Gruppen-Ich-Elemente enthält, was zu einem Gefühl von Vertrautheit, aber auch Impulsen von Widerstand gegen die eigene Ethnie führen kann, wenn man zum Beispiel im Ausland Landsleute trifft. Das Fehlen der Möglichkeit des Einzelnen, sich in der Fremde mit als zu einem selbst gehörigen Gruppen-Ich-Strukturen zu identifizieren, schwächt wiederum die Übertragungswertigkeit, erhöht die Bereitschaft, in den Übertragungsschemata die unterlegenen Positionen einzunehmen, was den Fremden notwendigerweise ins Hintertreffen bringt. Ich weiß noch gut, wie empört ich war, als ich einmal eine Schmiererei an einer Hauswand sah: Deutschen raus! stand da geschrieben. Hier hatten vermutlich Jugendliche versucht, diese Verhältnisse umzukehren, und unsere Orthographie war ihnen wohl so egal wie meine Empfindlichkeit.

Um die unbewußten intrapsychischen Vorgänge zu beschreiben, die beim Wechsel von einer in die andere Kultur ablaufen, bedarf es noch einer Begrifflichkeit für den Prozeß, der bei diesen Übertritt stattfindet. M. Erdheim hat sorgfältig den Prozeß des Übertritts des ethnopsychoanalytischen Forschers von einer in die andere Kultur beschrieben, und dabei aufgenommen, was sich im Forscher abspielt, der auf die fremde Kultur trifft, also seine Gegenübertragung, seine Angst, Aggression seinen Ekel und so weiter. Auch wenn sich die Migrationssituation in vielem von der des ethnopsychoanalytischen Forschers unterscheidet, sind doch nach meiner Auffassung die Prinzipien der psychischen Bewegungen, die sich dabei abspielen, gleich. Erdheim hat diesen Vorgang, der in einem abläuft, und den er analysiert, den ethnopsychoanalytischen Prozeß genannt. Man kann ihn schwerlich so nennen, wenn er abläuft, ohne analysiert zu werden, wie es bei den Menschen der Fall ist, die nicht als Analytiker, und nicht mit begleitender Supervision, demselben ausgesetzt sind. Es findet aber auch ohne analytische Reflexion diese psychische Pendelbewegung zwischen dem Eigenen und dem Fremden, dem Vertrauten und dem Ungewohnten, zwischen affektiv aufgeladenen Zurückweisungsimpulsen und probeweisen Identifizierungen statt, die Erdheim im Auge hat. Es kann sich durch die Konfrontation mit der fremden Kultur so etwas wie eine Aufweichung und Infragestellung eigener Struktur ergeben, wenn diese aber als zu bedrohlich erlebt wird, folgt die Zurückweisung. Bedrohlich bleibt die Kulturdifferenz besonders dann, wenn nur wenig von dem verstanden werden kann, was sich dabei im Individuum abspielt. Wenn möglichst viel davon aufgedeckt wird, wird der Hintergrund der störenden, beunruhigenden Affekte deutlicher, die die interkulturelle Begegnung begleiten. Die Affekte sind, individuell gesehen, Warnzeichen dafür, daß Verdrängungsschranken berührt werden, der psychische Aufwand frühkindlicher Konfliktlösungen in Frage gestellt wird. Kulturell gesehen sind sie Alarmzeichen dafür, daß eine kulturelle Grenzlinie berührt wird. Da solche Berührungen immer als Bedrohungen erlebt werden, und historisch gesehen es sehr oft auch waren, wird dadurch Kampfbereitschaft aktualisiert. Wenn die Kulturen sich friedlich begegnen möchten, müssen sie Formen finden, ihre Angst zu neutralisieren. Stellen wir uns vor, die beiden oben skizzierten Menschen mit ihrer unterschiedlichen psychosexuellen Entwicklung treffen aufeinander. Unter welchen Bedingungen müssen sie Angst voreinander haben, und sich möglichst meiden, oder Aggression, gar Haß aufeinander entwickeln und miteinander streiten, oder können sie eine Erfahrung machen, die für beide eine Bereicherung ist, Weiterentwicklung ermöglicht? Schließlich sind die Begegnungsorte von Kulturen die Schnittstellen, an denen Fortschritt stattfinden kann, sich neue kulturelle Elemente herausbilden können. Ich kann hier nur andeuten, daß abgesehen von persönlichen Bedingungen die Art und Weise, wie erste Begegnungen ablaufen, für den weiteren Verlauf interkultureller Beziehungen eine immense Rolle spielen, denn hierdurch werden oft Weichen für das Erleben von kommenden Situationen gestellt. Offen für die Erfahrung von Fremdem kann man nur sein, wenn man keine Angst haben muß beziehungsweise die Vorstellung hat, daß diese Angst aufgefangen werden kann, von einem selbst oder von anderen. Offen kann man auch dann sein, wenn man keine überzogenen Vorstellungen von sich selbst verteidigen muß. Wer sich überschätzt, braucht Feinde. Die oben erwähnte Pendelbewegung zwischen dem Eigenen und dem Fremden ist naheliegenderweise enorm störbar, und nur im Forschungsdesign einigermaßen frei. Die Ergebnisse der Akkulturierungsvorgänge sind, was die tatsächlichen psychischen Veränderungen betrifft, meist erst in den der Migration folgenden Generationen deutlich, die Veränderungen bei der Gegenseite oft erst nach weiteren Generationen. Ein Hindu kann allenfalls tolerieren, daß ich anders bin als er und Kühe esse. Er könnte, im schlimmsten Fall, mich auch dafür töten wollen.

Die psychischen Energien, wenn ich diese etwas altmodische Metaphorik verwenden darf, die bei dem Übergang von einer Kultur in die andere freiwerden, sind enorm, mit gewissen Einschränkungen vergleichbar mit anderen Übergängen, wie von der Kindheit ins Erwachsenenalter, wo auch regelhaft eine Umstrukturierung der Psyche eintritt. Sie sind auch deshalb so enorm, weil die äußeren Bedingungen, unter denen die Migration stattfand, und nun spreche ich endlich von ihnen, so bewegend, auch belastend oder quälend sind oder waren. Nicht, daß zu vermuten wäre, daß es eine gute, alte Zeit gegeben hätte, in der das anders war. Migrationen waren sicher auch in vergangenen Jahrhunderten selten freiwillig in dem Sinne, daß sie ohne Not geschahen. Vielleicht waren sie früher noch mehr mit der Last der Vorstellung des Endgültigen beladen als in einer Zeit, in der man an zwei Tagen die Welt umrunden kann. Dennoch geht es in gewisser Weise immer ums Ganze, wenn nicht um die Rettung der Haut, dann doch noch um das Gelingen eines Lebensentwurfs. Niemand emigriert leichten Herzens, quasi zum Vergnügen. Ich habe unter Rückgriff auf Erdheim zu zeigen versucht, wie störanfällig die psychischen Prozesse sind, die eine möglichst bewußte Anpassung an die neue Umgebung und eine integrative psychische Reaktion erlauben, wie leicht die Kapazität zur affektiven Bewältigung des Neuen überschritten und dann Verdrängung, Abwehr und Regression eintritt. Natürlich ist hier neben der psychischen Kapazität des Angekommenen die Aufnahme im Gastland entscheidend, denn dadurch entscheidet sich ja, ob der Ankommende für sich so etwas wie einen kulturellen Spielraum entfalten kann, in dem er experimentiert, oder ob er in eine regressive Entwicklung gezwungen wird, die ihn eher zu einer Akzentuierung der Besinnung auf die eigenen kulturellen Elemente veranlaßt.

Auch, wenn es um Migration und interkulturelle Begegnung geht, kann Psychoanalyse wohl nicht viel mehr sein als ein Sandkorn im Getriebe ubiquitärer Zerstörungsprozesse. Sie kann auf die Notwendigkeit verweisen, eigene unbewußte Konflikthaftigkeit kennenzulernen, weil diese gerade in der Begegnung mit fremden Kulturen aktualisiert wird, kann auf die Notwendigkeit der Schaffung interkultureller Spielräume verweisen, damit gegenseitige Abwehr reduziert wird.

Am Ende will ich noch kurz auf die Unvollständigkeit dieser Arbeit eingehen. Viele Probleme im Umfeld der Migration blieben unberührt. Man müßte eigentlich eine eigene Arbeit über die verschiedenen Möglichkeiten der Ausgangsbedingungen und Begegnungs-Bedingungen schreiben, um dem allen gerecht zu werden, was es an Verschiedenheiten bei Migrationsprozessen gibt. Will man die Migrationsprobleme einzelner Volksgruppen verstehen, ist es unumgänglich, sich mit ihrer Herkunftskultur zu beschäftigen (vgl. Leyer 1991). Man müßte über Hintergründe des Klimas der Fremdenfeindlichkeit schreiben, das in den letzten Jahren entstanden ist, in vielen Teilen der Welt, über die Tragik der Millionen von Menschen, die durch Kriege und Verfolgung zur Flucht gezwungen werden. Man müßte über Toleranz und Intoleranz sprechen, und zwar für beide Seiten des Migrationsvorganges, für die Mitglieder der aufnehmenden Kultur und der ankommenden. Man müßte über die vielfältigen Traumatisierungen von Flüchtlingen sprechen, die noch Jahre und Jahrzehnte Nachwirkungen haben, also auch noch im Gastland. Näherte man sich dann den psychologischen Folgen, ginge es dann zum Beispiel um das Schicksal unerträglicher Gefühle wie Ohnmacht, um Racheimpulse, und auch, um Störungen, die sich daraus für die Beziehung zum Gastland, etwa in Form von Verschiebungen, ergeben können: Aggression kann auch auf das Gastland verschoben, die Aggressoren dort gesucht und gefunden werden. Besonders wenn die im Herkunftsland geschlagenen Wunden ungeheilt bleiben, kann ein solcher gefährlicher Wiederholungszwang wirksam werden.

Man kann sich fragen, warum und wie Migration überhaupt gelingen kann bei all diesen Schwierigkeiten. Eine mögliche Antwort ist, daß, auch wenn die Kulturen zwar unterschiedlich sind, alle Menschen doch Kultur brauchen, mit der sie identifiziert sind und in der sie leben. In allen Kulturen gibt es Mythologie, Religion, Ökonomie, Recht, Politik, Kunst und Wissen oder Wissenschaft, gesellschaftliche und familiäre Formen und Beziehungsregeln, ohne diese Elemente gibt es keine Kultur und keine Gesellschaft, weil diese dadurch konstituiert werden. Da dieses Wissen zu unserem geistigen Bestand gehört, und wir uns dies im Grunde leicht bewußt machen können, gibt es uns die Möglichkeit, auch in den andersartigen Ausformungen die gleichen Prinzipien zu erkennen, nach denen Kultur geschaffen wird. So können wir uns auch in dem Fremden wiedererkennen, es weniger bedrohlich, weniger fremd finden.

Literatur

Devereux, G., Cultural Factors in Psychoanalytic Therapy. J. of. the American Psychoanalytic Association 1, 1953, 9-655

Devereux, G., Normal und anormal. In: Aufsätze zur allgemeinen Ethnopsychiatrie. Frankfurt/M. 1972

Devereux, G., Angst und Methode in den Verhaltenswissenschaften. München 1973

Eiguer, A. /Ruffiot, A., Das Paar und die Liebe. Stuttgart 1991

Erdheim, M., Die Psychoanalyse und das Unbewußte in der Kultur. Frankfurt/M. 1988

Garza-Guerrero, A.C., Culture Shock: its Mourning and the Vicissitudes of Identity. J. of. the American Psychoanalytic Association 22, 1974, 408-429

Grinberg, L., /Grinberg, R., Psychoanalyse der Migration und des Exils. München 1990

Kernberg, O., Borderline Conditions and Pathological Narcissm. New York 1975

Kristeva, J., Fremde sind wir uns selbst. Frankfurt/M. 1990

Leyer, E., Migration, Kulturkonflikt und Krankheit. Opladen 1991

Möhring, P., Ein kurzer Versuch über psychoanalytisches Verstehen. In: Möhring, P. /Apsel, R. (Hrsg.): Interkulturelle psychoanalytische Therapie. Frankfurt/M. 1995

Redl, F. /Wineman, D., Children Who Hate. The Disorganization and Breakdown of Behaviour Controls. New York 1951

Sluzki, C. E., Migration and Family Conflict. Family Process 18, 1979, 379-390

Nelda Felber-Villagra

Das Gespenst des Exils in der Psychoanalyse

Als exilierte Lateinamerikanerin und Psychoanalytikerin ist für mich die Auseinandersetzung mit den Themen Exil und Niederlage in bezug auf die Psychoanalyse verständlicherweise besonders wichtig. Nachdem ich in den letzten Jahren insbesondere in europäischen und lateinamerikanischen Psychoanalytikerkreisen auf einen erheblichen Widerstand dagegen gestoßen war, versuchte ich, soweit mir dies möglich war, sowohl die deutschsprachige als auch die spanischsprachige Literatur zur Geschichte der Psychoanalyse auf diesen Themen hin zu sichten. Dabei interessierte mich grundsätzlich herauszufinden, inwieweit sich insbesondere die aufgrund der Machtübernahme des Nazifaschismus in Europa exilierten Psychoanalytikerinnen und Psychoanalytiker mit diesen Themen befaßt haben. Bei der Durchsicht der Bücher und Zeitschriften fiel mir zuallererst die Tendenz auf, das Wort „Exil" aus den Texten verschwinden zu lassen und es durch „Emigration" oder einfach „Migration" zu ersetzen, womit jedoch eine Anpassung an den Sprachgebrauch reduktionistischer Konzeptionen erfolgt, die mit administrativ-technischen Zielsetzungen ersonnen und an die Öffentlichkeit lanciert wurden. Darin vermag ich einerseits die Nachgiebigkeit der Psychoanalytiker und Intellektuellen zu sehen, sich von modischen Trends mitreißen zu lassen, doch möchte ich andererseits auch auf die entpolitisierende Bedeutung hinweisen, die eine solche Haltung im Umgang mit der eigenen Geschichte mit sich bringt. Um dieses Vorgehen anhand einer Anekdote zu illustrieren, greife ich hier auf ein zufälliges Ereignis zurück: Bei meiner Suche nach veröffentlichtem Material interessierte mich eine Zeitschrift, die sich mit der Geschichte der Psychoanalyse befaßt und den Titel „Luzifer-Amor" trägt. In ihrem Heft Nr. 14, 7. Jahrgang, 1994, das der Geschichte der Hysterie gewidmet war, wurde für den Herbst 1995 das Heft Nr. 16 unter dem Titel „Biographie und Exil" angekündigt. Da mich dieses Thema ja sehr interessiert, bestellte ich die Zeitschrift. Als ich sie abholte, stellte ich zu meinem Erstaunen fest, daß sie nun unter dem abgeänderten Titel „Biographie und Emigration" veröffentlicht worden war. Andererseits überraschte mich auch, daß man nun, nach so vielen Jahren des Schweigens, über die institutionelle Geschichte sprach.

Ich erinnere mich in diesem Zusammenhang noch gut an einen in den 80er Jahren vom Psychoanalytischen Seminar Zürich veranstalteten Kongreß, bei dem einige deutsche und österreichische Kollegen kritische Arbeiten über ihre eigene Ausbildungsgeschichte und Interviews zur ideologischen Position ihrer eigenen Lehranalytiker und Supervisoren vorstellten, die zu denen gehört hatten, die während des Nationalsozialismus nicht ins Exil zu gehen brauchten. Leider entging mir aufgrund meiner begrenzten Deutschkenntnisse damals viel von der Debatte, doch blieb mir eine Tatsache deutlich in Erinnerung, nämlich das Desinteresse bei einem Großteil der anwesenden Schweizer Kolleginnen und Kollegen, die sich mit der Begründung erhoben, daß dies schließlich Angelegenheiten unter Deutschen seien, die sie nichts angingen.

Ein paar Jahre später konnte ich selbst ebenfalls einige Erfahrungen sammeln, die deutlich den Widerstand zeigten, sich auf solche Themen einzulassen, und zwar in meiner eigenen Geburtsstadt Tucumán in Argentinien, wo man mir kurzerhand mitteilte, daß meine Arbeit über das Exil kein für Psychoanalytiker relevantes Thema sei. Dies geschah immerhin Anfang der 90er Jahre, nachdem sich die Militärs 1983 aus der argentinischen Regierung zurückgezogen hatten, und zu einem Zeitpunkt, als einige Exilierte bereits ins Land zurückzukehren begannen. In Luzern, der schweizerischen Stadt, in der ich lebe, machte ich die Erfahrung, daß meine erste Konferenz „Exil und Frauensubjektivität“ (1994) von meinen Kollegen ignoriert wurde. Im vergangenen Jahr gelang es mir weder, in den vom PSZ (= Psychoanalytisches Seminar Zürich) veranstalteten Seminaren über Faschismus meine Arbeit vorstellen zu können, noch in einem weiteren über Gewalt und Folter, das von verschiedenen Organisationen, darunter dem PSL (= Psychoanalytisches Seminar Luzern) veranstaltet wurde. Im Laufe der Jahre sammelte ich ständig Merkwürdigkeiten dieser Art und konnte feststellen, daß man zwar in der Lage ist, Veranstaltungsreihen und Konferenzen über Faschismus, Gewalt oder Fremdenhaß zu organisieren, oder daß man über die Trauer und ihre Ausdrucksformen, über traumatische Erfahrungen und Folter sowie deren psychopathologische Folgen sprechen kann, - doch über „das Exil“ will man nicht nachdenken. Vielleicht wegen seines unvermeidlich politischen Charakters, der eine andere Form der Behandlung voraussetzt als die psychopathologisierenden Maßnahmen psychotherapeutisch-verwaltungstechnischen Zuschnitts? Das Exil bleibt immer verbannt.

In den nachfolgenden Jahren, und nicht zuletzt durch die Lektüre von Russell Jacobys Buch „The Repression of Psychoanalysis - Otto Fenichel and the Political Freudians“ (dt. Titel: Die Verdrängung der Psychoanalyse oder Der Triumph des Konformismus), gelang es mir, einige Zusammenhänge zwischen Exil, Niederlage und dem Widerstand diesem Thema gegenüber herzustellen, was bis zu einem bestimmten Punkt ging, an dem ich die Lektüre unterbrechen mußte, da meine intensive Auseinandersetzung mit diesem Thema und meine Identifikation mit den Lebensgeschichten von Wilhelm Reich und Otto Fenichel erneut Todesphantasien in mir hatten aufkommen lassen. Solche Phantasien hatten mich seit Anbeginn meiner Arbeit über das Exil nahezu permanent begleitet und sich in „konkreter Form“ als psychosomatische Beschwerden geäußert. Dies führte mich mehrmals dazu, meine Arbeit über Exil und Niederlage zu unterbrechen, und sogar in Erwägung zu ziehen, sie endgültig aufzugeben.

An diesem Punkt möchte ich jetzt gern eine meiner Thesen vorwegnehmen, die ich bereits in meinem Beitrag „Das Gespenst der Politik in der Psychoanalyse“ (El fantasma de la política en el Psicoanálisis) erwähnt habe. Sie lautet, daß der *Umstand, daß jene Psychoanalytikerinnen und Psychoanalytiker, die in den 30er Jahren aufgrund des Nazifaschismus ins Exil gehen mußten, sich in ihren Theorien nicht mit dem Aspekt der Niederlage befaßt haben, unmittelbar mit dem Unheimlichen dieser Thematik verbunden ist, was bei den meisten von ihnen zu einer Verdrängung der emotionalen Folgen geführt hat, die das Exil und die Niederlage unweigerlich im Individuum hervorrufen*. Dies führt konkret zu abwehrenden Deutungen dieses Themas (vgl. meine Kritik an dem Buch „Psicoanálisis de las migraciones y el exilio“ von L. und R. Grinberg, dt. Titel: „Die Psychoanalyse der Migration und des Exils“), und im institutionellen Bereich zu dem, was Russell Jacoby in seinem bereits erwähnten Buch als die „Verdrängung der Psychoanalyse“ bezeichnet: die Entpolitisierung des psychoanalytischen Denkens, die Anpassung an die wissenschaftlichen Erfordernisse des medizinisch-psychiatrischen Denkens. Vor allem zu dem, was er als „Professionalisierung und Medizinalisierung“ der Psychoanalyse in den USA mit der direkten Folge der Defeminisierung der Psychoanalyse beschreibt, da ja die meisten der vor dem Nationalsozialismus ins Exil geflüchteten Psychoanalytikerinnen kein Medizinstudium absolviert hatten. Hier bleibt anzumerken, daß es im übrigen auch von weiblichen Psychoanalytikern so gut wie keine Arbeiten über die Bedeutung des Exils und der Emigration gibt. Es bleibt zu hoffen, daß mit der ersten vollständigen Ausgabe der „Rundbriefe" von Otto Fenichel diesbezüglich etwas mehr zu erfahren ist. Was die Folgen der Verdrängung der Niederlage in persönlichen Lebensschicksalen betrifft, verdienen die beiden bekanntesten unter den sogenannten „marxistisch orientierten Freudianern", Wilhelm Reich und Otto Fenichel, unsere Aufmerksamkeit. Der Erstgenannte verkörpert meines Erachtens eine brillante und tragische Figur. Nachdem er in seinen jungen Jahren einer der Vordenker der Psychoanalyse gewesen war, verstarb er in der McCarthy-Ära, nach vielen Exiljahren, die von wahnhaften Phantasien geprägt waren, in einem US-amerikanischen Gefängnis an einem Herzversagen. Ich denke, daß die Forschungsrichtung, die Wilhelm Reich während seines Exilaufenthalts in den USA schließlich eingeschlagen hatte, und die von Kollegen und der Psychoanalyse-Geschichtsschreibung als eine biologistische Abweichung betrachtet wurde, das Zeichen der Niederlage trug. In seinem Fall war dies eine doppelte Niederlage: politisch und beruflich. Das Interesse am Körperlichen hatte Wilhelm Reichs Karriere von Anfang an gekennzeichnet; ein Aspekt, der für seine Epoche eine durchaus fortschrittliche Position darstellte. Die Aufwertung des Körperlichen ist beispielsweise ein höchst aktuelles Thema bei der Reinterpretation der Psychoanalyse aus feministischer Sicht. Ich denke, daß die Wahnvorstellungen, in die Reich insbesondere seit seinen Exiljahren verfiel und die ihn zu solch größenwahnsinnigen Projekten wie dem Bau des Orgon-Akkumulators oder der Wetterbeeinflussungsmaschine oder anderen Experimenten dieser Art für seine therapeutischen Behandlungen führten, in ihren wahnhaften und abwehrenden Aspekten als seine Versuche, die Wirklichkeit zu verleugnen, verstanden werden müssen. Ich gehe außerdem davon aus, daß seine Besessenheit, mit der er sich der Sexualität zuwandte, und seine in den USA vollzogene Abwendung von der kommunistischen Ideologie als eine Form der Identifikation mit dem Aggressor gedeutet werden kann: sowohl der Antikommunismus als auch die Sexualität erlangten - so widersprüchlich dies auch scheint - im Nordamerika der 50er Jahre ein hohes Maß an Bedeutung; sie wurden zu aktuellen und weitverbreiteten Themen. Ein Antikommunismus, der schließlich in den Verfolgungen der McCarthy-Ära gipfelte, und eine

„funktionelle“ Sexualität, die dem charakteristischen Pragmatismus des Landes entsprach. Folgt man meiner zuvor bereits erwähnten Arbeitshypothese, so führt die Niederlage zur Beschädigung oder gar Zerstörung der Allmachtsphantasien, weshalb die im Exil entstandenen wahnhaften Erzeugnisse als mehr oder weniger adäquate Versuche, sie wenigstens in der Phantasie wiederherzustellen, gedeutet werden können. Wilhelm Reich stürmte getreu seines Charakters immer weit voran, selbst in seinen praktischen Ausführungen, doch auch er konnte sich damit nicht retten. Nur die bewußte Wahrnehmung und die Verarbeitung der Niederlage mit all ihrer Konfliktlast kann dabei helfen, keine wahnhaften, sondern kreative Wege zu finden, um weiterzuleben.

Otto Fenichel, der bedeutendste Theoretiker seiner Generation, verstarb unerwartet, kurz nachdem er als Reaktion auf das Desinteresse seiner Korrespondenzpartner (vgl. Jacoby 1985) seinen Abschiedsbrief geschrieben hatte. Zuvor hatte er eine Doppelstrategie verfolgt, um zu überleben: zum einen die berufliche Integration in den USA, zum anderen den Aufbau eines geheimen Korrespondenznetzes mit den exilierten Kolleginnen und Kollegen, jenes als „Rundbriefe“ bekanntgewordene Kommunikationsnetz. Mir stellt sich die enorme, selbstgeschaffene Aufgabe, elf Jahre lang Rundbriefe zu schreiben, als ein Versuch dar, die Trauer des Exils kollektiv zu verarbeiten, und sein Tod in seiner offenkundigen Endgültigkeit als der weitestgehende Ausdruck der Ohnmacht angesichts der Niederlage. Die Resignation geht bereits aus seinem „Rundbrief“ XXI vom 31. Dezember 1935 hervor: „Die Versuchung ‘es aufzugeben’, kommt wirklich häufig an mich heran ...“ (Reichmayr / Mühlleitner 1996, 789).

An diesem Punkt möchte ich meine Position in Bezug auf das Verständnis solcher persönlichen Lebensschicksale noch einmal stärker skizzieren: Meiner Ansicht nach muß die gesamte Deutung von persönlichen Exilschicksalen stets vor dem Hintergrund des Kollektiven erfolgen. Das heißt, ich glaube nicht, daß individuelle Schicksale wie die oben angeführten Beispiele auf der Ebene individualistischer klinischer Behandlung verstanden werden sollten. Dies wäre der Fall, wenn man beispielsweise das Ende Wilhelm Reichs oder Otto Fenichels auf der Grundlage irgendeiner narzißtischen (etwa Veranlagung zum Abbruch von Beziehungen) oder neurotischen Veranlagung deuten würde. Die persönlichen Schicksale sind immer in das Generationsspezifisch-Kollektive eingeschrieben, und dies gilt erst recht, wenn Einzelschicksale von historischen, sozialen und politischen Situationen derartig geprägt wurden wie durch den Nazifaschismus. Die Brüche, die Exil und Emigration zur Folge haben, sind auch generationsspezifische und kollektive. Nur die jeweiligen individuellen Umgangsformen mit dem Konflikt (wahnhafte, abwehrende oder kreative) können auf die Veranlagung zurückgeführt werden. Ich stelle diese Überlegungen an, weil man anläßlich Wilhelm Reichs 100. Geburtstag allmählich wieder beginnt, diese Aspekte zu erörtern.

Innerhalb der Geschichte der europäischen Psychoanalyse geht man davon aus, daß die kritische Reflexion der Psychoanalyse durch den einen oder anderen Vertreter der Frankfurter Schule fortgesetzt wurde. Meines Erachtens war das, was dabei fortgeführt wurde, hauptsächlich ein kritisches psychoanalytisches Denken soziologischen Zuschnitts, das auf Aspekten der Sozialforschung und ihrem Widerhall im Individuum beruhte, doch von der unmittelbaren klinischen Praxis weitestgehend abgeschnitten war. Auf diese Weise *verlor die klinische Psychoanalyse* eine Orientierung, mit der sie begonnen wurde: *die metapsychologische Analyse von Machtverhältnissen*. Ein Beispiel hierfür ist das spärliche Vorhandensein von Material in den klinischen Untersuchungen über Omnipotenzphantasien; jenem Thema, zu dem Otto Fenichel bereits teilweise Ansätze entwickelt hatte. Die während des Nazifaschismus direkt von Verfolgung, Konzentrationslager und Exil betroffenen Psychoanalytikerinnen und Psychoanalytiker hinterließen zwar Arbeiten über die entsprechenden traumatischen Auswirkungen, doch es scheint, daß niemand von ihnen in der Lage war, sich von psychoanalytischer Seite her speziell mit der Niederlage zu beschäftigen.

Nachfolgend möchte ich meine Position in Bezug auf die von mir verwendeten theoretischen Begriffe, die ich bereits in meinen früheren Beiträgen ausgeführt habe, hier kurz erläutern. Aus meiner Sicht ist das Exil ein politischer, und daher kollektiver Prozeß. Ein Prozeß, der durch Gewalt ausgelöst wird und dessen Dauer nicht vorhersehbar ist. Ein Prozeß, der die *Folge einer Niederlage* auf politischem und sozioökonomischem Gebiet ist. Nur eine begrenzte Anzahl von Folgen dieses Prozesses für das Individuum können im Bereich der psychischen Gesundheit behandelt werden, und dies auch nur mit ausgesprochener Behutsamkeit, wobei die Exilproblematik durch die Behandlungen und Interventionen *keinesfalls pathologisiert werden darf*. Das Exil trägt in sich den Widerspruch, daß die Flucht in ein anderes Land Rettung *und* Leiden zugleich bedeutet: Rettung vor Verfolgung und Not, aber gleichzeitig die unvermeidbare Auseinandersetzung mit der eigenen Geschichte und mit einer anderen Gesellschaft und ihrer Kultur; eine Auseinandersetzung, die in einem der schwierigsten emotionalen Zustände, in die Menschen je geraten können, stattfinden muß. Daß das Exil diesen Widerspruch in sich trägt, bedeutet für die betroffene Person die Entstehung eines Konfliktes. Dieser Konflikt äußert sich auf der sozialen Ebene als ein „kultureller Konflikt", d.h. als ein sozialer Konfrontationsprozeß, in den die Fremden, aber auch die Einheimischen einbezogen sind. Aber dieser Konflikt äußert sich auch in der Subjektivität der Exilierten als „Kulturschock", der eine destabilisierende Wirkung haben kann, wie man in der analytischen Praxis beobachten kann. Ich definiere den Kulturschock als den inneren, unbewußten Prozeß der Entwertung, dessen Entstehung auf den Erlebnissen von Verlust, Trauer und traumatischen Erfahrungen beruhen. Denn das Exil ist ein Prozeß, dessen Folgen nicht nur Konflikt und Kulturschock sind, sondern es ist auch eine traumatische Erfahrung an sich.

Abgesehen von dem Begriff des „Exils" befasse ich mich auch mit den Begriffen „Emigration" bzw. „Immigration", obwohl sie sich für mich in Wirklichkeit lediglich in der Intensität der traumatischen Erfahrung unterscheiden: *Die spezifische Intensität der traumatischen Exilerfahrung beruht auf ihrer Konfrontation mit dem Terror und seiner Kontinuität angesichts von Straflosigkeit.* Dieser juristische Aspekt, der das Ausbleiben einer angemessenen Bestrafung bis hin zu den Verantwortlichen für den Staatsterrorismus (dabei denke ich etwa an Argentinien und Chile) zum Ausdruck bringt, hat natürlich Folgen für das Subjekt, weshalb seine Berücksichtigung in der psychoanalytischen Behandlungspraxis von großer Bedeutung ist.

Darüberhinaus verwende ich bewußt und um meine Position zu differenzieren den Begriff der „Emigration", jedoch nicht den der „Migration", denn nach meinem Verständnis impliziert der Begriff der „Migration" eine verwaltungstechnische Behandlung des Konflikts, bei dem jegliche Subjektivität, d.h. das Subjekt und seine Geschichte, ausgeblendet wird. Die Begriffe „Exil" und „Emigration" schließen, im Gegensatz zu dem der „Migration", sogar das subjektive geschichtliche Moment der mehr oder weniger erzwungenen Ausreise aus dem Herkunftsland und der Ankunft im fremden Land ein. Ich denke, daß psychoanalytisches Arbeiten über soziale Thematiken und ihre Auswirkungen auf das Subjekt eine Auseinandersetzung mit sich selbst voraussetzen oder sogar erfordern, und darüber hinaus ein ständiges Bemühen, nicht in die gängigen Modebegriffe zu verfallen, die mittels der Massenmedien für den jeweiligen Moment als das Akzeptierte, Angemessene auftreten. Als eines dieser Beispiele betrachte ich den weitverbreiteten und von oben verordneten Begriff der „Migration". Als Begriff, welcher den Naturwissenschaften, insbesondere der Biologie entstammt, ist sein Gebrauch in diesem Zusammenhang äußerst problematisch. Allzu bekannt ist schließlich die Anwendung biologistischer Argumente, um diskriminierende und rassistische Positionen jeglicher Art zu rechtfertigen. Davon abgesehen, daß er den historisch-subjektiven und kollektiven Charakter der Ausreise und Ankunft unterschlägt, lokalisiert der reduktionistische Begriff der „Migration" die Betreffenden in einer Position der Marginalität: Die „Migranten", die keine Herkunft haben, und weder ein Ausreise- noch ein Ankunftsdatum, kann man sich in seiner Phantasie als Wesen (Organismen, Vögel oder Bakterien) in endloser Bewegung vorstellen. Das bedeutet, daß sich von diesem Standpunkt aus auch kein Einheimischer mit dem historisch-soziopolitischen Phänomen des „Migranten" auseinanderzusetzen braucht, da dieser ja bald wieder ganz woanders sein wird. Doch vor allem vermeidet man auf diese Weise jede Vorbereitung darauf, diesem einen Raum im eigenen Land zu überlassen, da der andere ja ein „Migrant" ist, also jemand, der nirgendwo herkommt und wer weiß wohin geht, aber vor allem jemand, der nicht in Ruhe an einem Ort verbleibt, der kein Seßhafter ist, sondern ein Nomade. Die Verwendung dieser allgemein akzeptierten Parameter erlaubt natürlich auch, die eigene Angst zu kontrollieren, die die Anwesenheit eines Verbannten in einem weckt: Indem man bei dem anderen das geschichtliche Moment ausblendet, braucht man sich auch nicht die eigene Geschichte und die der eigenen emigrierten Vorfahren ins Gedächtnis zu rufen.

Exil, Niederlage und Utopie

Wie kam ich im Verlauf meiner theoretischen Arbeit eigentlich dazu, Exil und Niederlage miteinander zu verbinden?

Da ich meine erste Arbeit „Die psychosoziale Verarbeitung des Exils" (1993) auf Deutsch veröffentlichte, mußte ich auf Grund meiner sprachlichen Schwierigkeiten in Deutsch einen Mitarbeiter finden. Die anfängliche Suche nach dem Umgang mit dem Thema auf der sprachlichen Ebene, aber auch der Umgang mit dem Unheimlichen der Thematik führte zu einer langsamen und eher unkonventionellen Arbeitsmethode der Übersetzung. Ich formulierte meine Gedanken laut, so daß wir gemeinsam die deutsche Übersetzung vornehmen konnten. Jeder Begriff wurde reflektiert und die Resonanz jedes Wortes eingeschätzt. Ich benützte, ohne es anfänglich zu bemerken, die freie Assoziation. Somit ist es nicht verwunderlich, daß im Verlauf der Arbeit ein Wort oder ein Begriff auftauchte, der für meinen Artikel gar nicht vorgesehen war oder, besser gesagt, ein mit einer höchst konfliktbehafteten affektiven Last verbundener Gedanke, der ständig bemüht war, wieder ins Unbewußte abzutauchen: die „Niederlage". Nun begann ich unweigerlich, mich mit diesem Thema zu beschäftigen, indem ich die psychoanalytische Literatur dazu suchte, sowohl was die Geschichte der Psychoanalyse betrifft, als auch jegliche Anspielung darauf in der Theorie der Neurose, was für mich eine Suche nach einem theoretischen Rahmen für meine Überlegungen darstellte. Wie groß war mein Erstaunen, als ich merkte, daß er nirgends zu finden war! Lediglich der argentinische Philosoph und Psychoanalytiker León Rozichtner befaßte sich in einer Untersuchung über das argentinische Exil, die er in den 70er Jahren auf einem Kongreß in Caracas vorstellte, mit der Niederlage aus der Perspektive des Unheimlichen. Es schien, als wäre das Thema der Niederlage auf militärische und politische Fragestellungen beschränkt geblieben, wodurch die Möglichkeit einer Reflexion aus der subjektiven Perspektive ausgeschlossen war. Noch während ich auf der Suche nach solchen Veröffentlichungen war, versuchte ich mich mit der Bedeutung der Niederlage in meiner eigenen politischen Vergangenheit in Argentinien und Chile zu konfrontieren. Allmählich gewann ich die Überzeugung, daß die Verbindung zwischen dem Exil und der Niederlage komplexer war als angenommen, weshalb ich - nicht ohne Schwierigkeiten - begann, in meiner eigenen Geschichte und in meinen Träumen nach solchen Spuren zu suchen. Dadurch gelangte ich schließlich zu der folgenden Definition: *Die Niederlage bedeutet auf der intrapsychischen Ebene die Beschädigung oder gar Zerstörung der Allmachtsphantasien.*

Auf der Grundlage dieser Definition von Niederlage erwachte in mir das Interesse, einen Weg zur psychoanalytischen Deutung der unbewußten Anteile innerhalb des psychodynamischen und emotionalen Prozesses der „Entwertung“ (N.F.V.), welche das Exil durch die Auswirkungen der Niederlage bewirkt, zu suchen. Jenen Prozeß der Entwertung verstehe ich als den Ausdruck der Niederlage auf der subjektiven Ebene. Mein Interesse an diesem Aspekt beruht einerseits auf meiner persönlichen Erfahrung, andererseits aber auch auf der Absicht, einige Aspekte aus der psychoanalytischen klinischen Arbeit mit exilierten und emigrierten Patienten, vor allem bei Frauen, zu verstehen, wie etwa die Häufigkeit psychosomatischer Symptome und Krankheiten.

Im folgenden möchte ich erläutern, worauf ich mich beziehe, wenn ich den Begriff „Allmachtsphantasien“ oder „Omnipotenzphantasien“ verwende. Vom psychogenetischen Standpunkt aus ziehe ich in Betracht, daß die Phantasien über die eigene Allmacht oder die Allmacht des Gedankens sich ab dem Moment konfigurieren, wenn das Kleinkind die neuen Möglichkeiten entdeckt, die der Bewegungsablauf ihm bietet: sich auf den Beinen halten zu können, sich von der Mutter entfernen und sich allein den Objekten in unmittelbarer Umgebung nähern zu können. All dies müssen grundlegende und für die weitere Entwicklung des Kindes äußerst wichtige Erfahrungen mit Erinnerungsspuren von Überlegenheit und Größe sein, vor allem für sein Selbstwertgefühl und seine Entscheidungsfähigkeit. Auf der Grundlage der motorischen Entwicklung, und dank dieser, gelangt es zur Artikulation des Wortes, und damit zur verbalen Ausdrucksform für seine Wünsche und Bedürfnisse. All dies stellt eine grundlegende Erfahrung der Innenwelt dar. Ein Teil dieser Bewegungs- und Artikulationserfahrungen wird im psychischen Bereich als Omnipotenzphantasien strukturiert und artikuliert. Freud zeigt in „Totem und Tabu“, daß das „wissenschaftliche Denken“ auf dem „animistischen Denken“ beruht, und daß die ontogenetische Entwicklung die phylogenetische wiederholt. Anders ausgedrückt gehört die Psychogenese sowohl zur Entwicklung der Menschheitsgeschichte, als auch zur Lebensgeschichte des Subjekts. Daher läßt sich nachvollziehen, daß die Omnipotenzphantasien - geht man von einer Verflechtung des Onto- mit dem Phylogenetischen aus - sich zu einem „Indikationssystem“ (N.F.V.) herausbilden und dabei eine „Technik“ (N.F.V.) zur Verfügung stellen, um die Aufgabe einer „Orientierungsfunktion“ (N.F.V.) bzw. einer „Kompaßfunktion“ (Mario Erdheim) zu übernehmen. Im Verlauf der weiteren psychogenetischen Entwicklung werden die kindlichen Omnipotenzphantasien mit der Realität konfrontiert, und somit auch in ihren Funktionen überprüft. Nachdem sie durchgearbeitet, nuanciert, in ihren archaischen, animistischen Zügen mehr oder weniger relativiert wurden, werden sie als wesentliche Elemente zur Konstituierung des Realitätsprinzips erneut integriert. Dort verankern sie sich unter dem Vorzeichen von Machtphantasien, mit all ihren Veränderungs- sowie ihren historischen und individuellen Ausdifferenzierungsmöglichkeiten. Dennoch behalten sie - mehr oder weniger latent, mehr oder weniger wirksam - ihren ursprünglich archaischen Charakter bei.

Otto Fenichel schreibt: „Im Gegensatz zum differenzierteren Ich der Erwachsenen ist das primitive Ich schwach, d.h. es ist im Verhältnis zu seinen eigenen Trieben ebenso machtlos wie zur Außenwelt. Da aber die psychologische Trennung des Ich von der Außenwelt noch unvollständig ist, das Ich also die Außenwelt oder Teile derselben in sich enthält, empfindet es sich als allmächtig." (Fenichel., Bd. 1, 1983, 62)

Melanie Klein und Winnicott erwähnen die Entstehung der Omnipotenzphantasien in den Primärphasen der Säuglingszeit. Melanie Klein zufolge sind Omnipotenzgedanken, -gefühle und -phantasien kennzeichnend für die frühen Entwicklungsphasen, und sie geht davon aus, daß diese frühe phantasierende Betätigung einen tiefgreifenden und dauerhaften Einfluß auf die Ich-Entwicklung und die Herausbildung primitiver Abwehrmechanismen hat. Winnicott erwähnt eine „primäre Allmacht", die einem Stadium entspricht, in dem der Säugling noch nicht zwischen dem Selbst und der Mutter unterscheiden kann. Im Gegensatz zu Melanie Klein erkennt Winnicott die Existenz primitiver Abwehrmechanismen nicht an, und lokalisiert demnach die „abwehrende" Funktion gegenüber den Impulsen im Bereich der mütterlichen Aufgaben. Dadurch wird die Handhabung mit den Allmachtsphantasien zu einem konstitutiven Teil der Bindung zwischen der Mutter und dem Säugling, die sich von seiner Geburt an entwickelt.

Wie bereits erwähnt, interessiert mich im Zusammenhang mit dem Thema Exil, Niederlage und den daraus resultierenden Folgen ganz besonders das Verhältnis zwischen den Omnipotenzphantasien und dem Körperlichen. Meiner Ansicht nach festigen sich die Allmachtsphantasien durch die Entdeckung der neuen motorischen Möglichkeiten des Kleinkindes. Daher kreisen die kindlichen Allmachtsphantasien im wesentlichen um den Körper, und zwar um einen Körper, der in der kindlichen Phantasie noch keine Grenzen kennt. Ein Kind zwischen zwei und vier Jahren kann sich wie ein Riese fühlen. Es denkt und handelt, als hätte sein Körper unbeschränkte Kräfte. In seiner Phantasie gestattet sein Körper ihm einfach alles. Es denkt und bewegt sich, als wäre es genauso groß und mächtig wie die Erwachsenen in seinem Umkreis. Diese körperliche Größenwahrnehmung erzeugt auf intrapsychischer Ebene die Überlegenheitsphantasien, d.h. die Allmacht des Denkens. Dieser kindliche Umgang mit seinem eigenen Körper ruft wiederum bei den Erwachsenen, vor allem bei seinen Eltern, eine Faszination hervor, die sie dazu bringt, sich bewußt oder unbewußt mit ihren eigenen Omnipotenzphantasien zu konfrontieren. Damit rückt das Kind während dieses Zeitabschnitts ins Zentrum der familiären Beachtung. Dies geschieht einerseits durch die Anziehungskraft, die sein Können ausstrahlt, und andererseits dadurch, daß sich seine Eltern wieder von dieser Faszination lösen müssen, um Grenzen setzen zu können. Grenzen, die das Kind benötigt, um nicht Opfer seiner scheinbar unbeschränkten Kräfte zu werden. Die regulierende Funktion der Eltern auf die Omnipotenzphantasien des Kleinkindes hat gewiß und in großem Maße auch mit der Wahrnehmungsweise seines eigenen Körpers zu tun, die es später entwickeln wird, d.h. mit der Entwicklung eines Körperschemas.

Die Abwehrmechanismen der Niederlage

Weiteres Nachdenken über die psychosozialen Folgen des Exils und der Niederlage brachte mich schließlich zu der Frage, wie es eigentlich möglich ist, nach einer solch verheerenden Erfahrung den unvermeidbaren Alltagsanforderungen weiter nachzukommen. Anders formuliert begann ich, über die bewußten und unbewußten Überlebensstrategien nachzudenken. Mein ursprünglich rein persönliches Interesse daran erweiterte sich, nachdem ich begriff, daß die Thematik sowohl für meine klinische Arbeit als auch für mein theoretisches Interesse als Psychoanalytikerin von zentraler Bedeutung war. Dies trifft jedoch auch auf jedes Suchvorhaben nach nicht pathologisierenden Deutungs- und Thematisierungsmodellen der destabilisierenden und traumatisierenden Auswirkungen von Emigration und Exil zu.

Die Niederlage ist eine unerträgliche Erfahrung, weshalb sie von einer Reihe von Versuchen begleitet wird, ihr auszuweichen und sich nicht mit ihr auseinandersetzen zu müssen. Einige dieser Versuche sind wirkungsvoller oder unbewußter als andere. In einem früheren Beitrag befaßte ich mich mit der „Isolation während des Entwertungsprozesses“, die als

Scheinlösung auftaucht. Obwohl die Wahl des jeweiligen Abwehrmechanismus mit Aspekten der psychodynamischen Prädisposition zusammenhängt, denke ich, daß bei dem Thema Exil und Niederlage vom theoretischen Standpunkt aus die „Identifikation mit dem Aggressor“ den wichtigsten Abwehrmechanismus darstellt, da das Thema auf die Problematik der Macht verweist.

Laplanche und Pontalis definieren die „Identifizierung mit dem Angreifer“ in „Das Vokabular der Psychoanalyse“ wie folgt: „Abwehrmechanismus, der von Anna Freud herausgearbeitet und beschrieben wurde (1936): Das Subjekt, das sich einer äußeren Gefahr gegenüber sieht (die sich typischerweise als Kritik durch eine Autorität manifestiert), identifiziert sich mit seinem Angreifer, indem es sich entweder für die Aggression als solche verantwortlich macht, oder die Person des Angreifers physisch oder moralisch imitiert, oder sich bestimmte Machtsymbole aneignet, die ihn kennzeichnen. Nach Anna Freud ist dieser Mechanismus bei der Bildung der Vorstufe des Über-Ichs bestimmend. Die Aggression bleibt also gegen die Außenwelt gerichtet und wendet sich noch nicht in Form der Selbstkritik nach innen.“

Gewiß kann man in der psychoanalytischen Literatur unterschiedliche Definitionen zur Identifikation mit dem Aggressor finden. Für die Problematik, mit der wir uns hier befassen, ist es wichtig zu verstehen, daß die Identifikation mit dem Aggressor dann stattfindet, wenn man nach den Wertmaßstäben des Aggressors denkt und handelt, ohne dies wahrzunehmen.

Die Identifikation mit dem Aggressor ist der zentrale Abwehrmechanismus im Exil und in der Emigration, der im Alltag auf vielfältige Weisen und unterschiedlich stark in Erscheinung tritt. Dazu möchte ich an dieser Stelle anhand eines Beispiels eine der kollektiven Formen der Identifikation mit dem Aggressor schildern, die mir interessant erscheint, weil sie sich auf die jüngste europäische Geschichte bezieht. Damit meine ich den sogenannten „Weg durch die Institutionen“, der von Teilen der europäischen 68er-Generation verkündet und durchgeführt wurde. Dies stellt eine Form der Identifikation mit dem Aggressor dar, welche die Illusion verdeutlicht, daß es möglich sei, sich aus der Opposition heraus einen Teil der Macht des Systems anzueignen.

Um auch ein dementsprechendes Beispiel aus der jüngsten lateinamerikanischen Geschichte zu bringen, sei hier die massive Unterstützung (teilweise auch von einigen Intellektuellenkreisen im Exil) der Besetzung der Malwinen durch die Militärjunta unter Galtieri erwähnt, deren Folge 1982 der Krieg um die Malwineninseln („Falkland-Krieg“) mit Großbritannien war. Diese Form der Mobilisierung der argentinischen Bevölkerung durch die Militärmacht und deren Unterstützung konnte zum Teil nur durch den Appell an diese unbewußte kollektive Form der Identifikation durchgeführt werden, indem man sich auf die „Verteidigung der nationalen Souveränität und des Vaterlands“ berief und das geschlagene Volk zu einem heroischen Epos einlud. Damit wurde das kollektive Vergessen der eigenen jüngsten Geschichte der Massaker an der eigenen Bevölkerung hervorgerufen, das eben jene Militärs zu verantworten hatten. Ich denke, daß das Ausmaß an Unterstützung dieses militärischen Aufrufes sich nur durch die Intensität der Verdrängung der jüngsten Geschichte verstehen läßt. Das heißt, die Notwendigkeit, die Niederlage zu verdrängen, brachte große Teile der Bevölkerung dazu, sich einer omnipotenten Haltung anzuschließen, die mit einer militärischen Niederlage gegen Großbritannien und dem Tod vieler argentinischer Jugendlicher endete.

Nach dieser traurigen Kollektiverfahrung und schon während der sogenannten „Demokratie“ lud Präsident Menem, ein intuitiver und perverser Kenner der Auswirkungen der Niederlage, Intellektuelle und Künstler(innen) zur Mitarbeit an seiner korrupten Regierung ein, indem er das Modell des schon in Europa erfolgreichen „Weges durch die Institutionen“ anwandte. (Für genauere Informationen s. das Buch „Rebeldes y domesticados“ [Rebellen und Gezähmte]; insbesondere den Anhang: Las seducciones del poder [Die Verführungen der Macht]. - Raquel Angel [Hrsg.], Verlag „El cielo por asalto“.)

Während des Exils und der Emigration können kollektive, von diesem Identifikationsmechanismus abweichende Verhaltensformen auftreten, von denen man in der klinischen Behandlung erfährt. Dazu möchte ich von einer Begebenheit berichten, die von einer Patientin in der Schweiz erlebt wurde. Während eines Folklorekonzerts drang eine Gruppe argentinischer Jugendlicher mit einem solchen Benehmen in den Saal ein, daß sie die Künstler und das anwesende Publikum einschüchterten. Einige Leute kommentierten den Vorfall später so, daß ihnen die Jugendlichen wie die Polizeikräfte zur Zeit der Militärdiktatur vorkamen.

Schon auf der individuellen Ebene kann die sogenannte *Überadaptation* an die Erfordernisse des Aufnahmelandes ebenfalls eine Form der Identifikation mit dem Aggressor sein. Dann verleugnet man die eigene Niederlage, indem man die unangenehmen Gefühle, die durch die Ohnmacht entstehen, verdrängt und unkritisch oder undifferenziert die Mentalität, die Bräuche und die beruflichen Vorgaben des Aufnahmelandes übernimmt. Diese abwehrende Bewegung und der hartnäckige Widerstand, den ich nachfolgend erläutere, sind Mechanismen, die dazu dienen, die eigene psychische Realität zu verleugnen, und die manchmal auch mit Verratsphantasien gekoppelt sind.

Das der Überadaptation entgegengesetzte Verhaltensmuster ist das Sich-Situieren in einen trotzigen Widerstand, wodurch man jeglicher Möglichkeit, sich neue Lebensstrategien zu erarbeiten, aus dem Weg gehen kann. Jedoch muß dieses Verhaltensmuster unterschieden werden von einer kritischen Haltung notwendiger Opposition, um sich dem Einfluß der herrschenden Ideologie bzw. der „Ideologie des Siegers" zu entziehen. Hierbei ist es interessant, sich die bereits zitierte Definition der Identifikation mit dem Aggressor bei Laplanche und Pontalis in Erinnerung zu rufen, in der sie formulieren, daß nach Anna Freud „dieser Mechanismus bei der Bildung der Vorstufe des Über-Ichs bestimmend [ist]. Die Aggression bleibt also gegen die Außenwelt gerichtet und wendet sich noch nicht in Form der Selbstkritik nach innen". In der traumatischen Situation der Emigration und des Exils lösen die Verlusterlebnisse, die gleichzeitig tiefe Trauer beinhalten, den Prozeß der Entwertung aus. Die Aufgaben, die die neue Realität stellt, bedeuten die unvermeidliche Infragestellung aller persönlichen und kollektiven Werte, über welche die Betroffenen ihr Leben lang versucht haben, ihre Identität aufzubauen. Der Entwertungsprozeß ist das verwirrende Erlebnis des Auseinanderbrechens der persönlichen Struktur. Seine Dauer ist nicht voraussagbar. Ein Prozeß mit erwünschten Fortschritten, doch mit jederzeit möglichen Rückfällen, während derer das Unbehagen und die unheimlichen Erlebnisse wiederauftauchen. Typisch für diese Art von Trauer ist auch, daß der Grad seines Empfindens und seine Dauer nicht nur mit dem emotionalen Zustand der betreffenden Person zusammenhängen, sondern daß er auch in direkter Beziehung zu den ihm von der neuen Gesellschaft gebotenen oder verweigerten Möglichkeiten steht, seine Probleme zu lösen. Dadurch kann der unbewußte und regressive Charakter des Entwertungsprozesses dazu dienen, die zentrale Bedeutung zu erfassen, die die Identifikation mit dem Aggressor als Abwehrmechanismus in der Situation von Emigration und Exil erlangt.

Ein anderes Verhaltensmuster, um der Konfrontation mit der Niederlage zu entgehen, ist die *Verkehrung ins Gegenteil.* Dabei kann sich die erzwungene Emigration in die Obsession verwandeln, im neuen Land reich zu werden, um als mächtige Person ins Herkunftsland zurückzukehren. Im Falle des politischen Exilierten hieße das, die Niederlage auf skrupellose Art in einen ökonomischen oder beruflichen Erfolg umzuwandeln, was sogar wahnhafte und reaktive Formen annehmen kann. Diese Abwehrmuster sind Bestandteil dessen, was Anna Freud als *Ungeschehenmachen* beschrieben hat. Im „Vokabular der Psychoanalyse" von Laplanche und Pontalis heißt es dazu: „Psychologischer Mechanismus, wodurch das Subjekt sich bemüht, so zu tun, als ob Gedanken, Worte, Gesten, abgelaufene Handlungen nicht geschehen wären; hierfür benutzt es einen Gedanken oder ein Verhalten, die eine entgegengesetzte Bedeutung haben. Es handelt sich dabei um einen „magisch" anmutenden Zwang, der für die Zwangsneurose besonders charakterisch ist."

Die Unbewußtmachung der Niederlage hat Konsequenzen, die sich in Abweichungen von normalem Verhalten zeigen, so z.B. in depressiven und manischen Zuständen, Verwirrungszuständen, Verfolgungsängsten, Tendenzen zu Unfällen, psychosomatischen Störungen bis zu Suizidversuchen und Formen von Größenwahn. In diesem Zusammenhang sei an das Schicksal einiger europäischer Persönlichkeiten erinnert, die die Verfolgung durch die Nazis und Faschisten erlitten und in der Folge sich ihrem Leben selber ein Ende gesetzt haben, wie Stefan Zweig, Primo Levi und Bruno Bettelheim oder unerwartet verstorben sind, wie Walter Benjamin, Tina Modotti, Otto Fenichel, Wilhelm Reich und Peter Weiss.

Momentan haben in Europa die Lebensverhältnisse und die Anforderungen der Realität, beispielsweise auf dem Arbeitsmarkt, als Auswirkungen des Neoliberalismus eine prägnante Zunahme von Krankheiten zur Folge. Dazu kann ich als eine der davon am meisten betroffenen Emigrantengruppen die Situation zahlreicher junger Lateinamerikanerinnen schildern, die in die Schweiz immigrieren und bereit sind, dort jeder Arbeit nachzugehen, die sich ihnen bietet, einschließlich der Prostitution. Dazu gebracht durch eine soziale und ökonomische Niederlage, reisen sie mit der Illusion an, nur ein paar Monate lang zu arbeiten und mit Geld in der Tasche in ihr Herkunftsland zurückzukehren. Der größte Teil von ihnen erkrankt physisch oder psychisch, und muß alle möglichen Strategien entwickeln, um nicht zu sterben.

Ein anderer typischer kollektiver Abwehrmechanismus in Zeiten des allgemeinen Rückzugs von aktiven Widerstandsformen ist die sogenannte *Rückkehr zur Natur*. Anfang der 70er Jahre überraschte mich während einer Reise nach Europa ein modischer Lebensstil, der unter jungen Leuten sehr verbreitet war: die Rückkehr aufs Land. Natürlich gab es auch die Möglichkeit, sich mit einem Glas Wein unter Freunden in nostalgischer Stimmung an die Erlebnisse während der Aufbruchzeiten nach 1968 zurückzuerinnern. Mich als Lateinamerikanerin überraschte es damals, daß man über kaum zurückliegende politische Themen wie über etwas aus grauer Vorzeit sprach, als wäre man selbst mit seinen dreißig Jahren schon alt. Im Laufe der Jahre und in Anbetracht meiner Überlegungen zur Niederlage kam ich auf dieses kollektive Phänomen zurück. Heute deute ich die Rückkehr zur Natur als eine Form des Machtverzichts. Davon ausgehend konnte ich nun verstehen, was ich anfangs nur als eine Eigentümlichkeit der Ex-68er wahrgenommen hatte: Man kultivierte eine bestimmte Art der Isolation, die einige von ihnen zu Depressionen, Realitätsflucht durch Drogeneinnahme und zum Ausbruch aus der politischen Realität Europas durch Reisen nach Nepal und Indien auf der Suche nach neuen Erlebnissen bei den östlichen Religionen führte. Diese Form des Machtverzichts bildete die Grundlage für die spätere Verbreitung einer neuen Modewelle in den 70er und 80er Jahren: New Age. Freud beschreibt in „Totem und Tabu“ die Evolution des Denkens in drei Phasen: das animistische, das religiöse und das wissenschaftliche Denken. In der ersten Phase überträgt der Mensch alle Macht auf sich selbst. Er selbst und vor allem sein Körper sind der Sitz seiner Omnipotenzphantasien. In der zweiten Phase wird die Macht an ein oder mehrere höhere Wesen übertragen, die symbolisch mit absoluter Macht ausgestattet sind. Dennoch behält der Mensch in dieser Phase seine Identifizierung mit der allmächtigen Gottheit bei und genießt weiterhin einen Anteil an dieser delegierten Macht. Erst vor kurzem, mit der onto- und phylogenetischen Evolution des menschlichen Wesens, konnte man zu der wissenschaftlichen Phase gelangen, die das Verständnis und die Akzeptanz des Realitätsprinzips voraussetzt, oder zumindest zur Grundtendenz hat, was auch die Akzeptanz der eigenen Grenzen einschließt. Für unser Thema heißt das: die Auseinandersetzung mit der Niederlage und den Ohnmachtsgefühlen, und damit die Bewußtmachung der Omnipotenzphantasien. Dieser kleine Schwenk zu Freud soll dazu beitragen, die Bedeutung der zunehmenden Religiosität der letzten Jahre insbesondere in Europa zu verstehen. Nach dem Zusammenbruch der Sowjetunion und der sozialistischen Länder Osteuropas tritt ein merklich wiederaufflackerndes Interesse an allen möglichen religiösen Praktiken zutage; im übrigen nicht nur bei der breiten Bevölkerung, sondern auch unter Intellektuellen. Im gleichen Zeitraum entstand auch das Interesse daran, engere Verbindungen zwischen dem psychoanalytischen und dem religiösen Denken herzustellen. Es scheint, als ob in solchen Umbruchzeiten, in denen sich der Mensch einer erschütterten Welt mit sich überstürzenden und daher verwirrenden Veränderungen gegenübersieht, auf primitivere Denkformen zurückgegriffen werden muß und die eigene Macht an als unerschütterlich geltende Instanzen wie zum Beispiel die Religionen übertragen werden muß, um so wenigstens in der Phantasie die an die jeweiligen Götter delegierte Allmacht erleben zu können.

Um die Überlegungen zu den Abwehrmechanismen des Exils und der Emigration weiterverfolgen zu können, erscheint es mir notwendig, sich den metapsychologischen Aspekten zuzuwenden, die in der psychoanalytischen Therapie in Erwägung gezogen werden müssen. Zumindest aber die Frage nach der entsprechenden Deutungsebene. Das wären für unser vorliegendes Thema die Abwehrmechanismen: Auf welcher Ebene befindet sich der Konflikt, der gelöst werden soll? In meinem Artikel „Exil und Frauensubjektivität“ habe ich das Exil als folgenden Konflikt definiert: „Das Exil trägt in sich den Widerspruch, daß die Flucht in ein anderes Land Rettung und Leiden bedeutet: Rettung vor Verfolgung und Not, aber gleichzeitig die unvermeidbare Auseinandersetzung mit der eigenen Geschichte und mit einer anderen Gesellschaft und ihrer Kultur, eine Auseinandersetzung, die in einem der schwierigsten emotionalen Zustände stattfinden muß. Daß das Exil diesen Widerspruch in sich trägt, bedeutet für die Betroffenen die Entstehung eines Konfliktes.“ (N.F.V: „Exil und Frauensubjektivität“, S. 6) Von dieser Definition ausgehend möchte ich zwei Aspekte der Abwehrmechanismen des Exils und der Emigration voneinander unterscheiden: Da ist zunächst der Aspekt, der jenen Mechanismen entspricht, die sich zwecks Auseinandersetzung mit dem Alltag der neuen Gesellschaft unbewußt einschalten, und die den Versuch darstellen, den Konflikt zwischen den Trieben und dem Ich zu lösen, wie z.B. durch Überadaptation. Dieser Abwehrmechanismus ist eine Kompromißform, die das Ich angesichts der Anforderungen der neuen Realität herausbildet. Dies erfolgt durch notwendige Anpassung, das Akzeptieren der neuen Kommunikationsnormen wie z.B. eine neue Sprache und die Affekte, die diese neue Anpassungsleistung auslöst, wie beispielsweise die Ambivalenz der Haßliebe gegenüber den eigenen Integrationsversuchen des Ichs.

Der zweite Aspekt ist jener, der der Intensität des Konflikts auf der Triebebene und dem - wörtlich zu nehmenden - Überlebenskampf oder dem Lebensverzicht entspricht. Wie ich bereits erklärt habe, unterscheide ich Exil und Emigration nur in der Intensität der traumatischen Erfahrung. Die spezifische Intensität der traumatischen Exilerfahrung beruht auf ihrer Konfrontation mit dem Terror und seiner Ausbreitung angesichts von Straflosigkeit.

Die Analyse der Intensität des Konflikts erlaubt uns ein annäherndes Verständnis des Kampfes um Leben und Tod, der in der psychoanalytischen Therapie so oft auftritt, und - wie ich bereits anhand der Beispiele von Selbstmorden und unerklärlichen, vom Exil ausgelösten Sterbefällen gezeigt habe - damit der dramatischen Ebene des Überlebens, die sich häufig in der klinischen Praxis mit emigrierten Patienten herauskristallisiert. Ich denke, daß dies eine Deutungsebene des Exilkonflikts ist, die bisher von der Psychoanalyse noch nicht theoretisch erfaßt wurde, was ich als eine Form der Verdrängung der Niederlage ansehe, die schon 1936 in abwehrenden Termini von Anna Freud unter dem Begriff „Ungeschehenmachen“ als Abwehrmechanismus rationalisiert wurde. Diesen Mechanismus hatte Freud in seiner „Analyse eines Falles von Zwangsneurose“ beschrieben, der später in „Hemmung, Symptom und Angst“ die Bezeichnung „Ungeschehenmachen“ erhielt: so tun, als ob etwas nicht geschehen wäre. Dabei erscheint mir Anna Freuds Schreibarbeit an dem Buch „Die Abwehrmechanismen“ selbst wie ein Rationalisierungsvorgang, denn ich denke, daß die intellektuelle Arbeit, sei es direkt oder indirekt, bewußt oder unbewußt, von dem jeweiligen historischen Moment durchdrungen ist, in dem der Autor oder die Autorin gerade leben. In diesem Sinn wurde mir bei erneuter Lektüre ihres Textes sehr bewußt, daß er 1936 veröffentlicht worden war. Wie ja bekannt ist, stellte die Machtübernahme Hitlers 1933 für viele Psychoanalytikerinnen und Psychoanalytiker jüdischer Herkunft und/oder marxistischer Orientierung eine Bedrohung dar, der auf vielfältige Art und Weise begegnet wurde.

Auch in Österreich mußten sich Freud und sein Kreis natürlich mit diesem Problem auseinandersetzen. Im Jahr 1934 wurden die Werke Freuds öffentlich verbrannt. Das Jahr 1935 ging in die Geschichte ein als das Jahr, in dem die Nürnberger Gesetze in Kraft traten, was noch vor der Veröffentlichung des Buches „Die Abwehrmechanismen" geschah. Die systematische Diskriminierung des jüdischen Volkes begann somit mit zwei grundlegenden Gesetzen: Zum einen durch das Gesetz, das den Ausschluß der Juden als Staatsbürger des Deutschen Reiches festlegte („Reichsbürgergesetz"), zum anderen durch das Gesetz „zum Schutze des deutschen Blutes und der deutschen Ehre", wodurch zukünftig Mischehen und außereheliche sexuelle Beziehungen zwischen Deutschen und Juden verboten waren. Im Jahr 1936 intervenierte Jones, um die Vernichtung der kompletten Werkausgabe des Internationalen Psychoanalytischen Verlags, die bis dahin noch in Leipzig gelagert war, abzuwenden. Innerhalb dieses hier nur kurz skizzierten historischen Rahmens, der gleichwohl für die davon betroffenen Zeitgenossen sicherlich mit entsprechenden Ängsten erlebt wurde, schrieb Anna Freud ihr Werk.

Um zu der spezifischen Problematik der Abwehrmechanismen zurückzukehren, könnte man im großen ganzen schlußfolgern, daß die Abwehrmechanismen der Emigration der Anpassung, und die des Exils dem Überleben dienen.

Von den Allmachtsphantasien zu produktiven und kreativen Kräften

„Die Arbeit ist zunächst ein Prozeß zwischen Mensch und Natur, ein Prozeß, worin der Mensch seinen Stoffwechsel mit der Natur durch seine eigne Tat vermittelt, regelt und kontrolliert. Er tritt dem Naturstoff selbst als eine Naturmacht gegenüber. Die seiner Leiblichkeit angehörigen Naturkräfte, Arme und Beine, Kopf und Hand, setzt er in Bewegung, um sich den Naturstoff in einer für sein eignes Leben brauchbaren Form anzueignen." (Karl Marx, MEW 23, 192)

Meiner Arbeitshypothese zufolge sind die Allmachtsphantasien Kraftreservoire des Menschen. Gleichzeitig sind sie durch ihre körperliche und materielle Entwicklung überdeterminiert. Das heißt, daß in der Entstehung der Allmachtsphantasien die unbewußten Inhalte im Bezug mit der Körperwahrnehmung eine sehr wichtige Funktion haben. Als Kraftreservoire bilden sie

Vermögen, die auf verschiedene menschliche Aktivitäten angewendet werden können.

Die Allmachtsphantasien sind ein wesentlicher Anteil der kreativen Erfahrung, aber in der Funktion können sie variieren: Von der Abwehrfunktion der Flucht in die Phantasie und damit in eine deutliche Ablehnung der Realität, wie auch die Orientierungsfunktion bis hin zur Anstoßfunktion der Kreativität und Produktivität.

Durch Analyse und Bewußtmachung des wieder durch die Regression in Folge des Entwertungsprozesses aktivierten archaischen Inhalts der Allmachtsphantasien, können sich diese in produktive und kreative Kräfte umformen, um in der Realität ihre Anwendung zu finden. In diesem Sinne werden die Allmachtsphantasien zu Machtphantasien, die für jede Art Arbeit nötig sind.

Dennoch wird ihr archaischer Ursprung, ebenso wie ihre körperliche Überdeterminierung als wesentliches Grundlagenmaterial der produktiven menschlichen Kraft bestehen bleiben. Von daher müssen die Bewußtmachungs- und Verwandlungsprozesse in ihrem archaischen Charakter als ständige Suchprozesse begriffen werden.

Was in bezug auf die Allmachtsphantasien wichtig und interessant zugleich ist, ist gerade ihr umformendes Potential. In der täglichen Konfrontation mit der objektiven äußeren Realität lassen sich die Allmachtsphantasien voneinander unterscheiden. Ein Teil dessen, was man als kindliche Entwicklung betrachtet, besteht gerade darin, auf die gedankliche und die körperliche Allmacht verzichten zu können, jenen Allmachtsformen also, die den ersten Lebensjahren entsprechen. Erst danach meldet sich der Ödipuskomplex, das definitive Signal für das Realitätsprinzip. Mario Erdheim zufolge delegieren Kinder während der Kindheit ihre Größen- und Allmachtsphantasien an die Eltern, oder allgemein an die Erwachsenen, die dadurch als „mächtig" angesehen werden. Später wiederum, während der Adoleszenz, treten sie in eine Phase ein, in der sie sich die delegierten Phantasien wiederaneignen. Ich denke, daß eine solche Übertragung der Omnipotenzphantasien zum Teil ein induzierter Vorgang ist, der selbst Teil dessen ist, was man „Erziehung" nennt, und was in den ersten Lebensjahren hauptsächlich in der „Erziehung der Triebe" besteht. Wie man weiß, beruht die Möglichkeit, zu erziehen, auf dem Grundbedürfnis nach Liebe, die jedes Kind braucht. Dennoch läßt man die Berücksichtigung der Gewalt, von der jede Erziehung auch begleitet wird, im allgemeinen außer acht. Damit meine ich, daß niemand, nicht einmal das Kleinkind, freiwillig auf seine Allmachtsphantasien verzichtet. Bevor es die ihm von den Eltern und Erziehern mit unterschiedlichen Methoden gesetzten Grenzen anerkennt, verteidigt sich das Kind, je nach Intensität des Haßliebe-Konfliktes, auch auf unterschiedliche Weise. Dieser Zeitabschnitt entspricht der „analen Stufe" innerhalb der psychogenetischen Entwicklung, die mit der Sauberkeitserziehung und der Problematik des „Gebens und Zurückhaltens" einhergeht. Unterwerfung oder Kampf und die ganze Skala zwischen diesen beiden Verhaltensformen kennzeichnet nun die Bindungslinie zwischen Kindern und Eltern. Erst mit dem Anbrechen der „Latenzperiode" - und damit einer gewissen Beruhigung der Triebkräfte, gewissermaßen als Einleitung des Realitätsprinzips - ist das Kind fähig, den Verzicht auf seine Größenphantasien und die Delegation von Macht an seine Eltern und andere Autoritätspersonen besser zu ertragen. Sie vermitteln ihm ein gewisses Sicherheitsgefühl, hauptsächlich aber auch Schutz vor seinen eigenen Triebkräften. Es ist bekannt, daß diese Phase der psychogenetischen Entwicklung diejenige ist, die es dem Kind erlaubt, sich zum ersten Mal - und man könnte beinahe sagen „produktiv" - in soziale Institutionen, vor allem die Schule, einzugliedern. Ein bißchen weniger grandios, weniger spektakulär, dafür aber umso produktiver. Man kann also in jener Periode einen ersten Versuch feststellen, die Omnipotenzphantasien in produktive Kräfte zu verwandeln, ein Versuch, der im wesentlichen durch die induktive Kraft der Erziehung und durch die beruhigenden Vorteile verwirklicht wird, die die Delegation der Allmachtsphantasien voraussetzt. Otto Fenichel erklärt diesen Prozeß aus der Sicht der Macht und betont, daß das Kind „(s)einen starken Allmachtsglauben rettet, indem es nach dem Verlust seiner eigenen Allmacht die Personen, die seine Allmacht so sehr beschränken, für allmächtig hält (...). Von ihnen etwas erhalten heißt, mit ihnen wieder zusammenzufließen, an ihrer *Macht partizipieren*" (Fenichel 1939). Dennoch scheint es, daß man nie ganz auf die Allmacht verzichtet, und während der Latenzperiode verstecken sich die Wünsche nach eigener Größe hinter der Form des „Familienromans" (wiederum als Ausdruck des Haßliebe-Konfliktes gegenüber den Eltern), der sich als kindlich-phantasierende Form der Bearbeitung des Ödipuskonfliktes entwickelt. Dies ist interessant, weil es sich hierbei um eine Phantasie handelt, in deren Inhalt ein Wechsel von dem ausschließlich Körperlich-Individuellen der Größenphantasien früherer Phasen zu Inhalten, die sich auf das Kollektiv-Familiäre beziehen, stattfindet, und überdies noch die Einbeziehung der Außenwelt in die Familie: durch die „Wunscheltern".

Mit dem Beginn der Adoleszenz wird alles in Frage gestellt. Sämtliche dieser bewußten und unbewußten Konstruktionen, die sich erfolgreich ausbildeten, um den Prozeß der Triebkontrolle voranzubringen und Zugang zur Welt der Kultur zu schaffen, werden nun, je nach persönlicher Krisenbewältigung, relativiert, überprüft, verändert oder erneut übernommen.

Selbstverständlich vollzieht sich somit auch eine neue Konfrontation mit den Macht- und Allmachtsphantasien, die sich während der Kindheit als brauchbar erwiesen hatten. Folgt man der zitierten These M. Erdheims, handelt es sich um eine „Rückgewinnungsbewegung" der an die Eltern delegierten Phantasien. Eine Rückgewinnung, denke ich, die durchaus nicht konfliktfrei abläuft, da nicht alle Eltern bereit sind, ihre Machtvorrechte abzutreten. Und erneut sehen sich die Eltern vor die Aufgabe gestellt, sich bewußt oder unbewußt mit ihren eigenen Allmachtsphantasien auseinanderzusetzen, diesmal jedoch mit der Herausforderung, ihre Position an die nächste Generation abzutreten. Die Auseinandersetzung mit den Familienwerten, die die Adoleszenz herbeiführt bzw. der Krieg, der der Elterngeneration dadurch erklärt werden kann, ist auf der familiendynamischen Ebene durchaus bekannt. Was in Bezug auf die Omnipotenzphantasien dabei wichtig zu verstehen ist, ist, daß dieser Konflikt den Triebkonflikt der Kindheitsphasen bei der psychogenetischen Entwicklung, den es von Anfang im wechselseitigen Verhältnis mit den Eltern, d.h. in der Haß-Liebe-Polarität gab, gewissermaßen neu auflegt und reaktiviert. Derart erneut in Frage gestellt, verglichen und überprüft, treten die alten Allmachtsphantasien mit ihrem archaischen Inhalt rückblickend von neuem auf, um Teil des Kräftepotentials zu werden, das nach Umwandlungen und Neubearbeitungen zum Prozeß des Aufbaus der Utopie führen kann.

So gesehen, muß die Utopie als Teil des Ergebnisses des psychogenetischen Entwicklungsprozesses betrachtet werden. Ihre Wurzeln fußen in den frühen Kindheitsphasen, und die Aneignung eines utopischen Denkens erwächst somit wie ein wesentlicher Teil aus der Entwicklung der Menschheit.

Um zu der speziellen Problematik, die uns beschäftigt, zurückzukehren, also zu den Folgen des Exils und der Emigration für die Subjekte, denke ich, daß das Nachdenken von seiten der klinischen Psychoanalyse alle hier erwähnten theoretischen Aspekte einbeziehen muß, um nicht in eine beschränkte therapeutische Haltung zu verfallen, in der der Schwerpunkt auf der Symptomatologie und der Psychopathologie liegt. Die Erfahrungen des Exils und der Emigration setzen einen *Bruch* voraus, der nie mehr vollständig zu beseitigen ist und der in der persönlichen und familiären Biographie Spuren hinterläßt.

Zum Abschluß noch ein Traum, der Teil meines persönlichen Konfrontationsprozesses mit der Niederlage ist.

Mit diesem nachfolgend erwähnten Traum begann eine Reihe von Träumen, die mich monatelang in ein Gefühl der Überschwemmung von Gedanken, Affekten und Phantasien tauchten, was ich nach und nach als eine neue Phase der Wiederaufarbeitung meiner eigenen Allmachtsphantasien wahrnehmen konnte.

Der Traum von Ikaros und der Mythos von Dädalos

Zwei Soldaten bewachen etwas. Einer von ihnen schlägt mit seinem Gewehr einen dritten und verletzt ihn. Deswegen muß er sich schleunigst davonmachen. Der andere muß auf eine andere Weise fliehen, und so fängt er an, wie Ikaros zu fliegen. Über das Meer, weil er sich auf einem Schiff befand. Aber plötzlich fällt die Maschine, seine Flügel, aus und er stürzt ins Wasser.

Ich hatte diesen Traum im September 1993 in Venedig, im Haus von Marta de Brassi und Armando Bauleo, während ich dort an einem psychoanalytischen Seminar des Instituts für Sozialanalytische Psychologie teilnahm. Am Abend vor diesem Traum hatten wir im Fernsehen einen Kriegsfilm mit genau solchen Soldaten gesehen. Obwohl ich zuvor bewußt keinerlei Ähnlichkeit bemerkt hatte, konnte ich im Traum selbst und in meinen später dazu einsetzenden Assoziationen einen der Soldaten wiedererkennen, der vom Aussehen her meinem Bruder ähnelte. Im Traum war ich der Soldat, der „sich schleunigst davonmachen mußte". Dagegen war der zweite Soldat mein Bruder, der in Argentinien während einer der Militärdiktaturen aufgrund seiner politischen Aktivitäten ermordet worden war.

Der Soldat, der „sich schleunigst davonmachen mußte", bezieht sich auf meine eigene Flucht und das Exil. Der zweite Soldat, mein Bruder, findet den Tod, gleich wie in dem Mythos von Dädalos und Ikaros beschrieben.

In dem Mythos wird davon berichtet, daß Dädalos der erfindungsreichste Mensch seiner Zeit war, ein Architekt und Bildhauer. Seine Werke wurden noch in den entferntesten Regionen bewundert, und er war auch der Erste, der Statuen mit offenen Augen, ausgestreckten Armen und Füßen im Bewegungsablauf gestaltete. Es hieß, daß sich seine Statuen bewegten und lebendig waren, so daß man sie für beseelte Wesen hielt. Aber abgesehen von seinem Talent war Dädalos gleichzeitig ein höchst eingebildeter und mißgünstiger Mensch, und das führte letztlich zu seinem Unglück. Man erzählt sich, daß er einen Neffen hatte, den er in seinen Künsten unterwiesen hatte und der bald zeigte, daß er noch genialer als sein eigener Lehrer war. Dädalos, der befürchtete, von diesem Jüngling, der schon auf dem Weg zum Ruhm war, übertroffen zu werden, wurde von Neid überwältigt und tötete seinen Neffen, indem er ihn von den Höhen der Akropolis in Athen hinunterstieß. Er wurde für sein Verbrechen als schuldig verurteilt und flüchtete. Nach vielen Jahren des Herumirrens gelangte er auf die Insel Kreta, wo der König Minos ihm Asyl anbot. Da sein Ruf als Künstler auch dort bekannt war, interessierte sich der Monarch für ihn und bat ihn, ein Versteck für den Minotaurus zu erfinden, damit das Ungeheuer nicht von menschlichen Augen erblickt werden konnte. Dädalos entwarf ein Labyrinth, und als er das fertige Labyrinth durchlief, hatte er selbst Schwierigkeiten, wieder hinauszugelangen. Die Angst, dort eingesperrt zu bleiben und auch die Sehnsucht nach seiner Heimat ließen ihn darüber nachdenken, wie man von jener Insel, die von einem Tyrannen, dem er mißtraute, beherrscht wurde, wieder entkommen konnte. Nach einer langen Zeit des Nachdenkens, so berichtet der Mythos, rief er eines Tages jubelnd aus: „Jetzt weiß ich, wie ich mich retten kann! Minos kann mir zwar die Wege zu Wasser und zu Lande versperren, doch der Luftweg bleibt mir offen. Also werde ich fliegen!" So kam es, daß er mit seinem Erfindungsreichtum die Natur überwand. Er begann Federn unterschiedlicher Vögel zusammenzufügen, band sie mit Flachs zusammen, leimte sie von oben mit Wachs zusammen und gab ihnen eine leichte Krümmung, so daß sie die Form eines Flügelpaares besaßen. Dädalos hatte einen Sohn, Ikaros, der an der Seite seines Vaters mit den Federn und dem Wachs spielte.

Sein Vater ließ ihn spielen und beobachtete lächelnd seine mangelnde Geschicklichkeit. Als Dädalos seine Arbeit beendet hatte, probierte er die Flügel aus und erhob sich wie ein Vogel in die Luft. Nach seiner Landung brachte er seinem Sohn mit eigens für ihn angefertigten kleinen Flügeln das Fliegen bei. Dann sagte er zu ihm: „Fliege immer auf einer mittleren Höhe, denn wenn du nachläßt und zu tief hinuntergerätst, berühren deine Federn das Meer, und wenn sie ins Wasser tauchen, könntest du zum Meeresgrund hinabgezogen werden. Wenn du aber zu hoch in die Luft hinaufsteigst, paß auf, daß deine Flügel den Sonnenstrahlen nicht allzu nah kommen, denn dann verbrennen sie. Fliege immer zwischen Sonne und Wasser, ohne vom Weg abzukommen, den ich dir weise." Nach diesen Ratschlägen befestigte er ihm mit zittrigen Händen die Flügel an den Schultern, wobei ihm vor Betrübnis eine Träne auf die Hand fiel. Er umarmte und küßte seinen Sohn. Dann erhoben sie sich mit ihren Flügeln, der Vater zuerst, und er bewegte seine Flügel geschickt und vorsichtig, damit der Sohn es ihm nachmachen konnte, und gelegentlich schaute er über seine Schulter, um zu sehen, wie er ihm folgte. Sie flogen über Küsten und Inseln, doch Ikaros, durch den Flug ermutigt, verließ die väterliche Route und stieg empor in höhere Regionen. Die Hitze der Sonnenstrahlen schmolz das Wachs, das die Federn zusammenhielt, und die Federn fielen auf beiden Seiten von seinen Armen. Der Jüngling ruderte weiter mit ausgestreckten Armen, doch schon bald stürzte er, mit dem Namen seines Vaters auf den Lippen, in den Abgrund nieder und fiel in die blauen Meereswellen. Dies alles geschah sehr plötzlich, und als Dädalos sich erneut umwandte, um nach seinem Sohn zu schauen, gab es keine Spur mehr von diesem. Schließlich sah er mit Bestürzung die Federn auf dem Wasser dahintreiben. Mit angefalteten Flügeln glitt er zu jener Küste hinab, wo die Wellen Ikaros' Leichnam angespült hatten.

Wie man weiß, können Mythen, ähnlich wie die Träume, als die Verarbeitung menschlicher Erfahrung angesehen werden. In diesem Sinne sind sie seit der Antike wertvolle Quellen der Inspiration, des Wissens über und der Deutung des menschlichen Schicksals, und können deshalb auch von der Psychoanalyse genutzt werden. So bemerkte ich, daß ich in meinem Traum die Metapher von Ikaros benutzt hatte, ohne mich in diesem Zeitraum bewußt mit den Mythen beschäftigt zu haben. Dadurch neugierig geworden, begann ich, den erwähnten Mythos nachzulesen, und voller Überraschung fand ich darin das Exil von Dädalos und das

Schicksal seines Sohnes Ikaros in Bezug auf Allmachtsphantasien behandelt. Ich entdeckte aber auch, daß der Mythos eine Reihe von Aspekten hervorhebt, über die ich bereits nachgedacht hatte und die ich in meinen Artikeln über das Exil bei meinem Versuch, einen theoretischen Bezugsrahmen für diese Thematik herauszuarbeiten, ausformuliert hatte. Zum Beispiel das Problem der Entwertung, die Verwirrungszustände, die Isolation, die Einbeziehung des Körperlichen, die Identifikation mit dem Aggressor - dies alles aufgrund der Beschädigung der Omnipotenzphantasien, bis hin zu den Auswirkungen des Exils auf die zweite Generation. Der Mythos beinhaltet außerdem die Warnung vor der Todesgefahr durch großenwahnsinnige „Lösungen".

Dädalos, der erfindungsreichste Mensch seiner Epoche, muß sich in seinem Asylland unter den Schutz des allmächtigen Monarchen begeben und beginnt mit der Zeit, um seine Zukunft und die seines Sohnes zu fürchten, da er sich einem Despoten ausgeliefert fühlt, und beginnt, sich nach seinem Heimatland zu sehnen. Drückt der Mythos damit nicht deutlich die Situation der grundlegenden Entwertung und Ohnmacht der Exilierten aus? Dädalos akzeptiert die Aufgabe von Minos, das Labyrinth für den Minotaurus zu bauen, in dem das Monstrum eingesperrt und versteckt wird. Der Minotaurus, Metapher für das Unheimliche, repräsentiert das Animalische, die Impulsivität des Menschen. Die von Minos als König, d.h. dem Über-Ich, gestellte Aufgabe kann als Befehl an Dädalos gesehen werden, seine aggressiven Impulse zu kontrollieren. Vergessen wir nicht, daß er seinen Neffen umgebracht hat. Das Akzeptieren dieser Aufgabe, dieses Befehles kann so als Form der Anpassung an die Realität, in der er zu leben hat, verstanden werden. Doch andererseits fühlt er sich langsam selbst in seiner eigenen Falle eingesperrt, d.h. die Isolation als Scheinlösung der von mir beschriebenen Abwehrmechanismen, ein anderer der Überlebensmechanismen, die man in der Exilsituation beobachtet. So kann man sagen, daß er sich unter dem Eindruck seiner Entwertung als Verbannter mit der Erhabenheit des Königs identifiziert, der ihm Schutz gewährt und ihm gleichzeitig Angst einflößt. Auf diese Weise beruft sich der Mythos auf das, was ich als zentralen Abwehrmechanismus des Exils betrachte, nämlich die Identifikation mit dem Angreifer. Um aus dem so von ihm empfundenen Eingesperrtsein herauszukommen, greift er zu einem größenwahnsinnigen Gedanken: die Natur zu überwinden und fliegen zu können. Bei seiner verzweifelten Suche nach einem Ausweg gelingt es ihm, seine eigene kreative Erfahrung anzuwenden, doch die Tragödie hat sich durch die irrationalen und vorherrschenden Kräfte seiner Allmacht bereits abgezeichnet. Hierbei ist wieder interessant, daß der Mythos das nötige Wissen über seine Leistungen und seine Kreativität durch den Kommentar hervorhebt, Dädalos sei als Architekt und Bildhauer „der erfindungsreichste seiner Epoche", aber gleichzeitig der eingebildetste gewesen, womit er, meinerThese zufolge, zu verstehen gibt: *daß die Allmachtsphantasien ein wesentlicher Bestandteil der kreativen Erfahrung sind, aber daß ihre Funktion von einer impulsgebenden für Leistungen und Kreativität, bzw. einer defensiven in die Realitätsflucht (und damit einer die kreative Umsetzung hemmenden) bis hin zu realitätsverneinenden Haltungen variieren kann.*

Kehren wir zum Mythos zurück, so können wir sagen, daß unter den Folgen der Niederlage, die das Exil voraussetzt, die Beschädigung oder gar Zerstörung der Orientierungsfunktion der Allmachtsphantasien Dädalos in einen Zustand emotionaler Destabilisierung versetzt haben, die es ihm nicht erlaubte, das Risiko seines Vorhabens zu erfassen.

Darüber hinaus bezieht Dädalos das Schicksal seines Sohnes in sein Vorhaben mit ein, und hierbei liefert uns der Mythos auch wieder seine Version zum intergenerationellen Drama, das durch das Exil ausgelöst wird. Er zeigt die Schwierigkeiten, die für die erste Generation bestehen, ihren Kindern der Realität angemessene Orientierungshilfen zu vermitteln, und bezieht sich andererseits auf die Schwierigkeiten und Gefahren der zweiten Generation, also für die Kinder des Exils. Der Mythos liefert in seiner Erzählung das nötige Wissen, um zu verstehen, daß Dädalos - vollkommen in seine Rettungsarbeit vertieft - die unbeholfenen Bewegungen seines Kindes beim Spielen nicht beachtet. Das bedeutet, daß Dädalos, das Opfer seiner eigenen Verzweiflung als Verbannter, nicht imstande ist, in diesen Betätigungen die Grenzen seines Sohnes zu erkennen, um an diesem Vorhaben teilzunehmen. Vielmehr belächelt er ihn nur aus seiner Allmachtshaltung heraus. Die Identifizierung Ikaros' mit seinem eigenen Vater, insbesondere mit dessen Megalomanie, führt ihn in den Tod. Ikaros personifiziert in dem Mythos sozusagen den tragischen Aspekt eines extremen Lösungsversuches des Exils. An diesem Punkt muß hervorgehoben werden, daß der Mythos hier differenziert. Da gibt es zum einen die bewußte Handlung, die auf den Vater zutrifft, der dem Sohn die Gefahren eines solchen Abenteuers erklärt und ihm zu der Flugart rät: „fliege immer auf einer mittleren Höhe", aber wegen seiner eigenen Allmachtsabwehr nicht imstande ist, die Grenzen des eigenen Sprößlings zu erfassen und vergißt, daß Ikaros' Jugend keine „mittleren Flüge" kennen kann. Zum anderen gibt der Mythos zu verstehen, daß es eine unbewußte, unfreiwillige Übertragung der traumatischen Auswirkungen des Exils auf die zweite Generation gibt; in diesem Fall die Flucht in die Megalomanie. Vater und Sohn, beide durch ihr Schicksal miteinander verbunden, sind ein Ausdruck des essentiellen Bruches auf subjektiver Ebene, den das Exil verursacht, sowie seiner unauslöschlichen Spuren im historischen Bewußtsein. Ikaros als das väterliche Spiegelbild; derjenige, der der Allmacht erliegt, und damit das Opfer der jungen Generation. Dädalos, der Überlebende, der für immer mit der Tragödie des Todes eines Teiles von sich selbst belastet sein wird.

Übersetzung: Marianne Kröger

Literatur

Amati, S., Die Rückgewinnung des Schamgefühls. Psyche, 1990

Amati, S., Reflexionen über die Folter. Psyche, 1977

Amigorena, H. und Viñar, M., Zwischen Außen und Innen. Die tyrannische Instanz. Psyche, 1979

Bauleo, A., Ideología, grupo e familia. Editorial Kargieman, Buenos Aires 1970 (dt. Titel: Ideologie, Familie und Gruppe: Hamburg 1988)

Broser, S. und Pagel, G. (Hrsg.), Psychoanalyse im Exil. Texte verfolgter Analytiker. Würzburg 1987

Burin, M., Estudios sobre la subjetividad femenina. Buenos Aires 1987

Eissler, K. R., Die Ermordung von wie vielen seiner Kinder muß ein Mensch symptomfrei ertragen können, um eine normale Konstitution zu haben?. In: Hans-Martin Lohmann (Hrsg.): Psychoanalyse und Nationalsozialismus. Frankfurt am Main 1984

Eissler, K. R.: Todestrieb, Ambivalenz, Narzißmus. Frankfurt am Main 1992

Erdheim, M., Die gesellschaftliche Produktion von Unbewußtheit. Frankfurt am Main 1984

Fenichel, O., Psychoanalytische Neurosenlehre Bd.I. Frankfurt am Main, Berlin, Wien 1983

Felber-Villagra, N., Die psychosoziale Verarbeitung des Exils. In: Frauenflüchtlinge in der Schweiz - Ein Handbuch. Bern 1993

Felber-Villagra, N., Exil und Frauensubjektivität. Exil als Konflikt. Journal PSZ, Zürich. Juni 1994

Felber-Villagra, N., Das Gespenst der Politik in der Psychoanalyse. Ethnopsychoanalyse Bd4 und Interkulturelle psychoanalytische Therapie. Frankfurt am Main 1995

Felber-Villagra, N., Exil, Konflikt und Niederlage. Eine psychoanalytische Kritik des Migrationsbegriffs. In: Gestörte Übertragung. Frankfurt am Main 1996
Fenichel, O., Über Trophäe und Triumph. Int. Zeitschrift für Psychoanalyse 24, 1939
Freud, S., Hemmung, Symptom und Angst. GW 14. Frankfurt am Main 1926
Freud, S., Totem und Tabu. GW 9. Frankfurt am Main 1912/1913.
Freud, S., Trauer und Melancholie. GW 10. Frankfurt am Main 1917
Gay, P., Freud. Barcelona 1989
Grinberg, L und R., Psychoanalyse der Migration und des Exils. München 1990
Grosz, P., Ein Fall von psychogener Erblindung. Kassel 1988
Grupo C., u.a., Psicopatologia de la tortura y el exilio. Madrid 1982
Gyömröi, E.L., Erinnerungen an Otto Fenichel und an die Deutsche Psychoanalytische Gesellschaft. Luzifer-Amor, Heft 16. Tübingen 1995
Hermanns, L.M. /Schultz-Vernath, U. (Hrsg.): Nachruf auf Otto Fenichel. Luzifer-Amor, Heft 16. Tübingen 1995
Hilberg, R., Unerbetene Erinnerung. Frankfurt am Main 1994
Hilberg, R., Die Vernichtung der europäischen Juden. Frankfurt am Main 1990
Hinshelwood, R.D., Wörterbuch der kleinianischen Psychoanalyse. Stuttgart 1993
ILAS: Derechos humanos: todo es según con el dolor con que se mira, 1989
Jacoby, R., The Repression of Psychoanalysis. New York 1983 (dt. Titel: Die Verdrängung der Psychoanalyse oder Der Triumph des Konformismus. Frankfurt am Main 1985)
Klapdor, H., Überlebensstrategie statt Lebensentwurf. In: Frauen und Exil. Band 11. München 1993
Kordon, D.R. /Edelmann, L.I., Efectos psicológicos de la represión política. Buenos Aires 1986
Laplanche, J., Nouveaux fondements pour la psychoanalyse. Paris 1987
Laplanche, J., Problemáticas. Obra completa. Buenos Aires 1988
Laplanche, J. /Pontalis, J.-B., Das Vokabular der Psychoanalyse. Frankfurt am Main 1972
Laplanche, J. /Pontalis, J.-B., Diccionario de psicoanálisis. Barcelona 1983
Mannoni, O., Freud. El descubrimiento del inconsciente. Buenos Aires 1987
Marx, K., MEW 23. Berlin
Mühlleitner, E. /Reichmayr, J., Die psychologische Mittwoch-Gesellschaft und die Wiener Psychoanalytische Vereinigung 1902-1938. Psyche, 1997
Parin, P. /Parin-Mathèy, G., Subjekt im Widerspruch. Frankfurt am Main 1986
Pichon Rivière, E., Del psicoanálisis a la psicología social. 2 tomos, Editorial Nueva Visión. Buenos Aires 1985
Plá, E., El extranjero. México 1982
Puget, J. /Wender, L., Analista y paciente en mundos superpuestos. Buenos Aires 1983
Reichmayr, J. /Mühlleitner, E., Otto Fenichel - Historiograph der Psychoanalyse. Psyche, 1996

Reichmayr, J. /Mühlleitner, E., „Die Versuchung, es aufzugeben, kommt wirklich häufig an mich heran..." (Rundbrief XXI vom 31. Dezember 1935 von Otto Fenichel). Psyche, 1996
Rozichtner, L., Psicoanálisis y política. La lección del exilio. Caracas 1979
Rozichtner, L., La infancia mutilada en el exilio. Correo de la UNESCO, 1979
Rozichtner, L., La Pérdida de las Ilusiones. Desbordar, Nr. 3. Buenos Aires 1991
Rozichtner, L., Freud y los límites del individualismo burgués. Buenos Aires, Madrid 1972
Semprún, J. /Wiesel, E., Schweigen ist unmöglich. Frankfurt am Main 1997
Viñar, M. et M., Exil et Torture. Paris 1989
Viñar, M., Niños del Uruguay en el exilio. Santiago de Chile 1983
Weiss, P., La estética de la resistencia. Barcelona 1987

Elisabeth Rohr

Das Fremde im Eigenen

Sozialkritisch-psychoanalytische Überlegungen

„Seit dem 16. Jahrhundert etwa wird in Europa mit Fremden ein merkwürdiger Umgang gepflegt: als lebende Bilder oder mumifizierte Museumsstücke werden sie einem gebannt-abgestoßenen Publikum öffentlich präsentiert. Indianer, Eskimos, Afrikaner, einzeln oder in Sippen, stießen auf lebhaftes Interesse. Die unterhaltenden und belehrenden Demonstrationen waren kein oberflächliches Vergnügen, kein kurzweiliger Zeitvertreib. Zeitzeugen berichten davon, wie existentiell dieses Interesse beschaffen war: die Menschen begegneten nicht nackten, ungebärdigen, animalischen, gott- und sprachlosen Wilden, sie trafen im Spiegel auf ein Stück eigener Geschichte. Die 'Barbaren' vorgeführt zu bekommen, gestattete die Erinnerung an den am eigenen Leib sich vollziehenden 'Prozeß der Zivilisation' und zugleich den Lustgewinn, das Tabuisierte vor Augen zu haben. Wie eine Katharsis wirkte so eine Konfrontation auf dem Jahrmarkt, im Zoologischen Garten, später dann als der Triebkonflikt weitgehend rationalisiert worden war, im Museum“ (Krings 1991, 123).

Nun haben Völkerkundemuseen im Zeitalter der Massenmedien und der touristischen Eroberung der Welt erheblich an Attraktivität eingebüßt. Doch Flüchtlinge, Migranten und Touristen aus aller Herren Länder haben mittlerweile die Straßen der Großstädte in ein lebendiges „Museum“ verwandelt. Und hierin hat sich auch die, pädagogischer Führung entglittene, Begegnung mit Fremden[1] verlagert. Im affektiv unstrukturierten Raum der Straße aber werden erst recht die von Eva Krings in sehr treffenden Bildern beschriebenen Facetten einer Begegnung mit dem Fremden deutlich: Die Abwehr und das Verlangen, die Faszination und die Angst, das Schaudern und das Entzücken.

---

[1] „Das Fremde ist alles mir Nicht-Eigene, mir Nicht-Identische; alles was mir verstandesmäßig nicht bekannt und gefühlsmäßig nicht vertraut ist“ (vgl. Auchter 1990).

Damit bestätigt sie zugleich eine alte, jedoch immer wieder in Vergessenheit geratene, Weisheit, nach der die Begegnung mit Fremdem niemals eine einseitige, nur aus Angst geborene Angelegenheit ist, sondern immer voller Ambivalenzen und widersprüchlicher Gefühle ist (vgl. Devereux 1976, 67; Erdheim 1982, 28ff.).

Und auch wenn angesichts einer nicht mehr abreißenden Kette von fremdenfeindlichen Gewalttaten die Faszination, das Entzücken und das Verlangen, das das Fremde auslöst, allzu leicht in Vergessenheit geraten, so legen doch die fast ungebrochene Reiselust der Deutschen und ein weit über die Grenzen Europas hinausreichender Erfahrungs- und Erlebnishunger und nicht zuletzt die zwischen 1950 und 1989 auf 820 000 Eheschließungen angestiegenen Verbindungen zwischen deutschen und ausländischen Partnern (vgl. Frankfurter Rundschau vom 6.5.1989) beredtes Zeugnis ab für eine nach wie vorhandene Lust auf das Fremde und am Fremden.

Freilich, diese Lust ist grundsätzlich ambivalent, schließlich ist die Begegnung mit Fremdem - wie Eva Krings verdeutlicht - immer auch eine Begegnung mit dem Tabuierten, mit unserer eigenen, teils vergessenen, teils verdrängten Kindheits- und Zivilisationsgeschichte: mit dem, was uns selbst fremd in uns ist, wie Julia Kristeva (1990) formulierte.

Das heißt, jede Auseinandersetzung mit Fremdem dient - gewollt oder ungewollt - zivilisatorisch-pädagogischen Zwecken und verweist auf die blinden Flecken der eigenen Kultur und Identität und setzt unausweichlich selbstreflexive Prozesse - oder aber Widerstand und Abwehr - in Gang. Eine Analyse fremder Erfahrungen muß deshalb immer mit einer Analyse der eigenen Erfahrungen verknüpft sein, ansonsten ist Verstehen unmöglich. Und das bedeutet: Fremdwahrnehmung setzt grundsätzlich Selbst-Erkenntnis voraus.

Nun ist aber weder die Fremdwahrnehmung noch die Selbst-Erkenntnis ein abstrakter oder rein kognitiver Prozeß. Vielmehr zwingt uns die Begegnung mit dem Fremden - wie das Museums-Beispiel von Eva Krings eindringlich verdeutlichte - auf die Ebene der Gefühle, auf die in der Konfrontation heraufbeschworenen Projektionen, Phantasien und Bilder: auf die Angst und das Entzücken, die Faszination und das Erschaudern, die Abwehr und das Verlangen.

Mich interessiert deshalb im Folgenden vor allem die Frage: was geschieht eigentlich auf der Ebene der Gefühle in der Auseinandersetzung mit Fremdem und wie läßt sich dies psychoanalytisch (und ethnopsychoanalytisch) verstehen und begreifen?

Fremdheitsaffekte

Georges Devereux, ein französischer Ethnologe und Psychoanalytiker ist durch seine jahrelange Arbeit in fremden Kulturen zu dem Ergebnis gelangt, daß eine jede Kultur das gleiche psychische Material auf verschiedene Weise behandelt. „Die eine unterdrückt es, eine andere begünstigt seine offene, manchmal sogar übermäßige Ausprägung. (...) Die Untersuchung fremder Kulturen zwingt deshalb den Anthropologen oft, bei der Feldforschung Material zu beobachten, das er selbst verdrängt. Diese Erfahrung löst nicht nur Angst aus, sondern wird zugleich auch als 'Verführung' erlebt“ (Devereux 1973, 67). Und Devereux fährt fort: „Es genügt, in diesem Zusammenhang an die Probleme zu denken, mit denen beispielsweise ein Anthropologe konfrontiert sein mag, der verpflichtet ist, von seinem schmalen Einkommen seine alten Eltern zu unterstützen, und zufällig einen Stamm untersucht, wo die Sohnespietät es verlangt, daß man die alten Eltern tötet“ (ebd.).

Ängstigend ist in diesem Fall mithin die Vorstellung, in der Fremde ganz konkret mit den eigenen, tabuisierten Phantasien konfrontiert zu werden und verführerisch ist diese Konfrontation, weil die Fremden eine in ihrer Gesellschaft sozial akzeptierte Tötung der Eltern sozusagen als Alternative anbieten und somit das Anstößige einerseits zum Ausdruck bringen und es gleichzeitig nicht verdammen, sondern im Gegenteil, seiner Anstößigkeit berauben, es legitimieren.

Devereux sagt also, daß die Begegnung mit Fremden immer eine Begegnung mit den verdrängten, unbewußten Konflikten der eigenen Kultur und Gesellschaft und der eigenen Identität beinhaltet, mit dem also, was Eva Krings, das Tabuierte nannte.

Ich möchte dies an zwei kurzen Beispielen erläutern:

Bei den Besuchen indianischer Freunde in Ecuador war mir aufgefallen, daß häufig bei einer zehnköpfigen Familie allenfalls zwei größere Betten vorhanden waren, so daß Eltern, Kinder und Jugendliche, eng aneinandergeschmiegt, gemeinsam in einem Bett schliefen. Als mich die Familie einer Freundin drängte, doch bei ihnen zu wohnen, wehrte ich voller Angst und Entsetzen ab. Dann müßte ich ja auch in einem dieser Familienbetten schlafen und den Gedanken fand ich schrecklich, doch beschäftigte er meine Phantasie tagelang und das waren durchaus nicht nur schreckliche Phantasien.

Hier waren es also Inzest und Sexualität, die für Entsetzen sorgten und gesellschaftlich tabuisierte oder zumindest als anstößig empfundene Themen zur Debatte stellten, die zu Irritation und Verunsicherung und gleichzeitig zu wilden Phantasien führten.

Das zweite Fallbeispiel:

In Tunesien und auch in Griechenland konnte ich häufig junge Männer beobachten, die Hand in Hand durch die Straßen schlenderten oder sich zärtlich um die Schultern gefaßt hatten. Ich war völlig irritiert: Wurde hier nicht öffentlich das Thema 'Männerliebe und Homosexualität' vor Augen geführt und mußte man nicht den Eindruck gewinnen, körperliche Liebe zwischen Männern sei nicht verpönt, sondern würde im Gegenteil toleriert, so als ob das zum normalen Verhaltensrepertoire von Männern gehöre?

Meine Irritation bezog sich also darauf, daß ich aufgrund meiner Beobachtungen zu der Schlußfolgerung kam, die arabische und auch die griechische Gesellschaft erlaubten offenbar einen anderen und freieren Umgang mit Homosexualität. Und obwohl ich inzwischen weiß, daß dies erwiesenermaßen nicht wahr ist, kann ich doch nicht umhin, jedesmal wenn ich in Tunesien oder anderswo Männer Hand in Hand die Straße entlang schlendern sehe, an Männerliebe und Homosexualität zu denken.

Das heißt, alleine der Verstand reicht nicht aus, um diese tief verwurzelten inneren Imagines zu überwinden, vielmehr wird sich diese Phantasie entgegen allen rationalen Überlegungen, immer wieder bei entsprechenden Gelegenheiten aufdrängen und muß dann immer wieder bearbeitet und bewältigt werden.

Die Projektionen, Bilder und Phantasien und selbst die Vorurteile, die in der Begegnung mit dem Fremden auftauchen, sind deshalb nicht überflüssiger Ballast oder Ausschuß, den es so schnell wie möglich abzuladen bzw. auszulagern gilt. Vielmehr sind dies die ersten Stolpersteine auf dem Weg zum Fremden, vielleicht auch die ersten Vorboten des Fremden und damit Zeichen einer ersten Annäherung. Dabei wäre es - um noch einen Augenblick bei diesem Bild zu verweilen - vollends unsinnig, diese Steine kurzerhand aus dem Wege zu räumen. Unabhängig davon, daß dies lediglich zu einer schweißtreibenden und gänzlich ermüdenden Sisyphusarbeit ausarten würde, wäre auch niemand damit gedient. Denn begreift man diese Steine einerseits als ein die Reise insgesamt verlangsamendes Hindernis und zugleich als Vorboten des Fremden, so wäre es ja weitaus sinnvoller, diese Hindernisse und Vorboten genauer zu betrachten, sie zu analysieren, darüber zu reflektieren und dann nach Möglichkeiten einer konstruktiven Auseinandersetzung zu suchen. Erst dann würde die Auseinandersetzung mit dem Fremden zu einer Herausforderung, die es zugleich erlaubt mehr an Selbsterkenntnis wie auch mehr an Fremdwahrnehmung zu gewinnen.

Das heißt, die Auseinandersetzung mit Fremdheit ist auch immer eine Auseinandersetzung mit den eigenen Ängsten und dem eigenen Verlangen, mit dem, was uns fasziniert und was uns schaudern läßt, mit unseren Widerständen und Ambivalenzen. Der französische Anthropologe Georges Balandier (1959, 7) bringt genau dies zum Ausdruck, wenn er schreibt: „Fremde Völker zu erklären, unter denen man gelebt hat und die man liebt, heißt sich selber deuten".

Unbewußtes und Regression in der Begegnung mit Fremdheit

Die eigenen Ängste und das eigene Verlangen erkennen und deuten ist jedoch ein schwieriges Unterfangen, da die Hintergründe dieser Emotionen unserem Bewußtsein nur sehr begrenzt zugänglich sind. Der weitaus größte Teil der in der Begegnung mit Fremden auftauchenden Affekte - und damit komme ich zu einem weiteren und sehr zentralen Aspekt - ist unbewußt und damit unserer rationalen Kontrolle entzogen. Aus diesem Grunde fruchten auch rational begründete pädagogische Appelle an fremdenfeindliche Gewalttäter nichts bzw. nur wenig, da die emotional entscheidenden Affekte davon unberührt bleiben.

Hinzukommt, daß Angst und Verlangen selbst bereits als Anzeichen einer akuten Wahrnehmungsdiffusion zu begreifen sind, die als Begleiterscheinung und als Indiz von regressiven Zuständen auftritt. Das heißt: eine jede Begegnung mit dem Fremden ist unweigerlich mit regressiven Prozessen verbunden.

Diese Regression zeigt sich z.B. oftmals in Situationen, wenn Deutsche plötzlich mit überlauter Stimme, in ein gebrochenes und kindlich erscheinendes Sprachverhalten verfallen, wenn sie Fremden, die offensichtlich kein oder nur wenig Deutsch sprechen, versuchen etwas zu erklären. In der aus Sympathie entstandenen Identifikation mit dem Fremden, nehmen sie intuitiv Zuflucht auf einem regressiven Niveau, um mit Hilfe von Körpersprache und Mimik die mangelnde verbale Verständigung zu kompensieren.

In der Psychoanalyse wird Regression als ein Zustand begriffen, der ähnlich wie beim Träumen, beim Weinen oder bei der Witzbildung bestimmte Kontroll-Mechanismen (Ich-Funktionen) außer Kraft setzt und eine Wiederbelebung frühkindlicher Erlebnisweisen, Affekte und Erinnerungen herbeiführt. „Der Terminus 'Regression' beschreibt die Rückkehr der vor mächtigen Hindernissen ausweichenden Triebe zu fixen Brennpunkten ihrer Vergangenheit" (Nagera 1978,436).

Freud hat diesen Vorgang sehr plastisch beschrieben, als er diesen Prozeß mit einem durch feindliches Gebiet ziehenden Volk verglich, das „starke Abteilungen an den Stationen seiner Wanderung zurückgelassen hat" (Freud 1916/17, 353). Und Nagera schreibt erläuternd: „Je größer die Anzahl der Zurückgelassenen, desto schwächer werden die weiter Vorrückenden sein und desto eher werden sie in die Gefahr der Niederlage kommen. Und in einer Situation aktueller oder drohender Niederlage werden die am weitesten Vorgerückten sich natürlich zu den zurückgelassenen starken Stationen zurückziehen. Ähnlich wird angesichts von Hindernissen eine Regression um so eher stattfinden, je stärker die Fixierung ist" (ebd.).

Regression umschreibt also eine Schwächung von Ich-Funktionen, wie der Realitätswahrnehmung und einen Rückzug auf Bastionen der Abwehr. Regressionserscheinungen sind deshalb immer mit Orientierungslosigkeit, Wahrnehmungsverzerrungen und Realitätsverlust verbunden. Dabei werden die in unserem Alltagsleben an Kriterien der Kausalität, Rationalität und Objektivität gebundenen kommunikativen und interaktiven Prozesse durch assoziative und averbale Ausdrucksweisen ersetzt.

Nun unterscheidet die Psychoanalyse zwischen einer Regression im Dienste des Ichs und einer malignen Regression, die als Kennzeichen verschiedener psychischer Erkrankungen und schwerster psychischer Störungen auftritt (vgl. Ballhausen-Scharf 1994, 137; Kris 1977, 149). Bei einer Regression im Dienste des Ichs handelt es sich dagegen um eine absolut alltägliche Erscheinung, die erst Lust und Genuß ins Leben bringt. So ist jeder künstlerische Akt, sei es in der Malerei, der Musik oder dem Schauspiel immer mit einer partiellen Regression verbunden, nur so lassen sich Kreativitätspotentiale freisetzen und bislang latent gebliebene kollektive Themen, Fragestellungen und Probleme aufgreifen und szenisch bzw. musisch oder malerisch umsetzen und so ins Bewußtsein und in die Debatte der Öffentlichkeit einbringen.

Außer im Kunsterleben aber begegnen uns Regressionen im Zustand der Verliebtheit. Wie wir alle wissen ist dies einerseits ein Zustand höchster Gefühlsintensität und zugleich ein Zustand höchster Realitätsverzerrung. Das macht diesen Zustand ja einerseits so lustvoll und zugleich so berauschend und beschert so viel an Genuß, Befriedigung und Lebensfreude. Doch andererseits schafft er auch höchste Verwirrung und ein Höchstmaß an Verletzbarkeit.

Auch auf Reisen und im Urlaub machen wir uns die im Kontakt mit Fremden ausgelöste Regression zunutze, wenn wir uns ein Mehr an Lust und Genuß gönnen und wir nicht den Anspruch erheben, uns intensivst mit der fremden Kultur und den dort lebenden Menschen auseinanderzusetzen. Genießen können wir diese Regression nicht zuletzt auch deshalb, weil sie zeitlich begrenzt ist und zudem die deutsche Reisegruppe, das Wohnmobil oder die eigenen vier Räder dafür sorgen, den Kontakt mit den Einheimischen und damit auch Angst, Verführung und Regression auf ein absolutes Minimum zu reduzieren.

Daß aber die in der Begegnung mit Fremden latente Regression, durchaus Gefahren in sich birgt, die auch einer gesellschaftlichen Regelung bedürfen, davon zeugen die vielfältigen Rituale und Begrüßungszeremonien, die vielerorts den ersten Kontakt mit Fremden prägen und die dafür sorgen, Angst, Verführung und Regression unter Kontrolle zu halten. Selbst in unserem Alltag haben sich eine ganze Reihe solcher Rituale erhalten: So ist es üblich den Gastgebern Blumen und Geschenke mitzubringen, um sie von den guten Absichten und der Freundschaft ihrer Gäste, zu überzeugen. Auch könnte das bei uns Deutschen so sehr beliebte Händeschütteln aus dem einstigen Mißtrauen entstanden sein, sich der Unbewaffnetheit des anderen zu versichern, indem der andere gezwungen wird die ausgestreckte, offene Hand zu ergreifen und diese Geste zugleich noch dazu dient, sich den anderen, fremden auf Armeslänge vom Leib zu halten. So wird eine Distanz geschaffen, die es erlaubt, den Körper und die Regungen des anderen im Auge, und das heißt, unter Kontrolle zu halten.

Selbst die deutschen Bauern haben einen rituellen Verhaltenskodex gekannt, um die von Fremden ausgehende Gefahr, d.h. ihren Regressionssog, zu bannen. Im „Handwörterbuch des deutschen Aberglaubens" heißt es: „Man begegnet ihm (dem Fremden, E.R.) im allgemeinen mit Mißtrauen. (...) Man zeigt ihm kein Neugeborenes (...) insbesondere kein Ungetauftes. Will er das Kind sehen, muß er ihm Weihwasser geben, oder „Behüt es Gott" sagen, um seine gute Absicht zu betonen und seinen schlechten Einfluß zu paralysieren. (...) Kein Fremder darf in den Milchkübel blicken oder beim Melken, Seihen, Buttern anwesend sein; man läßt ihn am liebsten nicht in den Stall. (...) Kommt er aufs Ährenfeld oder die Dreschtenne, wischt man ihm die Schuhe und beisst ihn in die Zehen. (...) Fremde sind Vorboten der Pest, des Krieges, (...) weshalb man von ihnen auch nicht zu rasch Geschenke annehmen soll" (Erdheim 1980, 50). Während der Fremde hier als eine Gefahr erscheint, der die Potenz, die Macht, den Besitz, die Zukunft und sogar das Überleben der Bauern schwächt und mit Verderben infiziert, erscheint der Fremde vielfach auch in einer Gegengestalt, der verführt und das Gewohnte in Frage stellt.

So ist der Fremde - wie Jesus z.B. - häufig ein Revolutionär, gekommen unerfüllte Wünsche und Hoffnungen zu befriedigen, oder der sexuelle Verführer, anziehend und gefährlich, potent und triebhaft zugleich. Wie hartnäckig sich gerade diese Phantasie über den Fremden hält, zeigt auch die Diskussion um sexuellen Mißbrauch. Denn obwohl es statistisch als erwiesen gilt, daß die meisten Täter aus dem unmittelbaren familialen Umfeld der Kinder kommen, ist die Vorstellung, daß Kindesmißbrauch in aller Regel von Fremden ausgeübt wird, kaum aus der öffentlichen Meinung zu verbannen.

Halten wir also fest: der Fremde ist Objekt vielfältiger Phantasien, mal Vorbote des Krieges, mal ausgestattet mit magischen Kräften und Potenzen, mal Revolutionär, mal Verführer. Das Fremde beinhaltet von daher eine Gefahr und eine Bedrohung, aber auch ein Versprechen, eine Utopie, die verführen und faszinieren, weil sie Alternativen zum Altvertrauten, zum traditionell Gewohnten bieten und damit zu Grenzüberschreitungen animieren.

Dieser in der Begegnung mit Fremden unweigerlich auftauchende affektive Ausnahmezustand verweist jedoch auf eine regressionsbedingte Wahrnehmungsstörung, die struktureller Faktor jedweder Fremdwahrnehmung ist. Diese Wahrnehmungsstörung - von der auch Devereux in diesem Zusammenhang spricht - macht uns einerseits verletzlicher und zugleich blinder, weil sie gewisse Teile der Wirklichkeit ausblendet. *Und aus dieser brisanten Mischung - einerseits in höchstem Maße verletzlich und gleichzeitig absolut blind zu sein - erwächst die explosive Dynamik der individuellen wie auch gesellschaftlichen Auseinandersetzung mit Fremden.*

Dies wird noch deutlicher, wenn der aus der Psychoanalyse übernommene und im therapeutischen Kontext wichtige Begriff der Regression noch zusätzlich ethnopsychoanalytisch analysiert wird.

Der Prozeß des sozialen Sterbens

Mario Erdheim und Maya Nadig (vgl. Erdheim/Nadig 1979, 115-128; Nadig 1986, 43) haben in ihren ethnopsychoanalytischen Studien darauf hingewiesen, daß eine jede Konfrontation mit dem Fremden nicht nur eine Grenzüberschreitung, sondern auch eine Krisenerfahrung bedeutet. Denn in der Begegnung mit Fremden werden die sozialen und kulturspezifischen Rollen, die unsere Identität stützen, erschüttert, es zerfallen die unbewußt internalisierten Werte und kulturspezifischen Wahrnehmungsformen. „Alteingesessene Identitätsstützen kommen ins Wanken, und der Abwehrcharakter der Wahrnehmung und Kommunikation schwächt sich ab" (Nadig 1986,43). Dies führt dazu, daß existentielle Konflikte des Subjekts und tabuisierte Konflikte der Gesellschaft wiederbelebt und erneut zur Debatte gestellt werden. Dabei können unerfüllte, geheime, verbotene und bislang unbewußt gebliebene Wünsche und Hoffnungen der Kindheit ebenso virulent werden wie die Sehnsucht nach einer anderen, z.B. weniger repressiven, sinnlicheren Kultur.

Fremdheitserfahrungen können deshalb als ein Prozeß des sozialen Sterbens begriffen werden. In dieser Metapher ist die Vorstellung der Verletzlichkeit des Subjektes, das sich dem Fremden ausliefert und sich in der Begegnung dem Fremden preisgibt, nochmals überaus deutlich enthalten. Das soziale Sterben beinhaltet einen begrenzten Abschied von der eigenen Identität, der eigenen Kultur und den verinnerlichten Wert- und Wissensvorstellungen und wirft das Individuum auf den Augenblick, den Alltag, seine Kreativität und auf seinen Körper zurück. Es ist eine Zeit der Ohnmacht, der Hilflosigkeit, der Kleinheit und der Gefühle, die uns aus der Kindheit allzu vertraut sind, die wir jedoch verdrängt, vergessen und begraben haben. Das soziale Sterben und damit die Begegnung mit dem Fremden zerrt all dies ans Tageslicht und konfrontiert uns mit den Wunden und Narben der Kindheit.

Um die neuerliche Verletzungsgefahr zu begrenzen werden reflexartige Schutzmechanismen in Gang gesetzt, z.B. Elitarismus, Exotik, Melancholie, Fremdenfeindlichkeit und Flucht in unbewußte Größen- und Allmachtsphantasien (vgl. Erdheim/Nadig 1979, 122ff.). Diese Schutzmechanismen verhindern jedoch eine Annäherung an das Fremde. Denn ein Verständnis des Fremden gelingt nur dann, wenn der Prozeß des sozialen Sterbens nicht abgewehrt, sondern zugelassen wird. Nur dann kann die Blindheit Stück für Stück aufgehoben und immer weiter zurück gedrängt werden. Nur das Wagnis sich in der eigenen Verletzlichkeit zu zeigen, wird auch den Fremden dazu verführen, die Masken fallenzulassen und Ansätze einer behutsamen Verständigung zu erlauben - trotz aller nach wie vor bestehenden gesellschaftlichen Herrschafts- und Machtverhältnisse.

Ein gelingender interkultureller Dialog setzt somit einen Prozeß des sozialen Sterbens voraus, d.h. die Fähigkeit und Bereitschaft, die eigenen und verinnerlichten Vorstellungen in Frage stellen zu lassen, Ohnmachtserfahrungen und Gefühle der Hilflosigkeit zu ertragen und es trotz aller Blindheit zu wagen ein Stück der eigenen Verletzlichkeit zu offenbaren. Dies ist die entscheidende Voraussetzung nicht nur einer fremdkulturellen, sondern aller Kommunikation.

Die Untersuchungen von Flader, Grodzicki, Schröter (1982) haben nun dieses kommunikative Abenteuer noch weiter aufgeschlüsselt und aus einer soziologischen Perspektive nicht nur die Komplexität dieser Situation, sondern auch die Schwierigkeiten einer jeden Verständigung aufgezeigt.

Sie verdeutlichen am Beispiel der analytischen Situation, daß hier die für das Alltagshandeln charakteristische Rollenkomplementarität außer Kraft gesetzt wird. Denn die Analytikerin oder der Analytiker kommunizieren nicht so, wie es die Patientin gemäß den alltäglichen Erfahrungen erwartet. Auf diese Bedingungen reagieren Patienten regressiv, d.h. sie verlassen sich weniger auf ihre Rationalität als vielmehr auf ihre sinnlich-symbolischen Wahrnehmungsfähigkeiten: sie spüren der Tonlage der

Stimme nach, nehmen verstärkt Gerüche wahr und achten auf Körpersignale.

Diese Ausgangsüberlegungen aber lassen sich mühelos auf die fremdkulturelle Situation übertragen, schließlich bewirkt auch die Konfrontation mit Fremdheit „eine radikale Auflösung der sicheren Verankerung in einer allseits fraglos geteilten Alltagswelt durch die Aufhebung der Stabilität gewährleistenden Grundidealisierungen der sozialen Interaktion" (Bardé 1990, 1; 1994). Zu diesen „Grundidealisierungen der sozialen Interaktion" gehören außer der bereits erwähnten Rollenkomplementarität auch solche Phänomene wie „Reziprozität der Perspektiven", die „Selbstreflexivität des Gespräches" sowie ein gewisses Maß an „Zurechnungsfähigkeit" (ebd.).

Durch die Verweigerung bzw. den Verlust all dieser Komponenten entsteht in einer fremdkulturellen Interaktion, wie auch in der therapeutischen Situation zunächst Regression und dann der Zwang zur „Rollenanomie", um mit Hilfe des gesamten zur Verfügung stehenden Handlungsrepertoires kulturell bzw. alltagspraktisch vertraute „Typisierungen" einer Situation herbeizuführen und dadurch die Unberechenbarkeit der Interaktion und das Maß der Regression zu minimieren.

Die Destabilisierung des alltagspraktisch wirksamen Handlungsrepertoires, löst jedoch nicht nur existentielle Verunsicherung, sondern auch Angst, Wut und Verschmelzungswünsche aus. Der Versuch diese Affekte wieder unter Kontrolle zu bringen und die Situation zu strukturieren, zu typisieren und damit verstehbar zu machen, zwingt dazu, auf basale Wahrnehmungs- und Kommunikationsformen zurückzugreifen. Ohne die Möglichkeit einer sprachlichen Verständigung, bzw. reduzierter verbaler Kommunikation und ohne Kenntnis fremdkultureller Handlungsanweisungen, bleibt gar nichts anderes übrig, als sich am Tonfall der Stimme, an der Gestik, Mimik, Körperhaltung, also an der sinnlich-symbolischen Repräsentanz des Gegenübers zu orientieren. Diese in der Forschung in fremden Kulturen und in der Therapie unabdingbare Empathie kann mit der von René Spitz (1983) beschriebenen „coenästhetischen Rezeptionsbereitschaft" einer Mutter gegenüber ihrem Säugling verglichen werden. Hierbei geht es um einen primärprozeßhaften Affektaustausch, der eine ganzheitliche Form der Kommunikation zur Voraussetzung hat und die basalste und früheste Form der Kommunikation zwischen Mutter und Kind beinhaltet. Auf dieser Ebene des Affektaustausches, den Spitz von der bewußtseinsfähigen diakritischen Wahrnehmung abgrenzt, nimmt das Kind lediglich Zeichen und Signale wahr, die einer der folgenden Kategorien angehören: „Gleichgewicht, Spannungen (der Muskulatur und andere), Körperhaltung, Temperatur, Vibration, Haut- und Körperkontakt, Rhythmus, Tempo, Dauer, Tonhöhe, Klangfarbe, Resonanz, Schall…" (ebd., 153).

Jede Kommunikation mit Fremdem rekurriert zunächst auf diese von Spitz als coenästhetische Organisation bezeichnete Ebene der Kommunikation, weil häufig eine verbale Auseinandersetzung aufgrund mangelnder Sprachkenntnisse nicht stattfinden kann bzw. jede Kommunikation im ersten Moment averbaler Natur ist.

Die Annäherung an das Fremde wird demzufolge immer dann scheitern, wenn weder die Fähigkeit, noch die Bereitschaft zur Regression, bzw. zum sozialen Tod und damit zur coenästhetischen Rezeptionsbereitschaft vorhanden ist. In diesem Fall wird die Begegnung mit Fremdem zu einem Erlebnis ohne Kommunikation. Es entstehen Verlust- und Verlassenheitsängste, die den Ängsten eines Kindes vergleichbar sind, das die Körpersignale eines fremden Anderen nicht mehr entziffern kann und sich somit von der Mutter verlassen fühlt. Psychoanalytisch gesprochen wird diese Angstsituation als Verlust des primär-narzißtischen Objektes, als „Stummheit der Mutter", wie Devereux (1976, 55ff.) formuliert, erlebt. Die Flucht in halluzinatorische Größen- und Allmachtsphantasien verhilft dann dazu, diese für das kindliche Erleben bedrohliche Situation zu bewältigen, d.h. die Angst abzuwehren. Coenästhetische Wahrnehmungs- und Kommunikationsformen werden damit zur unabdingbaren Voraussetzung der Kontaktaufnahme in der Fremde, und zum oft einzigen Instrument einer empathischen Annäherung an die fremde Kultur.

Schlußfolgerungen

Aus meinen Überlegungen wird ersichtlich, daß eine gelingende Begegnung mit dem Fremden eine individuell wie zivilisatorisch schwierige und von vielerlei Gefahren jedoch auch von vielfachem Lustgewinn gekennzeichnete Angelegenheit ist. Sie ist schwierig, weil die Begegnung uns auf die Ebene der Gefühle zwingt und die damit verbundene Regression uns mit Ohnmachtserlebnissen, aber auch mit unerfüllten Sehnsüchten und Hoffnungen konfrontiert. Die Auseinandersetzung mit Fremden ist immer ein konflikthaftes Erlebnis, das unsere Identität erschüttert, uns aufweicht und unsere Verletzlichkeit offenbart. Zugleich wirkt der damit verbundene Prozeß der Regression auf die Realitätswahrnehmung ein und setzt die für die Orientierung im Alltag wichtigen Kontrollmechanismen und Ich-Funktionen außer Kraft. Die Begegnung mit dem Fremden schwächt und blendet uns, sie macht uns zugleich verletzlich und blind.

Doch dieser Zustand kann sowohl individuell wie zivilisatorisch ein Gewinn sein, schließlich ermöglicht er sowohl Fremdwahrnehmung wie auch Selbsterkenntnis und eröffnet damit Chancen zu subjektivem wie gesellschaftlichem Wandel. Eine gelingende Verständigung mit dem Fremden erlaubt bis dahin verschlossene Reifungsprozesse - die manches Mal schmerzhaft, aber sicherlich auch häufig lustvoll und befriedigend sind. Auf jeden Fall aber sind sie für moderne und multikulturelle Gesellschaften unabdingbar - denn mißlingende Prozesse der Verständigung führen zu gesellschaftlicher Stagnation und Erstarrung. Alle Vergesellschaftung aber „verlangt uns (friedliche und freundliche) Beziehungen zu Fremden ab, die ganz wie wir selbst und gleichzeitig doch ganz anders sind" (Haubl 1994, 4).

Literatur

Auchter, Th., Das fremde eigene Böse. Zur Psychoanalyse von Fremdenangst und Fremdenhaß. Universitas 12, 1990, 1125-1137

Balandier, G., Zwielichtiges Afrika. Stuttgart 1959

Ballhausen-Scharf, B., Regression. In: Haubl, R./Lamott, F., Handbuch der Gruppenanalyse. Berlin/München 1994

Bardé, B., Unver. Manuskript, Frankfurt 1990

Bardé, B., Großgruppe. In: Handbuch Gruppenanalyse. Berlin/München 1994

Devereux, G., Angst und Methode in den Verhaltenswissenschaften. Frankfurt 1976

Erdheim, M., Fremdkörper. Kursbuch 62, 1980, 49-56

Erdheim M., Die gesellschaftliche Produktion von Unbewußtheit. Frankfurt 1982

Erdheim, M. /Nadig, M., Größenphantasien und sozialer Tod. Kursbuch 58, 1979, 115-126

Flader, D. /Grodzicki, W.-D. /Schröter, K. (Hrsg.), Psychoanalyse als Gespräch. Interaktionsanalytische Untersuchungen über Therapie und Supervision. Frankfurt 1982

Freud, S., Vorlesungen zur Einführung in die Psychoanalyse. GW, Bd.11, 1916/17

Haubl, R., /Lamott, F. (Hrsg.), Kultur und Gruppe - Gruppenkultur. In: Dies., Handbuch Gruppenanalyse. Berlin/München 1994
Krings, E. Lo straniero in noi stessi. Formazione culturale e societa' multiculturale. (Das Fremde im Eigenen. Kulturelle Bildung und multikulturelle Gesellschaft. Übers. E.R.). In: Homuth, K./Za, L., Nuove minoranze in europa:quale formazione. Lecce (Italien), 1991
Kris, E., Die ästhetische Illusion. Phänomene der Kunst aus der Sicht der Psychoanalyse. Frankfurt 1977
Kristeva, J., Fremde sind wir uns selbst. Frankfurt 1990
Nadig, M., Die verborgene Kultur der Frau. Frankfurt 1986
Nagera, H. (Hrsg.), Psychoanalytische Grundbegriffe. Eine Einführung in Sigmund Freuds Terminologie und Theoriebildung. Frankfurt 1978
Rohr, E., Faszination und Angst. In: Jansen, M. /Prokop, U. Fremdenangst und Fremdenfeindlichkeit. Frankfurt 1993
Rohr, E., Der weibliche und der männliche Blick. Die Wahrnehmung des Fremden und das Geschlecht der Forscherin und des Forschers. In: Heinemann, E. /Krauss, G. (Hrsg.), Geschlecht und Kultur. Nürnberg 1995
Rohr, E., Fremde Frauen. Notizen, Fachfrauen - Frauen im Fach. Frankfurt 1996
Spitz, R., Vom Säugling zum Kleinkind. Stuttgart 1983

Fakhri Khalik

Migration und Identität

Ich möchte meinen Aufsatz mit einem Gedicht von Alev Tekinay beginnen.

Jeden Tag packe ich den Koffer
ein und dann wieder aus.

Morgens wenn ich aufwache,
plane ich die Rückkehr,
aber bis Mittag, gewöhne ich mich mehr
an Deutschland.

Ich ändere mich
und bleibe doch gleich
und weiß nicht mehr,
wer ich bin.

Jeden Tag ist das Heimweh
unwiderstehlicher,
aber die neue Heimat, hält mich fest
Tag für Tag noch stärker.

Und jeden Tag fahre ich
zweitausend Kilometer
in einem imaginären Zug
hin und her,
unentschlossen zwischen
dem Kleiderschrank
und dem Koffer,
und dazwischen
ist meine Welt.

Die Migrationen sind so alt wie die Menschheit. Die erste Migration geht auf Adam und Eva zurück. Neugierig betraten sie die verbotene Zone des Paradieses, wo sich der Baum befand, von dem sie wußten, daß er gut zur Speise und er eine Lust für die Augen und daß er begehrenswert war, Einsicht zu geben. Der Genuß der verbotenen Frucht vom Baum der Erkenntnis führte zum Verlust des Standes der naiven Unschuld und zum Gewinn der Unterscheidung von Gut und Böse. Weitere Folgen waren die Vertreibung aus dem Garten Eden (aus dem Paradies), die

Mühe des Mannes beim Ackerbau und die Schmerzen der Frau bei der Geburt. Die Vertreibung aus dem Paradies bedeutete den Verlust all seiner Gratifikationen, seiner Geborgenheit und seiner Freude. Adam und Eva begaben sich in die mühevolle und schmerzhafte Fremde.

Wenn ich die Wohn- und Arbeitsverhältnisse der Migranten in Frankfurt betrachte, ist es tatsächlich nichts anderes als: Im Schweiße deines Angesichtes wirst du (dein) Brot essen! Diese Strafe, die Immigration, bedeutet nichts anderes als eine Geburt unter Schmerzen. Die Heimat, „die Mutter" zu verlieren, den Objektverlust zu erleiden und sich um seine Wiedergewinnung und um Wiedergutmachung bemühen zu müssen! Dies führt unweigerlich zu einer psychischen Krise - zumindest in der ersten Phase der Migration.

In der Begegnung mit der „neuen Welt" können übermäßig Gefühle von Angst, Trauer und Schuld entstehen, die in einen Verwirrungszustand bei dem Migranten resultieren, die seine Kommunikationsfähigkeit stark einengen und eine innerliche Blockade gegen Sprache, gegen die Aufnahme der Regeln und Gebräuche des Landes verursachen. Die Art der Verarbeitung der Angst und die Schuldgefühle, die in gewissem Maße in jeder Migration unvermeidlich sind, spielen eine zentrale Rolle bei der Bewältigung der Migration. Gelingt es dem Immigranten nicht, die Schmerzen, die aus dem Verlust der geliebten Familienangehörigen, Freunde, der Straße seiner Stadt oder seines Dorfes, der vielfältigen Objekte, an die er emotional gebunden war und vieles mehr, zu ertragen, verursacht dies eine Migrationskrise.

Dies wird als ein Objektverlust erlebt und mündet, in erster Linie, in neurotische Depression oder psychosomatische Erkrankungen und sogar in die Psychose. Leon und Rebeca Grinberg (1990) erwähnen: „Die Migration ist eben keine isolierte traumatische Erfahrung, die sich im Moment der Trennung, der Abreise vom Herkunftsland oder im Moment der Ankunft im neuen unbekannten Ort, wo sich das Individuum niederlassen wird, ereignet! Im Gegenteil, sie schließt eine Konstellation von Faktoren ein, die Angst und Leid bestimmen."

Ein wichtiger Faktor davon ist die individuelle Entwicklung der Migration. Die Individuation behält ihre Wirksamkeit in der Antwort des Migranten auf die belastende Situation der Migration bei. Moses (1978) unterstrich von neuem diesen Tatbestand und betonte, daß wir immer auf die Geschehnisse der Gegenwart als Funktion der vergangenen Kindheitserfahrungen reagieren. Insbesondere soweit sie sich auf Objektverluste, Trennungen und Schuldgefühle beziehen.

Die Migration ist eine Zäsur, ein Kulturschock im Leben des Migranten, die ihn in einen psychischen Notstand versetzt. Dies verlangt eine nachträgliche Regulierung, die nicht immer gelingt.

Die Migration kann eine potentiell traumatische Erfahrung sein. Wenn die Ich-Struktur von Migranten aufgrund ihrer Individuation oder auf Grund der Bedingung ihrer Migration in den Herkunftsländern, z.B. bei den politisch Verfolgten, die Gefängnis und Folter sowie permanenten vitalen Bedrohungen ausgesetzt waren sowie der Situation im Aufnahmeland, in dem sie erneute „Verhöre“ und langwierige Lageraufenthalte mit all ihren schlimmen Folgen über sich ergehen lassen, dadurch deutlich abgeschwächt ist, dann sind sie nicht mehr in der Lage, diese Krisensituationen zu bewältigen! Sie erleiden dadurch die verschiedenen Formen der psychischen Störungen, in erster Linie, wie vorher erwähnt wurde, die Depression und auch psychosomatische Erkrankungen.

Verfügt aber der Migrant über eine ausreichende Ich-Stabilität und Stärke und wenn die Migrationsbedingungen günstig für ihn ausfallen, dann wird er nicht nur die Krise überwinden, sondern sie wird für ihn eine Art „neuer Anfang“ darstellen. Dies beobachte ich bei den heranwachsenden Mitgliedern der migrierten Familien! Für diese Personen ist die Migration eine gute Chance für die Entwicklung des eigenen kreativen Potentials. Wenn die Reorganisation der Psyche und eine neue Phase der Separation und Individuation im Sinne von Margret Mahler gelingt. Salman Aktar (1975) spricht dann von einer dritten Individuation.

Nach meinen Beobachtungen migrierter Familien, bei Analysen migrierter Erwachsener und auch nach meinen Empfindungen als Immigrant, der seit ca. 33 Jahren in Deutschland lebt, besteht bei diesen Personen und ihren Kindern sowie auch bei mir eine Art synthetischer Identität. Ich versuche diese synthetische Identität zu definieren: sie ist eine kompatible Wechselwirkung zwischen meiner irakischen Kindheit und Jugend und meinem deutschen Erwachsensein.

Jede dieser Identitäten hat ihren Kern, der mit dem anderen durch eine breite Brücke verbunden ist! Wie zwei Inseln, die miteinander eng verbunden sind. Zwischen diesen beiden Kernen oder Inseln besteht im idealtypischen Fall ein Gleichgewicht. Dieses Gleichgewicht, das letztendlich ein psychisches Gleichgewicht darstellt, spielt nach meiner Beobachtung eine wichtige Rolle in der psychischen Entwicklung und Reifung der migrierten Kinder. Große Veränderungen in diesem Gleichgewicht bedeuten eventuell eine psychische Krisensituation. Die Stabilität dieses Gleichgewichts und der synthetischen Identität hängt hauptsächlich von zwei Faktoren, von zwei Institutionen ab, und zwar:

1) Der Familie - als Repräsentantin der ursprünglichen Kultur
2) Der aufnehmenden Gesellschaft - als Repräsentantin der neuen Kultur

Zum ersten Punkt: Die Familie

Die Familie sollte als eine schützende Gruppe und eine Tankstelle für die Erwachsenen und Kinder fungieren. Sie kann aber einschränkend wirken, wenn sie z.B. den jungen Menschen zu einer ungewollten Migration zwingt.

Die Persönlichkeitsstruktur der Erwachsenen/Eltern spielt in dieser Hinsicht eine zentrale Rolle. Von ihr hängen religiöse und nationalistische Vorstellungen ab, die möglicherweise eine adäquate Akkulturation erschweren können, was den integrativen Prozeß und letztendlich die synthetische Entwicklung der Identität ebenfalls behindert. Unter der Akkulturation verstehe ich die Übernahme der politischen Kultur und nicht die kulturelle Lebensform.

Ich denke, jede Migration, sei es aus politischen, wirtschaftlichen oder anderen Gründen, stellt eine Krisensituation dar, die einen gewissen Grad an psychischer Desorganisation hervorruft. Die Individuen sollten in der Lage sein, eine entsprechende Reorganisation wiederherzustellen. Dies kann gelingen, wenn sie für sich wie als Eltern in der Lage sind, Phänomene wie z.B. Heimweh, Einsamkeit und besonders Trauer zu verarbeiten.

Einige Autoren haben sich der Untersuchung der psychologischen Aspekte der „Emigrabilität" gewidmet. Sie versuchten, die spezifischen Merkmale von Personen zu präzisieren, die sie als besser geeignet für die Emigration betrachteten. So definiert beispielsweise Menges (1959) das Konzept der „Emigrabilität" als die potentielle Fähigkeit des Emigranten, in der neuen Umgebung stufenweise und verhältnismäßig schnell das für ihn normale Maß an innerem Gleichgewicht wiederzuerlangen - sofern die neue Umgebung es ihm angemessen ermöglicht, sich gleichzeitig in den neuen Kontext zu integrieren, ohne darin ein verstörtes oder störendes Element zu werden. Menges führt auch „Indikationen und Kontraindikationen" bezüglich der Emigration auf, die auf der Fähigkeit zur Beherrschung oder Überwindung des Heimwehs basieren. Nach Menges steigert sich die Gefahr, Opfer des Heimwehs zu werden, wenn das Individuum seinen Individuationsprozeß nicht erfolgreich abgeschlossen hat. Bei denjenigen, die unter starkem Heimweh leiden, sind unerledigte Kindheitsprobleme, die aus einer konfliktreichen Mutter-Kind-Beziehung stammen, am Werk. In diesen Fällen geht es nicht um ein schlichtes Heimwehgefühl, sondern um eine krankhafte Abhängigkeit von zu Hause - von der Mutter - von den Primärobjekten.

Melanie Klein (1963) war selbst Emigrantin. Sie sprach vom Gefühl der Einsamkeit, das auf dem Erleben von Unvollständigkeit basiert. Letzteres geht auf das Fehlen einer vollständigen persönlichen Integration zurück. Hinzu kommt noch die Überzeugung des Individuums, daß einige abgespaltene und projizierte Anteile des Selbst unwiederbringlich verloren sind. Dies fördert im Individuum die Empfindung, daß es weder im vollständigen Besitz seiner selbst, noch irgendeiner Person oder einer Gruppe zugehörig ist. Die Personen, bei denen das Gefühl der Einsamkeit stärker ausgeprägt ist, werden Schwierigkeiten haben, denn dieses Gefühl wird sich in der Realität einer Emigration zuspitzen, weil die Emigration das Erlebnis „nicht dazuzugehören" für eine Zeit verschärft.

Man gehört nicht mehr zu der Welt, die man verlassen hat, und man gehört noch nicht in die Welt, in der man angekommen ist. Und das bringt Alev Tekinay in seinem Gedicht zum Ausdruck:

Und jeden Tag fahre ich
zweitausend Kilometer
in einem imaginären Zug
hin und her
unentschlossen zwischen
dem Kleiderschrank
und dem Koffer
und dazwischen
ist meine Welt.

Die Familie - als Repräsentant der ursprünglichen Kultur muß sich auf folgenden Ebenen mit der Situation im Aufnahmeland auseinandersetzen. Die Verarbeitung der Migration sowie ihre Auswirkungen für die Familie und Kinder hängt von den spezifischen Ausgestaltungen der folgenden Faktoren ab:

a) Persönlichkeitsstruktur der Eltern
b) Religiosität
c) Nationalismus
d) Gewollte oder ungewollte Emigration
e) Zugehörigkeitsgefühl
f) Stabile Partnerschaft - Stabilität in der Familie
g) Die Verarbeitung von Heimweh
h) Die Verarbeitung von Gefühlen der Einsamkeit und besonders der Trauer
i) Die Verleugnung der jetzigen Realität, z.B. der Sprache
j) Der Umgang mit äußeren Bedrohungen wie Fremdenhaß - Mölln, Solingen -

Zum zweiten Punkt: Die aufnehmende Gesellschaft

Ein äußerst wichtiger Faktor für das Schicksal einer Migration ist die Reaktion der Mitglieder der aufnehmenden Gesellschaft auf die Ankunft des Immigranten. Die Qualität dieser Reaktionen beeinflußt die Entwicklung seiner Niederlassung und seiner Eingliederung auf unterschiedliche Weise. Diese Tatsache wurde schon immer anerkannt, bisher kaum berücksichtigt wurde jedoch, daß auch die alteingesessene Gemeinschaft den Schock erleidet, der mit der Ankunft des Immigranten verbunden ist. Rebeca und Leon Grinberg schreiben (1990): „Mit seiner Anwesenheit verändert sich die Struktur der Gruppe, einige ihrer Richtlinien für moralisches, religiöses, politisches oder wissenschaftliches Verhalten werden in Frage gestellt, die bislang existierende Organisation könnte möglicherweise destabilisiert werden. Deswegen ist es auch für die Einheimischen eine schwere Aufgabe, die Anwesenheit des Fremdlings zu 'metabolisieren' und in sich aufzunehmen!" (ebd., 91)

Dies bedeutet, daß die aufnehmende Gesellschaft sich auch in ihrer Identität gefährdet sieht. Das heißt, sie fühlt sich in ihrer kulturellen Identität, der Reinheit der Sprache, in ihrem Glauben bedroht. Als ich den Satz „die Reinheit der Sprache" geschrieben habe, dachte ich auch an die Reinheit der Rasse. Ich dachte, gerade eine Gesellschaft wie die Deutschen müßte es als eine Bereicherung ansehen, fremde Menschen unter sich zu haben. Aber diese Gesellschaft hat ihre Schwierigkeit mit der „Reinheit" in Form von Verweigerung der „Zugehörigkeit", z.B. die doppelte Staatsbürgerschaft oder das kommunale Wahlrecht, weil diese Reinheit eine lange, unbewußt einprägende Geschichte hat.

Es gibt ein arabisches Sprichwort, es sagt: „Wenn ein Mensch 40 Tage bei einer fremden Gruppe von Menschen lebt, wird er einer von ihnen", und dieses Gefühl „dazuzugehören", eine Art Wir-Gefühl, wird dem

Migranten verweigert; besonders betroffen ist die zweite Generation. Bei ihnen wird die deutsche Identität in Frage gestellt. Nicht nur durch die Deutschen, sondern streckenweise auch durch die eigenen Eltern. Ich möchte das Beispiel eines türkischen Jugendlichen bringen, der mir im Gespräch sagte: „Mein Vater kann das Haus in der Türkei bauen, ich gehe später nicht mit, ich bin hier geboren, hier ist meine Heimat", aber seine Heimat hier verweigert ihm ein spezifisches Wir-Gefühl.

Dies wird sehr schnell sichtbar, wenn eine Schulklasse in das benachbarte Ausland fährt, z.B. Holland oder Österreich. Die Migranten brauchen ein Visum - sie sind fremd. Sie gehören nicht dazu. Manchmal holen sich die jugendlichen Migranten kein Visum, aber an der Grenze zittern sie. In dieser Situation wird die unbewußte Reinheit virulent.

Ich möchte jetzt die Wirkung der Migration auf die Entwicklung der Kinder noch einmal besonders hervorheben. Zunächst wieder ein Beispiel:

Jalals Vater kam mit ca. 20 Jahren nach Deutschland. Er arbeitet bis jetzt bei der Post. Nach fünf Jahren heiratete er in Marokko. Er ließ aber seine Frau bei seinen Eltern und besuchte sie ein- bis zweimal im Jahr. Nach sechs Jahren, mittlerweile hatten sie drei Kinder, holte er seine Familie nach Deutschland. Jalal, den ältesten Sohn, ließ er bei den Großeltern. Er sollte dort die Schule besuchen. Er blieb bis zum vierzehnten Lebensjahr bei den Großeltern. Die Familie besuchte ihn alle zwei Jahre einmal. Er war ein sehr guter Schüler. Mit 14 Jahren holte ihn sein Vater nach Deutschland. Zwei Jahre besuchte er eine Realschule, brach sie aber ab. Mit 16 Jahren Drogenkontakt, erst dealen, dann wurde er selbst abhängig. Zweimalige Festnahme wegen Drogenbesitzes. Bei einer Auseinandersetzung verletzte er seinen Vater durch einen Messerstich schwer. Der erste Kontakt zu dem Jugendamt fand durch den Vater statt. Ohne Ergebnis. Er wurde aus der Familie ausgeschlossen. Daraufhin lebte er fast ein Jahr auf dem Dachboden, unterstützt von der Mutter und ohne Wissen des Vaters.

In dieser Zeit entwickelte er eine Psychose und wurde in Hadamar in die Psychiatrie eingewiesen. Zur gleichen Zeit erkrankte die zwei Jahre jüngere Schwester an psychogenen Ohnmachtsanfällen. Die Familie stand mit ihren Problemen völlig allein da. Obwohl sie mit drei Institutionen Kontakt hatte, und zwar mit der Schule, dem Gericht und dem Jugendamt. Ich lasse den Fall ohne weitere Ausführungen so stehen, weil er meiner Ansicht nach für sich spricht.

Solche Schicksale entstehen aufgrund der migrationsbedingten Zerrissenheit vieler migrierter Familien. Scholz (1974) spricht vom „Europa der zerstörten Familien". Da bei den meisten dieser Familien nicht alle Familienmitglieder zugleich nach Deutschland kommen und die Kinder zuweilen zwischen den verschiedensten Stellen hin und her geschoben werden (zwischen Eltern, Großeltern, Pflegefamilien im Herkunfts- und Residenzland, Heimen), kommt es bei vielen dieser Kinder bereits in der frühen Kindheit zu multiplen Trennungserlebnissen mit allen negativen Folgen für die weitere Entwicklung. Hierbei spielt besonders für die betroffenen Kinder die Abwesenheit des Vaters eine Rolle, der in der Mehrzahl der Fälle (nach Schrader [1979] in 75%) nicht gleichzeitig mit seinen Kindern nach Deutschland übersiedelte.

Als Folge herrscht bei den meisten Kindern eine deutliche Ambivalenz, d.h. einerseits eine starke Idealisierung mit entsprechenden Phantasien und andererseits Ablehnung und Enttäuschung gegenüber den Vätern, die sie sehr oft über lange Zeit nur in den Ferien oder überhaupt nicht gesehen hatten. Nach meiner Beobachtung kommen psychische Störungen, Schulleistungsschwierigkeiten und Verhaltensauffälligkeiten bei Kindern, die zunächst im Heimatland aufgewachsen sind und erst später nach Deutschland zu ihren Eltern gekommen sind, im Vergleich zu den Kindern, die von vornherein zusammen mit den Eltern aufgewachsen sind, häufiger vor.

Trotz der formalen Bemühungen, die die Behörden an den Tag legen, sind die migrierten Familien mit den Problemen der Kinder sich selbst überlassen; es betrifft weit über eine Million Kinder unter 15 Jahren. Wobei beachtet werden muß, daß ihr prozentualer Anteil von Jahr zu Jahr steigt. Kinder migrierter Familien sind gegenüber den einheimischen Kindern in vielem benachteiligt. Ihre Säuglingssterblichkeit liegt höher, ihre Gefährdung gegenüber Infektionskrankheiten ist größer, ihre Wohnverhältnisse und damit verbundenen hygienischen Grundbedingungen der Pflege sind schlechter. Vielfach fehlt ihnen als lebensentscheidende Grundlage die Konstanz einer mütterlichen Hauptbezugsperson, da viele von ihnen entweder in Tageskrippen oder Heimen oder in Wechselpflege zwischen ihrem Heimatland und Deutschland aufwachsen müssen.

Bei den Kindern können auf Grund belastender psychosozialer Verhältnisse folgende psychosomatische und psychische Erkrankungen auftreten: Bei Jungen bevorzugt Depressionen, Angstzustände mit paranoider Symptomatik, Psychosen, dissoziales Verhalten - besonders gegenüber den Eltern; bei Mädchen bevorzugt konversionsneurotische Syndrome (psychogene Lähmung, Ohnmachtsanfälle, Bauchschmerzen, Kopfschmerzen, Eßstörungen wie Anorexia nervosa, Kontaktstörungen; bei beiden Geschlechtern treten auf: Enuresis, Enkopresis, Schlafstörungen, motorische Hyperaktivität (vgl. Anhang Tabelle I und II).

Zusammengefaßt spielen folgende Faktoren bei der Entstehung der oben genannten seelischen Belastungen und Erkrankungen eine wichtige Rolle:

1. Nicht ausreichende psychische und körperliche Betreuung
2. Unzureichende Wohnverhältnisse
3. Verständigungs- und Sprachschwierigkeiten bei der ärztlichen Betreuung
4. Probleme der schulischen Integration (die Überweisung migrierter Kinder in Sonderschulen ist z.B. prozentual gesehen viel höher als die deutscher Kinder)
5. Heilpädagogisch und psychotherapeutische Unterversorgung

Ich plädiere daher dafür, die psychosoziale Versorgung der Migranten dadurch zu verbessern, daß alle psychotherapeutischen Versuche in ein umfangreiches sozialpolitisches und ökonomisches Gesamtkonzept eingebettet werden, weil nur so die gewaltigen Belastungen der Migration für Kinder und ihre Familien entscheidend verringert werden können.

Ich beende meinen Aufsatz mit einem Gedicht von Kemal Kurt:

Achillesverse

in der fremde
hat man eine dünne haut
und ein gläsernes herz
jedes wort ist ein pfeil
der aufs herz zielt

in der fremde ist
der gesamte körper
eine achillesferse
und jeder blick
ein schuß
der sitzt

in der fremde
zehrt man
tag für tag
von seinen ängsten
und lernt den tod
im leben kennen.

Literatur

Aktar, S., A Third Individuation: Immigration, Identity and the psychoanalytic process. International Journal of Psycho-Analysis. 1997, 43-4, 1051-1084

Blos, P., Adoleszenz. Stuttgart 1973

Chasseguet-Smirgel, J., Das Ichideal. Frankfurt/M. 1981

Grinberg, L. und R., Psychoanalyse der Migration und des Exils. München, Wien 1990

Kernberg, O. F., Innere Welt und äußere Realität. München, Wien 1988

Klein, M., On the sense of loneliness. In: Dies., Envy and gratitude and other works. London 1975. (Zitiert nach Grinberg/Grinberg)

Menges, L. J., Geschiktheid voor emigratie. Phil. Diss., Univ. Leiden 1959. (Zitiert nach Grinberg/Grinberg)

Moses, R., Adult psychic trauma. The question of early predisposition and some detailed mechanisms. International Journal of Psycho-Analysis 59, 1978, 2-3. (Zitiert nach Grinberg/Grinberg)

Scholz, J. F., Gesundheitliche Probleme bei ausländischen Arbeitnehmern. Das öffentliche Gesundheitswesen 36, 1974, 1-8

Schrader, A. /Nikles, B. /Griese, H., Die zweite Generation. Sozialisation und Akkulturation ausländischer Kinder in der Bundesrepublik. Frankfurt/M. 1979

Die Gedichte von Kemal Kurt und Alev Tekinay sind nicht veröffentlicht.

Anhang:

Tabelle I - Idealtypische Entwicklung

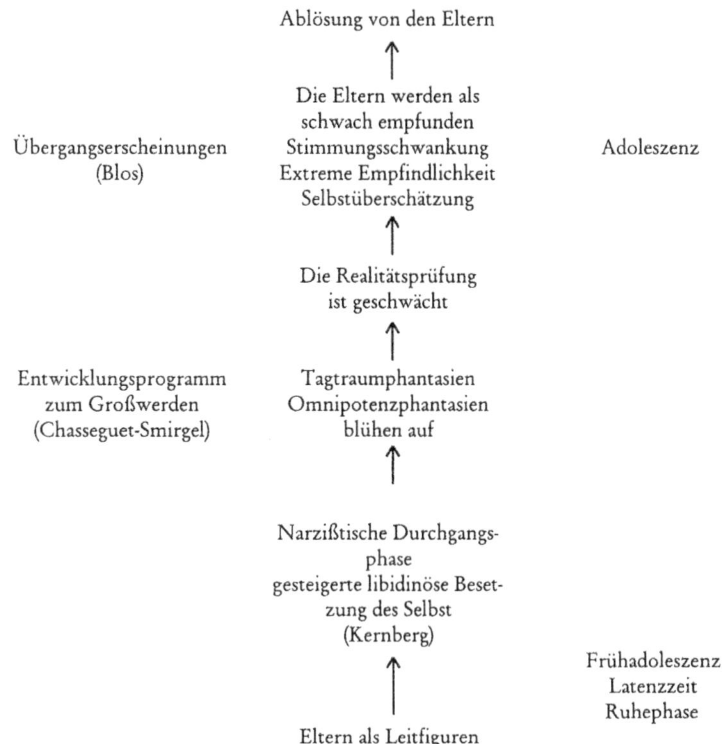

Tabelle II: Pathologische Entwicklung

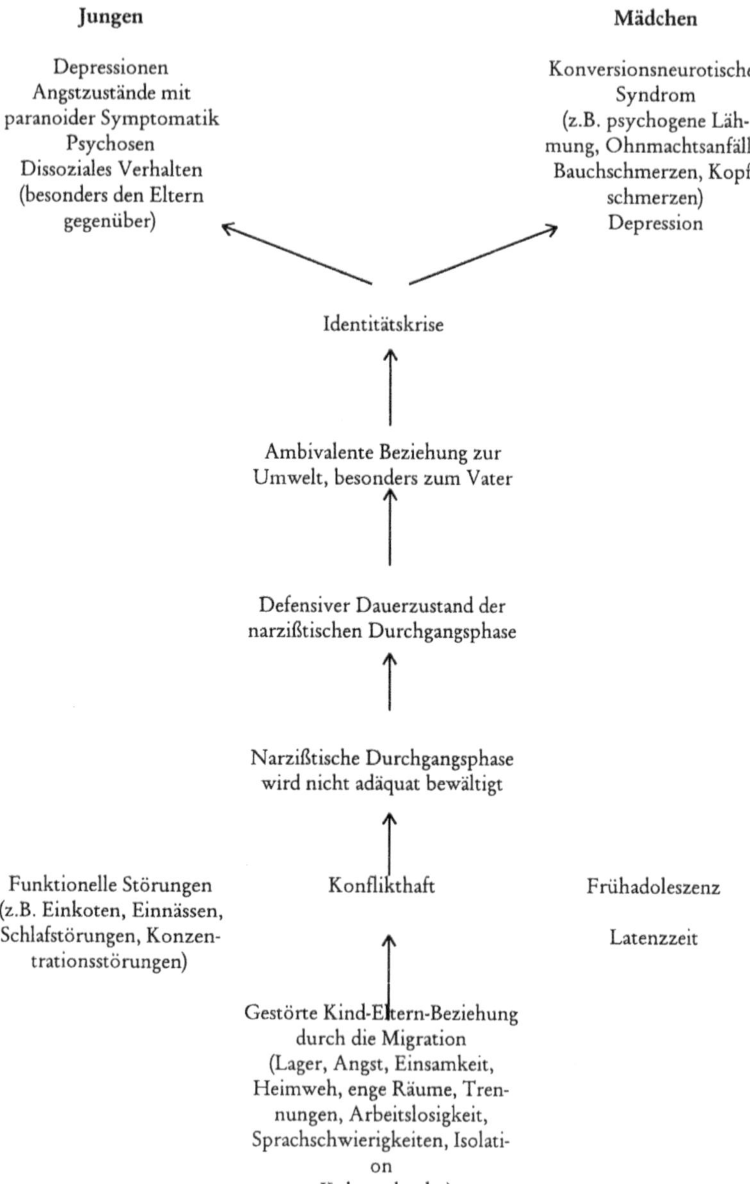

Christian Büttner

Psychoanalytische Pädagogik und interkulturelle Erziehung

Zum psychoanalytisch-pädagogischen Umgang mit Fremdheit

Interkulturelle Pädagogik ist nach zwanzig Jahren Ausländerpädagogik nicht zu dem Ansatz geworden, mit dem sich Kinder und Jugendliche auf die gesellschaftlichen Beziehungen in multikulturellen Gesellschaften vorbereiten ließen. Ja, nicht einmal die multikulturelle Gesellschaft ist bisher innerhalb der Nationalstaaten Europas realisiert worden, obgleich in Deutschland wie in seinen Nachbarstaaten längst die unterschiedlichsten Kulturen mehr oder weniger friedlich nebeneinander leben. Offenbar war es nicht damit getan, Deutsche und Fremde miteinander bekannt zu machen bzw. von den Fremden zu erwarten, daß sie sich assimilieren. Vielmehr ist es vielfach bei der wechselseitigen Fremdheit füreinander geblieben. Dies ist um so dramatischer, als viele zunächst bei uns in der Fremde aufgewachsene Kinder und Jugendliche aus anderen Ländern und Kulturen inzwischen eine ausgesprochen deutsche Identität zu besitzen scheinen - manchmal eine stärkere als die ihrer deutschen Mitbürger. So ergibt sich denn neben der sozialen Hierarchie innerhalb unserer Gesellschaft eine zweite Hierarchie, die der Kulturen (Wer ist am „deutschesten"?).

Die Euphorie interkulturell offener Pädagogik ist einer doppelten Ernüchterung gewichen: Einmal erweist sich multikulturelle Integration z. B. in einem spezifischen pädagogischen Feld wie einer Schulkasse oder einer Wohngruppe diffiziler als mit kognitiven Lernstrategien herstellbar. Zum anderen gibt es nach wie vor kaum oder keine institutionelle, geschweige denn politische Unterstützung im Hinblick auf eine Idee multikulturellen Zusammenlebens. Die Vorstellungen zum Verhältnis zwischen Deutschen und Angehörigen anderer Nationen bzw. Kulturen läuft vielmehr immer noch auf eine im traditionellen Sinne deutsche Identität hinaus, die die „Ausländer" anzunehmen hätten (wenn man sie denn ließe und unabhängig davon, wie lange sie schon in Deutschland leben). Während der letzte Punkt ein eher politisches Problem ist, wie nämlich die Weiterentwicklung der Nationalstaaten verläuft, erfordert die genauere Sicht der Grenzen und Möglichkeiten interkultureller Annäherung die reflexive Anstrengung nach zwei Richtungen:

1. Welche Identität (mit all ihren Facetten) besitze ich und wohin will ich sie verändern, will ich sie überhaupt verändern und
2. welche Identität besitzt mein Gegenüber, wie kann ich sie erfassen und wie kann ich eine Beziehung zu ihr herstellen, sie gestalten?

Das folgende Beispiel zeigt diese Spannung zwischen der eigenen Identität, der zunächst nicht wahrgenommen Fremdheit des Anderen und der Angst, die aus dem Scheitern des Verständnisses erwächst: Deutsche Eltern glaubten ihren halbwüchsigen Sohn in der Schule vor der Erpressung eines türkischen Freundes durch das Einschalten der Polizei schützen zu müssen. Sie gaben an, der türkische Schüler habe ihren Sohn erpreßt. Die Intervention des Jugendbeauftragten der Polizei brachte aber zutage, daß der vermeintliche Erpressungsversuch des türkischen Jugendlichen als sein „Recht" erschien, von seinem deutschen Freund ausgehalten zu werden, nachdem er selbst diesen mehrfach eingeladen habe. Dies sei in der türkischen Kultur eine übliche Verpflichtung, keine freiwillige Entscheidung. Zwar konnte bei diesem Schlichtungsversuch eine Anzeige bei der Polizei vermieden werden (die Erklärungen zu dem interkulturellen Freundschaftskonflikt waren den deutschen Eltern schließlich einsichtig), die Freundschaft aber war hin, und in der Schulklasse, in der der türkische Schüler und sein deutscher Freund „beheimatet" waren, war fortan eine mißtrauische Stimmung zwischen deutschen und türkischen Schülern zu spüren (vgl. Eryilmaz 1997).

Das Wissen um die kulturelle Andersartigkeit allein reicht nicht aus, um sich in den Beziehungsmöglichkeiten und -grenzen so zurecht zu finden, daß eine interkulturelle Beziehung nicht zum Abbruch führt, sondern vielmehr auch mit Irritationen belastbar ist. Welche Bedingungen sind dazu Voraussetzung? Welches Maß an eigenen Gestaltungsmöglichkeiten von Beziehungen und Einfühlung in die Gestaltungsmöglichkeiten des Gegenüber ist dazu erforderlich? Und schließlich: Wie kompromißbereit, ja wie offen gegenüber den Kompromißanforderungen muß ich in einer interkulturellen Beziehung sein?

Solche Fragen werden vor allem in der interkulturellen psychoanalytischen Therapie aufgegriffen, dort nämlich, wo die eigene psychische Situation zum Scheitern an den Kompromißerfordernissen geführt hat. In der pädagogischen Diskussion dagegen hat es, meines Wissens bisher keine ernsthafte Auseinandersetzung mit Psychoanalytischer Pädagogik und interkultureller Erziehung gegeben. Ich werde im Folgenden versuchen, aus dem Grundverständnis der Psychoanalytischen Pädagogik als einer Pädagogik heraus, der es um das einfühlende Verstehen von Beziehungsdynamiken geht, einige Grundgedanken zum Verhältnis von interkultureller Begegnung und psychoanalytisch-pädagogischem Setting zu entwickeln.

Zwei Grundüberlegungen zur Psychoanalytischen Pädagogik vorweg: Ernst Federn, einer der Pioniere psychoanalytischer Sozialarbeit, formuliert in der Tradition August Aichhorns: Erst wenn alle (üblichen) Mittel der pädagogischen Profession versagt haben, dann solle man sich des psychoanalytischen Handwerkszeugs bedienen (Federn 1991, 18). Psychoanalytische Reflexion ist demnach dann hilfreich, wenn man mit den Mitteln, die in den pädagogischen Methoden zur Verfügung stehen, nicht mehr weiter kommt oder wenn sich Irritationen in der pädagogischen Beziehung ergeben, die man möglicherweise mit psychoanalytischer Reflexion aufklären kann. Diese Art der Reflexion berücksichtigt, daß vorgängige Beziehungserfahrungen, also auch lebensgeschichtlich sehr frühe Erfahrungen, unbewußt auf die aktuelle Situation übertragen werden können, daß die Motive des Fühlens und Handelns in Beziehungen meist unbewußt sind und daß auch der Pädagoge mit vergleichbaren Reaktionen bei sich rechnen muß.

Die zweite Überlegung betrifft die psychoanalytisch-pädagogische Haltung. Hier geht man grundsätzlich von dem unbewußten Beziehungsentwurf des Gegenüber aus und stellt die Wahl der pädagogischen Methoden auf die vermuteten Möglichkeiten und Grenzen des Klienten ab. Diese Haltung ist bestimmt durch einen förderlichen Aspekt der Untersützung in der Nach-Entwicklung etwa bei Entwicklungsrückständen, und durch den fordernden Aspekt des pädagogischen Auftrags. Die gelungene Psychoanalytische Pädagogik stellt in diesem Sinne eine Balance zwischen Fördern und Fordern her, die auf das zunehmende Wachsatum des Klienten abstellt.

Eine solche Grundhaltung kann grundsätzlich auch bei der Anwendung professionell pädagogischen Wissens von Vorteil sein. Und umgekehrt enthält pädagogisches Wissen wiederum vieles, das auf die psychoanalytische Theoriebildung zurückgeht, z. B. die vielfältigen Erkenntnisse über die psychodynamischen und die psychosozialen Prozesse während der Identitätsbildung. Darüber hinaus mußte (und konnte) sich die Psychoanalytische Pädagogik vor allem dort „beweisen", wo sich für die herkömmliche Pädagogik Grenzen auftaten, sei es bei emotional besonders gestörten Kindern oder sei es in klinischen Arbeitsfeldern.

Mit anderen Worten: Die Anwendung psychoanalytischer Reflexion bei pädagogischem Handeln oder die grundsätzlich psychoanalytisch-pädagogische Haltung in pädagogischen Arbeitsfeldern können als zwei Ansatzpunkte begriffen werden, von denen aus wiederum die interkulturelle Perspektive als Reflexionsfocus gewählt werden kann. Ich werde in den folgenden Überlegungen auszuloten versuchen, wie sich dies aus der Perspektive von Pädagoginnen und Pädagogen darstellt. Mein Blick richtet sich also nicht in erster Linie auf das Klientel, d. h. die durch interkulturelle Sozialisation geprägte Persönlichkeit, sondern vielmehr auf die Pädagogin bzw. den Pädagogen selbst. Meine These: „Interkulturelle Erziehung" wird - neben den objektiven Bedingungen interkultureller Beziehungen - durch die Probleme des pädagogischen Umgangs mit Fremdheit ganz allgemein bestimmt. Und: Je besser es gelingt, mit der Fremdheit bzw. Andersartigkeit der Kolleginnen und Kollegen neben mir zurecht zu kommen, desto offener kann ich auch gegenüber der Fremdheit bzw. Andersartigkeit meiner Klienten sein - nicht grenzenlos, sondern im Rahmen einer kollektiven pädagogischen Identität, die ich selbst mittrage.

Geprüfte Sicherheit

Ich stelle Ihnen zunächst eine eigene Erfahrung vor, die die Irritationen angesichts interkultureller Wahrnehmung benennt: In die S-Bahn im Rhein-Main-Gebiet steigen eine ältere und eine jüngere Japanerin mit zwei japanischen Mädchen zu. Ich vermute: eine Mutter mit zwei Kindern und die Großmutter, bin mir allerdings nicht sicher. Die vier Personen unterhalten sich zunächst auf Japanisch (eine für uns Westeuropäer bekanntermaßen sehr schwer zu erlernende Sprache). Ich selbst spreche und verstehe kein Japanisch, es gibt also für mich überhaupt keinen Anhaltspunkt, über was diese vier Menschen reden. Während die ältere und die jüngere Frau dann weiterhin ihr Gespräch in Japanisch führen, beginnen die beiden Mädchen, die sich gegenüber sitzen, übergangslos eine deutsche Unterhaltung: Sie streiten sich, wer Recht hat und wählen zur Entscheidung ein hierzulande sehr bekanntes Spiel (Schere, Stein, Brunnen). Würde man nur die Stimmen der Mädchen hören, nie käme man auf die Idee, daß diese etwas mit den Stimmen der älteren Frauen zu tun hätten. Und das Spiel, welches ich in meiner Ethnozentriertheit zunächst einmal als „typisch deutsch" wahrnehme, weist sie für mich als Angehörige unserer Kultur aus. Wie sollte man sie anders behandeln als Angehörige dieser Kultur, also als Deutsche? Gleichwohl sind sie eindeutig Japanerinnen. Ich bin verwirrt. Ich denke: Was mir fehlt ist ihre Entscheidung: Ich will zu euch gehören.

Was gehört zu uns? Wie wird etwas zu „uns"? Warum ist mir das überhaupt wichtig; diese Unterscheidung zu treffen, nämlich, was zu mir gehört und was zu etwas anderem gehört?

Szenenwechsel: Eine ganz ähnliche Szene mit Studentinnen und Studenten erlebe ich an der Universität während eines Lehrauftrags. Auch hier kann ich oft auf den ersten Blick nicht entscheiden, ob es sich um „deutsche", um „ausländisch-deutsche" oder um „ausländische" Studentinnen und Studenten handelt. Auch hier gibt es das Problem der Zugehörigkeit. Aus der Sicht des Hochschulpädagogen bin ich irritiert, daß ich nie genau weiß, wieviele und welche Studenten verläßlich zu meiner Lerngruppe gehören. Es ist an der Universität weitgehend unüblich, solche Lernbeziehungen verbindlich zu definieren. In anderen pädagogischen Zusammenhängen jedoch sind diese Definitionen ein Bestandteil der pädagogischen Arbeit, und zwar ein sehr wesentlicher. So wird z.B. in der Schule die Zugehörigkeit nicht nur kontrolliert, ein „Ausscheren" eines Klienten aus der Lerngruppe wird möglicherweise sogar mit Bußgeld geahndet.

Es gibt vielfältige gute und pädagogische Gründe, weshalb eine Lerngruppe eine feste Gruppe mit verläßlichen Beziehungen sein sollte. Und es gibt gute psychoanalytisch-pädagogische Gesichtspunkte, die noch einmal mehr für solche Beziehungen sprechen. Zum Beispiel Gründe, die sich auf das Arbeitsbündnis zwischen Pädagogen und Klient beziehen: Nur dort, wo eine milde positive Übertragung möglich ist, gibt es auch die Möglichkeit einer psychosozialen Einflußnahme des Pädagogen auf seinen Klienten. Und diese Übertragung ist wiederum abhängig von einer verläßlichen Definition der Beziehung.

Dessen eingedenk und auch ohne explizit psychoanalytisch-pädagogische Überlegungen werden z.B. in einer Broschüre zu „Praxiserfahrungen mit kultureller Vielfalt in städtischen Kindertagesstätten“ zwei Einrichtungen exemplarisch vorgestellt, die - bei aller Unterschiedlichkeit im organisatorischen und pädagogischen Detail - doch eines gemeinsam haben: Beide Teams in den Einrichtungen legen großen Wert darauf, daß „...neue Mitarbeiterinnen (...) mit dem Konzept einverstanden (...) sind“, so die eine Einrichtung und: „Bei anstehenden Neueinstellungen legt das eingespielte Team Wert darauf, daß mit einem neuen Mitarbeiter oder einer neuen Mitarbeiterin die Kontinuität in der Arbeit erhalten bleibt“ (AmkA 1995, 18/19). Offenbar erfordert eine pädagogische Einrichtung mit einem multikulturellen Klientel eine besondere Stabilität des einzelnen, und die scheint wohl geknüpft zu sein an eine „geprüfte“ Sicherheit im Team. Sie hofft man dadurch zu gewährleisten, daß man an die Aufnahme neuer Teammitglieder ganz besonders exklusive Maßstäbe anlegt, damit aber auch ein gehöriges Maß Andersartigkeit ausgrenzt.

Die sich aus diesen Abgrenzungen gegenüber multikultureller Vielfalt ergebenden Folgen (und Verletzungen) könnten wohl weit weniger gravierend sein, wenn die hautfarbliche, sprachliche und habituelle Vielfalt, also das, was man an Andersartigkeit unmittelbar sieht und spürt, durch eine explizite Zugehörigkeit (ich bin eine Deutsche bzw. ein Deutscher) unterfüttert wäre, etwa durch entsprechende Staatsangehörigkeit (obwohl diese allein wahrscheinlich nicht die Lösung der interkulturellen Probleme mit sich brächte). Diese Zugehörigkeit gibt es bisher nicht, wie sehr man dies auch bedauern mag, und so wird man sich fragen müssen, ob denn eine Öffnung des Identitätsraumes, sei er nun individuell oder durch ein Erzieherteam bestimmt, auf zwei oder mehrere kulturelle Identitäten hin möglich ist bzw. gefördert werden könnte.

Ich werde mich bei der Diskussion dieser Frage auf zwei Konzepte beschränken, den fördernden Dialog und die Optimalstrukturierung, und versuchen, ihren Standort in der multikulturellen Gesellschaft zu beschreiben. Ich belege meine Ausführungen mit Beispielen aus der mir vertrauten Praxis vorschulischer Erziehung.

Fördernder Dialog und interkulturelle Erziehung

Zunächst möchte ich das Konzept des fördernden Dialogs rekapitulieren. Aloys Leber beschreibt es folgendermaßen: „Was ich den 'fördernden Dialog' nenne, ist in einem dialektischen Wechselspiel begründet, das ich als Halten und Zumuten bezeichne. Das heißt, er ist 1. dem frühen Mutter-Kind-Dialog verwandt, wo das Kind durch seine gerade im Schreien geäußerte Bedürftigkeit - entsprechende Reaktionen der Bezugspersonen auslöst und diese Reaktion auch - als ob sie durch das Schreien von ihm selbst bewirkt wäre - erwartet. Diese Beziehungskonstellation ist asymmetrisch, besser gesagt komplementär. Das Kind lehnt sich an und „erwartet" die Lösung seines Problems, die Erfüllung seiner Bedürfnisse und Entlastung von bedrängenden, überwältigenden Erlebnissen. Die erwachsene Bezugsperson kann dem entsprechen, wenn sie willens und in der Lage ist, die elementaren Belange des Kindes wahrzunehmen bzw. zu erspüren und sich dabei gedrängt fühlen, dem entgegenzukommen, der geäußerten Lebensnot abzuhelfen. Die Fähigkeit zu erspüren, was das Kind z.B. mit seinem Schreien gerade meint, was es hier und jetzt braucht, entspricht einer urtümlichen komplexen und ganzheitlichen Wahrnehmung, was auch als Nacherleben oder Einfühlung verstanden werden kann. (...) Aber im Gegensatz zur frühen Mutter-Kind-Situation kann sich eine helfende Beziehung, ein fördernder Dialog mit einem über das Babyalter hinausgewachsenen Kind, mit einem Jugendlichen oder mit einem Erwachsenen nicht auf diese einfühlsame haltgebende Beziehung beschränken, auch dann nicht, wenn sie in besonderen Fällen ein wesentliches Moment ausmacht: denn in diesem helfenden bzw. fördernden Dialog wird die ursprüngliche Beziehung gerade dann wieder inszeniert, wenn sie an ihrem Anfang fehlgelaufen ist, wenn der Erwachsene nicht in der Lage war, wirklich präsent, aufgeschlossen und verfügbar für das Kind zu sein. Was für das Kind in der frühen Beziehung nicht oder nur schwer zu ertragen war, bleibt aus der Benennung und damit aus der Selbstreflexion und so auch aus dem Selbstverständnis ausgeschlossen, geht aber gerade deshalb in jede neue Beziehung ein. Anderen gegenüber wird das Kindheitsdrama immer wieder inszeniert und zwar so als ob jene belastenden Erlebnisse und Konflikte der Kindheit noch bevorstünden, als ob sie vermeidbar wären oder als ob sie durch besonders befriedigende und glückliche Situationen mit neuen Bezugspersonen jetzt noch ersetzt werden könnte. (...) Die Antwort, der Beitrag des helfenden Partners besteht dann darin, das, was er selbst in bezug auf seine Person verstanden hat, in eine Antwort im Rahmen des Dialogs einzubringen. Dabei kommt es darauf an, daß er vorsichtig abschätzt, was er dem „anderen hier und jetzt zumuten darf, damit dieser das auch aufnehmen und für sein eigenes Problemverständnis, ja, für die Problemlösung verwenden kann, er etwas weniger Angst hat, sich weniger schämen muß, sich mit seinen Kränkungen und bisher geheimen Wünschen zu konfrontieren wagt und was er an Überwältigendem bisher aus seinem bewußten Erleben ausgeschlossen hat, allmählich zuzulassen und bemeistern lernt" (Leber 1991, 53 ff.). So weit Aloys Leber.

Mit anderen Worten: Das, was der Klient im Rahmen der Übertragung frühkindlicher Beziehungsszenen mitteilt, muß zunächst verstanden werden. Die komplementären Aktionen des Pädagogen sollen begleitet sein von einem behutsamen Konfrontieren (auf der Grundlage einer positiven Übertragungsbeziehung). Das Resultat dieser Art fördernden Dialogs könnte ein realitätstüchtigeres Verhalten sein - entstanden aus dem Wechselspiel regressiver und progressiver Anteile in der dialogischen Beziehung.

Die dialogischen Formen interkultureller Beziehungen sind von der Unterschiedlichkeit der jeweiligen Sprachen bestimmt. „Sprache" wiederum ist Bestandteil kultureller Identität, d.h. der Zugehörigkeit zu einer bestimmten, mit der Erfahrung früher Objektbeziehungen verbundenen (Beziehungs-)Kultur. Allerdings ist Sprache ein aus primär-körperlichen und affektiven Erfahrungen heraus entwickeltes Kommunikationsmedium. In ihr finden sich die Verknüpfungen von Körper und Affekt, Symbol, Gestik und Mimik so wieder, wie sie im frühen Sozialisationsprozeß, also in der frühen Mutter-Kind-Dyade ebenso wie in der diese umgebenden Beziehungskultur erworben wurden. Zwischen dem Verstehen als einer gedanklichen Reflexion interkultureller Beziehungen und der vorsprachlichen, intuitiven Empathiefähigkeit liegt also die Kluft (oder der Zaun - wie später zu lesen sein wird) der basalen kulturellen Erfahrung, die in den Umgangsformen der Mutter bzw. der frühen Objekte mit dem Säugling vermittelt wird. Die empathischen Zugänge zwischen Mitgliedern verschiedener Kulturen müssen also qua „Übersetzung" erarbeitet werden.

Dies setzt voraus, daß eine daraufhin orientierte Pädagogik ihre didaktischen Botschaften übersetzt und im Falle des Scheiterns der pädagogischen Beziehung - sei es insgesamt oder in einem Aspekt eines didaktischen Planes - die Reaktionen des/der Klienten rückübersetzt. Dazu ist nicht nur das Erlernen der Sprache als „Werkzeug“ notwendig, sondern man muß sich auch den symbolischen Kontext der Sprache sowie ihre körperlichen und affektivem Vorläufer (Mimik und Gestik) aneignen - wenn dies überhaupt möglich ist. Es ist sofort einsichtig, daß in diesem Sinne die „besten“ interkulturellen Pädagogen diejenigen sind, die unter dem Einfluß verschiedener Kulturen aufgewachsen sind, etwa Nachkommen von Vater und Mutter aus unterschiedlichen Kulturen oder Vater und Mutter aus der gleichen Herkunftskultur und einer zweiten, in der die Familie aktuell lebt (was allerdings nur eben genau für jeweils diese beiden Kulturen gilt und nicht noch für weitere).

Gleich eine Einschränkung dazu: Dieses Aufwachsen in zwei Kulturen ist selbst nicht unproblematisch, und zwar deshalb, weil die beiden Identitätsanteile in einer Person nur entweder in der einen Kultur oder in der anderen gelebt werden können, also das Hin- und Her über den „Zaun im Kopf“ nach sich ziehen. Der Schriftsteller Franco Biondi hat vor einigen Jahren diesen Identitätszustand in einen poetischen Ausdruck umgesetzt (Biondi 1982):

Sprachfelder 1

In meinem Kopf haben sich die Grenzen
zweier Sprachen verwischt
doch zwischen mir und mir
verläuft noch der Trennzaun
der Wunden hinterläßt
jedesmal wenn ich ihn öffne.

Es fragt sich, ob nicht doch der eine oder der andere Teil der Identität dominant ist oder der eine gegen den anderen konkurriert oder gar kämpft. Zumindest ist eine wechselseitige Verletzung wahrscheinlich, die nicht erst durch einen Fremden angerührt wird, sondern die eine Wunde in der Seele selbst ist - so als befinde sich jeder Teil der Identität in einer eigenen dünnen Eihaut, die es beim Wechsel um den Preis der Wunde zu durchbrechen gelte.

Die Folgen einer seelischen Verwundung lassen sich mit Hilfe der psychoanalytischen Reflexion verstehen und sprachlich vermitteln, z. B. in einer Supervision. Dieses Verstehen gleicht einer Übersetzung des Fremden in die eigene Sprache. Wem dieser Übersetzungsvorgang gelingt, der hat Chancen, mit einem Klientel eine Arbeitsbeziehung herzustellen, das aus Verhältnissen stammt, die dem Pädagogen in seiner Erfahrung fremd sein mögen. Wer diese Übersetzung nicht leisten kann, dem wird auch kaum eine tragfähige interkulturelle Beziehung zu den Klienten gelingen.

In Übersetzungen schleichen sich wohl oder übel Fehler ein, es gibt wörtliche Übersetzungen und es gibt Übertragungen. In jedem Fall sind Übersetzungen lediglich Annäherungen. Die Problematik zweier Sprachen, sei es als reale Sprachunterschiede oder als Übersetzung gestischer und mimischer Handlungen in sprachliche Ausdrucksformen, besteht selbst dann, wenn ein Mensch in verschiedenen Sprachkontexten groß geworden ist, d.h. wenn er die sprachliche (und d.h. letztlich kulturelle) Perspektive gewechselt hat: Ein amerikanischer Berufsberater, der vor allem in interkulturellen Berufsfragen beraten hat, schreibt dazu: „Französischen Schülern wird beispielsweise beigebracht, das Französisch die präziseste Sprache auf der Welt sei. Gleichwohl stellen die Herausgeber bilingualer Zeitschriften immer wieder fest, daß man für das, was sich im Englischen mit wenigen Wörtern präzise ausdrücken läßt, im Französischen sehr viel mehr Wörter benötigt, dennoch nur eine geringere Präzision erreicht" (Super 1987, 12). Wenn bei zwei Identitäten die eine über die andere dominant wäre, dann wäre dies auch ein gutes Beispiel für die Dominanz des Englischen (der Berater ist in Amerika aufgewachsen) über das Französische (er hat seine Jugend in Frankreich verbracht). Ich möchte das Übersetzen mit einem Hin-und-Hergleiten zwischen zwei Welten vergleichen, die sich letztlich nicht ineinander überführen lassen. Entweder ist man in der einen oder in der anderen (wobei dieser Wechsel von einem Moment auf den anderen vor sich gehen kann, wie auch das S-Bahn-Beispiel am Anfang ja zeigt). Was aber ist das eine und was das andere?

Optimalstrukturierung

Folgt man der psychoanalytischen Theorie, dann ist das eine die Kultur, die Sprache der Mutter bzw. des ersten Objekts, die erste Benennung von symbolischen Repräsentanzen. Dies wäre die primäre kulturelle Prägung. Die andere Kultur wäre das sog. „Dritte", sei dies der Vater aus der gleichen Kultur, der Vater aus einem anderen Kulturkreis oder irgendeine andere Person oder gar eine Institution (wie z. B. der Kindergarten), die den Weg aus der Symbiose zwischen Mutter und Kind in die „Fremde" weist. Solange die Mutter-Kind-Beziehung an einen Menschen aus der gleichen Kultur mit der gleichen Sprache weitergegeben wird, wird das Problem der „Fremdheit" in diesem Dritten nicht als solches virulent. Es wird dann als das Problem der Vaterbeziehung oder der Beziehung zu einer Institution wahrgenommen. Niemand käme auf den Gedanken, den Vater oder die Institution Kindergarten als das „Fremde" schlechthin zu bezeichnen. Gleichwohl kennzeichnet der Übergang von der Mutter zum Dritten, also die Phase der Triangulation, einen ganz besonders sensiblen Punkt für die Herausbildung der Haltung gegenüber Fremden und späteren Übertragungen in der pädagogischen Beziehung, d.h. auf den Pädagogen.

Die interkulturelle Koexistenz in der Identität einer Person ist wahrscheinlich von der Verträglichkeit bzw. den Spannungen zwischen den beiden „Kulturen im Kopf" abhängig. Von Kindern aus zerrütteten Beziehungsverhältnissen der Eltern oder aus geschiedenen Ehen wissen wir nur all zu gut, welche Verletzungen und welche Qual die Dissonanz der mütterlichen und der väterlichen, also der verschiedenen Identitätsanteile den Kindern bereiten kann.

Wenn man davon ausgeht, daß die psychoanalytisch-pädagogische Vorstellung gesunder menschlicher Entwicklung in einer idealtypischen Mutter-Kind-Beziehung beginnt und diese in den in unserem Kulturkreis frühkindlichen Erziehungspraktiken verwurzelt sein sollte, dann bedeutet dies, daß man bei nicht gelingenden pädagogischen Beziehungen von einer Störung dieses Entwicklungsverlaufes ausgeht. Dies ist eine der Grundannahmen der Psychoanalytischen Pädagogik. Diese Störungen wiederum sind gekennzeichnet von Kränkungen, Verletzungen oder Verstörungen. Der Umgang mit Verletzungen, seien diese Resultat von Beziehungen oder seien diese innerpsychische Wunden, die an den Übergängen von einer kulturellen Identität zu einer anderen aufbrechen, setzt nicht nur den haltenden Aspekt des fördernden Dialogs voraus. Sie erfordert auch Rahmenbedingungen, in denen die der ideal-typischen Vorstellung entsprechenden regressiven Bedürfnisse der Klienten Platz finden. Mit anderen Worten: Wenn wir davon ausgehen, daß die enge Mutter-Kind-Beziehung und das Herauswachsen aus ihr für eine gesunde Entwicklung notwendig ist, dann müssen wir dies konsequenterweise auch auf unsere pädagogischen Beziehungen anwenden. Erst das Herausentwickeln aus einer gelungen Pädagogen-Klient-Beziehung ermöglicht dann nämlich Fortschritt. Diese Aspekte sind als „Holding" und „Containing" beschrieben worden.

Um eine solche Beziehung des Psychoanalytischen Pädagogen zu seinem Klientel ermöglichen zu können, bedarf es „...der Optimalstrukturierung der Institution, die sich insbesondere in der Verknüpfung eines stabilen und gesicherten Settings mit Haltefunktionen im Binnenraum bewähren muß. Erst die garantierte äußere Sicherheit und Verläßlichkeit von Grenzen kann Raum schaffen für inneres Wachstum. Das heißt, unter Beachtung der Fähigkeiten und des Entwicklungsstandes der Klienten muß die Institution die materiellen und personellen Ressourcen bereitstellen und sichern, die für eine optimale Strukturierung des Binnenraumes der Institution erforderlich sind. Hierzu gehört auch, daß die Institution für die Mitarbeiterinnen und Mitarbeiter gleichsam eine haltende Umwelt bereitstellt, die es ihnen wiederum ermöglicht, die Reinszenierungen traumatischer Erfahrungen und deren gescheiterte Verarbeitungsversuche im Winnicottschen Sinne zu „überleben", also nicht mit Beziehungsabbruch, Vergeltung oder Rückzug zu reagieren. Wesentliche Elemente der haltenden Funktion der Institution für die Mitarbeiter sind dabei ein angemessener Personalschlüssel, Supervision, Gestaltungsfreiräume und nicht zuletzt das institutionell abgesicherte und getragene Akzeptieren von Grenzen pädagogischer Belastbarkeit und Machbarkeit" (Trescher/Finger-Trescher 1992, 111).

Obwohl solche Bedingungen pädagogischer Arbeit unter den finanziellen Gegebenheiten einer Rezession utopisch erscheinen, sollte man gerade unter solchen Bedingungen diese Überlegungen immer mitführen. Nur so kann man vermeiden, daß pädagogische Mißerfolge als persönliches Scheitern erlebt werden. Und man kann sich bewußt werden, daß Erziehung einen gesellschaftlichen Hintergrund hat und nur dann „funktionieren" kann, wenn dies im Wechselspiel zwischen der individuellen Leistung als Pädagoge oder Sozialarbeiter und der sozialen Gemeinschaft geschieht, die diese Aufgabe an Pädagogen und Sozialarbeiter delegiert hat.

Die Art der Kooperation von Kolleginnen und Kollegen aus der gleichen, besonders aber aus verschiedenen Kulturen kann also lange vor der ersten pädagogischen Intervention über das Schicksal der interkulturellen Erziehung entscheiden. Sind dort Voraussetzungen eines haltenden Miteinanders gegeben? Wird dort der Wechsel von der persönlichen zur institutionellen Identität, also hin zu einem Gruppen-Ich so organisiert, daß die persönliche Identität nicht vor der des Teams zurückstecken muß? So war z. B. der Wunsch einer Erzieherin, die vor vielen Jahren aus Kolumbien nach Deutschland gekommen war, die Essenssituation in der Kita wie von zuhause her gewohnt in Ruhe zu verbringen, an dem „pädagogischen“ Argument ihrer deutschen Kolleginnen gescheitert: Man müsse beim Essen unbedingt reden, weil man diese Zeit zum Austausch über die Kinder und Ereignisse des Vormittags nutzen müsse. Bei pädagogischen Diskussionen über konzeptionelle Aspekte können so ganz leicht zentrale Unterschiede zwischen Teammitgliedern verschiedener Kulturen eingeebnet werden, ohne daß es zu einem interkulturellen Verstehen des jeweiligen Verhaltensaspektes kommt.

Man kann sich leicht vorstellen, wie vielfältige und schwierige Organisationsdebatten an der Stelle Wunden hinterlassen, an der es nicht gelingt, die individuelle Identifizierung mit einer pädagogischen Haltung in einem Team, also in eine Gruppenidentifizierung mit einem Konzept, zu integrieren.

Damit komme ich auf meine anfänglichen Überlegungen zur Gruppenkultur eines pädagogischen Teams zurück: Nicht nur in der interkulturellen Zusammenarbeit können Verständigungsprobleme auftauchen. Sie bestimmen ebenso die Prozesse der Kooperation mit Angehörigen der gleichen Kultur. Auch dort muß ja ein Kompromiß gefunden werden zwischen den verschiedenen individuellen Anschauungen zu einem bestimmten Aspekt pädagogischer Arbeit und den institutionellen Vorgaben, etwa denen des Trägers. Die Leiterin eines Kindergartens schreibt nach einem langen psychoanalytisch-pädagogischen Weg in Richtung interkulturelle Erziehung: „Ich bin inzwischen weitaus kompromißfähiger, wenn ich merke, wie sehr eine mir fremde Eigenart z.B. einer Kollegin oder eines Kindes mit deren Identität verknüpft, also für sie existentiell wichtig ist. Wir reden z.B. alle sehr gerne. Wir können aber inzwischen gut ertragen, daß ein Kind nicht so viel oder gar nicht redet. Wir müssen dies nicht als einen Affront gegen uns begreifen, sondern wir können sehen, daß es sein Verhalten als eine Art Schutz organisiert. Ein bosnischer Junge z.B. redete fast gar nichts, so daß ich zuerst nicht wußte, ob und wie er überhaupt der deutschen Sprache mächtig ist. Dieser Junge geht inzwischen in die Vorlaufgruppe zur Schule. Ich habe zu ihm gesagt, daß er doch jetzt nachmittags zu uns kommen könne, und war sehr verblüfft, als er mir daraufhin in einem vollständigen deutschen Satz antwortete. Er muß wohl gespürt haben, daß wir ihn auch angenommen haben, ohne daß er wie wir spricht. Ich kann mich inzwischen besser mit Andersartigkeit arrangieren, nicht nur daß ich sie deutlicher toleriere, sondern auch, daß ich mich deutlicher von ihr abgrenze. Vielleicht ist dies ebenso wichtig wie die zunehmende Öffnung: die deutlichere Wahrnehmung der Grenzen meiner Möglichkeiten von Integration" (Orth 1997, 130).

Was ich bereits zu den institutionellen Rahmenbedingungen von Optimalstrukturierung in der pädagogischen Arbeit ausgeführt habe, läßt sich auch auf die individuellen Bedingungen übertragen: Auch dort wird ein pädagogischer Raum definiert, in dem bestimmte Dinge möglich sind und bestimmte Dinge nicht möglich sind.. Also werden dort Verhaltensweisen ein- und ausgegrenzt. Man muß sich aber darüber im Klaren sein, was man ein- und ausgrenzt, vor allem aber: Wie macht man das verständlich?

Wenn die Vielfalt der Anschauungen unter Kolleginnen und Kollegen extrem vielen und unterschiedlichen kulturellen Einflüssen durch das Klientel gegenübersteht, dann ist häufig die einzelne Identität bedroht. Es ist zuviel, zuviel Unterschiedliches, was in den „Raum" der persönlichen Arbeit hineingenommen werden muß. Dann ist eine gemeinsame und begrenzende Orientierung in der pädagogischen Arbeit nötig. Dies kann aussehen, als sei das Team abgeschottet gegen Fremde. Wenn man das Beispiel aus den Frankfurter Kindertagesstätten - wer in das Team aufgenommen wird und wer nicht - zum ersten Mal liest, kann sich der Eindruck aufdrängen, diese Teams machten eine sehr restriktive „Einwanderungspolitik": Sie lassen nur die Kolleginnen und Kollegen ein, die den richtigen „Paß" haben. Die anderen müssen „draußen" bleiben. Man kann es aber auch anders sehen: Es spiegelt sich darin eine notwendige Bedingung sozialen Zusammenlebens, nämlich seine Grenzen gemeinsam mit anderen zu erkennen und diese Grenzen auch deutlich zu machen.

Die Wahrnehmung der eigenen Grenzen ist eine Grundvoraussetzung, den Rahmen der pädagogischen Arbeit zu bestimmen. Erst dann, wenn die pädagogische Situation für die man verantwortlich ist, als eigenes „Land" definiert und auch geschützt werden kann, läßt sich über die Aufnahme oder über die Abweisung Fremder überhaupt verhandeln. Ist dieser Schutz nicht gegeben, dann ist meist eine hohe Personalfluktuation oft verbunden mit einem besonders hohen Krankenstand auf seiten der Teams und eine gravierende aggressive Spannung auf seiten der Klienten die Folge.

Ist also die „geschlossene“ Teamgruppe die kleinste Einheit interkultureller Verständigung um den Preis kultureller Abschottung gegenüber dem Klientel? Oder: Entwickelt eine pädagogische Einrichtung so etwas wie eine eigene institutionelle Kultur mit einer entsprechenden Sprache, die wiederum das interkulturelle Angebot an das Klientel bestimmt? Und weiter: Muß interkulturelle Erziehung dort scheitern, wo es nicht zu einer solchen offenen oder „geheimen“ Übereinkunft im Hinblick auf die „Gruppenkultur“ kommt, weil die Frage, wer wann dazugehört und wer nicht, nicht entschieden ist, nicht gestellt werden darf oder (objektiv) nicht entschieden werden kann?

Fazit

Nicht mehr zu warten, daß der andere, der Fremde versteht, sondern sich verständlich machen - und hier liegt der entscheidende Unterschied zur Therapie - ist eine der Voraussetzungen, die Fremden im eigenen Land Orientierung bieten kann. Man weiß erst einmal nichts von dem fremden Land. Wenn man sich nicht vorher etwa per Reiseführer informiert hat, ist man auf die Hilfe der Einheimischen angewiesen, um sich zurecht zu finden. Und wenn man nicht einmal die „Schilder“ lesen kann oder kein Wort der fremden Sprache versteht, wie muß man sich unter solchen Bedingungen fühlen?

Eine der wichtigsten pädagogischen Voraussetzungen ist, „Fremden“ Orientierung zu bieten, und dies gilt ebenso für die „fremden“ deutschen Eltern der Klienten (Kindergartenkinder, Schülerinnen und Schüler o. ä.). Denn auch die Eltern des Klientels sind ja für das, was man in einer pädagogischen Einrichtung macht, erst einmal Fremde. Sie unterscheiden sich in den Vorstellungen, was mit ihren Kindern gemacht werden soll, manchmal doch ganz erheblich vom pädagogischen Personal.

Zwei Überlegungen (nicht nur der Psychoanalytischen Pädagogik) sprechen dafür:

1. erweisen sich die Kooperationsunterschiede - einerlei ob innerhalb der gleichen Kultur oder interkulturell - dort als hinderlich (ob mit

oder ohne Psychoanalytische Pädagogik), wo es keine Gemeinsamkeit und keine Verständigung über ein Konzept, eine Integrationspraxis gibt, wo also unklar ist, was zur gemeinsamen pädagogischen Identität dazu gehören soll und was nicht;

2. herrscht Irritation bei Klienten dort, wo in einer pädagogischen Beziehung der eigene Standort des Pädagogen nicht erkennbar ist. Die Klienten werden versuchen - im Sinne des psychoanalytisch-pädagogischen Verständnisses - ihre Übertragungen so lange wirksam werden zu lassen, bis sie entweder im Sinne der Zwangswiederholung mit der Bestätigung ihrer negativen Lebenserfahrungen beantwortet werden oder bis eine andere stabile Haltung der Pädagogen ihnen die Entwicklung einer neuen positiven Identität ermöglicht - einerlei, ob dies sich aus Übertragungen im klassischen Sinne oder über irgend etwas anderes herstellt - wir haben ja noch nicht diskutiert, ob unsere Vorstellungen von Psychoanalyse und Pädagogik sich bruchlos auf alle Menschen dieser Welt anwenden läßt - und ob die Klienten etwas im Sinne der Übertragungen oder wiederum etwas ganz anderes bezwekken.

Diese beiden Thesen faßt eine Kita-Leiterin folgendermaßen als Grundlagen für ein interkulturelles Konzept zusammen: „Wir mußten für unsere Arbeit neue Regeln, Richtlinien und „Gesetze" ausarbeiten, die für unser „Land" Kindergarten gelten, ein Land mitten in Deutschland mit deutschen Eltern. Mit diesen verbindet uns zwar die Vorstellung zusammenzugehören. Aber da wir unsere eigenen Vorstellungen entwickelten, wie wir z.B. Geburtstag, Weihnachten oder St. Martinstag feiern, bekamen wir mit ihnen doch größere Schwierigkeiten. Den ausländischen Eltern zeigen wir nämlich unsere Kultur, deutsche Eltern gehen meist davon aus, daß unsere Kindergartenkultur die ihre bzw. die typisch familiäre sein müßte" (Drescher-Bolz 1997, 135).

Welcher Weg führt nun zum Ziel? Zu welchem Ziel? Geht man davon aus, daß die pädagogische Intervention so weit reicht, wie die Beziehung zum Klientel trägt, dann ist der Rahmen der interkulturell gedachten Psychoanalytischen Pädagogik der fördernde Dialog und das szenische Verstehen der „Beziehungskultur". Ob man die Prinzipien der Psychoanalytischen Pädagogik zum Standard machen kann oder nicht, wird von den Übersetzungsfähigkeiten der Pädagogen abhängen. Die Psychoanalytische Pädagogik wäre dann nichts anderes als ein Bestandteil „unserer

Kultur“ und die Klienten z. B. aus Eritrea würden in diese „Kultur“ einwandern. Aber sie wird auch davon abhängen, ob und inwieweit der Dialog und das Verstehen zu den pädagogischen Zielen führt, also nicht nur, ob sich die pädagogischen Botschaften übersetzen lassen, sondern auch: ob sie wirken. Wenn Psychoanalytische Pädagogik interkulturell nicht verträglich ist, erfolgt wahrscheinlich das, was immer erfolgt, wenn eine pädagogische Strategie nicht zum Erfolg führt: zur Marginalisierung oder gar zur Ausgrenzung des Klientels.

Voraussetzung für den Erfolg ist allerdings auch, daß man weiß, was man tut. Damit meine ich die Reflexion über die Möglichkeiten und die Grenzen des eigenen pädagogischen Handelns und daß man den Mut und die Sicherheit besitzt, den anderen anders sein zu lassen um den Preis, die pädagogisch-institutionellen Absichten und Ziele zurückstellen zu müssen. Dies mit der Hoffnung, die Autonomie der Klienten - auf der Grundlage welcher Objektbeziehungen auch immer - zu fördern, um im Sinne des fördernden Dialogs irgendwann auch einmal mit Erfolg fordern zu können. Immerhin bietet die Psychoanalytische Pädagogik die Selbstreflexion in Supervision und in der psychoanalytischen Selbsterfahrung als ein systematisches Moment: Ich mache mir bewußt, mit welchen Übertragungen ich selbst an Fremdheit herangehe.

Literatur

Aloys Leber, Zur Begründung des fördernden Dialogs in der psychoanalytischen Heilpädagogik. In: Iben, G. (Hrsg.), Das Dialogische in der Heilpädagogik. Mainz 1991, 41-61

AmkA (Amt für multikulturelle Angelegenheiten und Stadtschulamt) (Hrsg.), Praxiserfahrungen mit kultureller Vielfalt in städtischen Kindertagesstätten. Frankfurt 1995

Biondi, F., Ode an die Fremde. San Augustin 1982

Drescher-Bolz, C., Interkulturelle Erziehung auf dem Weg nach Europa. In: Büttner, C. (Hrsg.), Erziehung für Europa. Kindergärten auf dem Weg in die multikulturelle Gesellschaft, Weinheim 1997

Eryilmaz, H, Statement. In: Büttner, C./Finger-Trescher/Wolf-Almanasreh, R. (Hrsg.), Interkulturelle Erziehung und Psychoanalytische Pädagogik. Frankfurt 1997

Federn, E., Geschichtliche Bemerkungen zum Thema Psychoanalyse und Sozialarbeit. In: Büttner, C./Finger-Trescher, U. (Hrsg.), Psychoanalyse und soziale Arbeit. Mainz 1991

Orth, M., Unser (innerer und äußerer) Weg durch Teile der europäischen Vorschullandschaft. Erfahrungen und Ergebnisse aus einem Veränderungsprozeß. In: Büttner, C. (Hrsg.), Erziehung für Europa. Kindergärten auf dem Weg in die multikulturelle Gesellschaft. Weinheim 1997

Super, D., Career counseling across cultures. In: Pedersen, P. (Hrsg.), Handbook of Cross-Cultural Counseling and Therapy. Westport 1987

Trescher, H.-G./Finger-Trescher, U., Setting und Holding-Function. Über den Zusammenhang von äußerer Strukturbildung und innerer Struktur. In: Finger-Trescher, U./Trescher, H.-G. (Hrsg.), Aggression und Wachstum. Mainz 1992, 90-116

Cornelia Wegeler

„Hochzeit auf marokkanisch"

Sozialpädagogische Arbeit mit einer türkisch-marokkanischen Mädchengruppe[1]

Erste Begegnung mit einer Jugendlichen aus dem Maghreb

Dschamihlas Vater lebte und arbeitete schon seit Jahren in Deutschland. Seine Familie hatte er zu Hause in Marokko gelassen, wo Dschamihla eine weiterführende Schule - wie dort üblich - nach dem Vorbild des französischen Schulsystems mit Französisch als Unterrichtssprache besuchen durfte. Anschließend wollte sie ursprünglich Medizin studieren. Als sie 16 Jahre alt wurde, stellte sich das Vorhaben als unrealisierbar heraus, weil der Vater die Familie in eine Großstadt holte, in ein sozial gemischtes Neubauviertel am Rande der Stadt, wo auch ca. 200 andere marokkanische Familien, zumeist in Hochhäusern, wohnten.[2] Ihre Mutter, Analphabetin, kränklich und mit den kleineren Geschwistern überlastet, nahm Dschamihla sehr für den Haushalt und die Organisation des Le-

---

[1] In mündlicher Form habe ich diesen Text am 24. Mai 1997 anläßlich der Tagung „Interkulturelle Erziehung" des Frankfurter Arbeitskreises für Psychoanalytische Pädagogik u.a. in einer Arbeitsgruppe, die ich zusammen mit Frau Dr. Eva M. Blum leitete, vorgetragen. Für die Diskussion und Anregungen möchte ich Eva Maria Blum an dieser Stelle herzlich danken. Der vorliegende Text ist eine zweite, in Teilen veränderte Fassung meines Aufsatzes „Verrückte Wahrnehmungen", der 1997 im Jahrbuch „Ethnopsychoanalyse: Jugend und Kulturwandel" im Brandes & Apsel-Verlag erschienen ist. Die Namen der Personen im Text wurden geändert, die Lebensumstände leicht variiert. Die sozialpädagogische Arbeit mit ausländischen Kindern und Jugendlichen begann ich 1988, sie währte bis zum Sommer 1994.

[2] Dieser Stadtteil hatte 1988 18-20% Ausländer als Bewohner. Von 3000 Schülern des Stadtteils kamen ca. 800 aus ausländischen Familien, fast ein Viertel. Insgesamt lebten 1991 ca. 3000 marokkanische Mädchen und Jungen unter 16 Jahren, zumeist aus Nordmarokko (Nadór) kommend, in dieser Stadt. Diese Gruppe Marokkaner stellt in Marokko selbst eine Minderheit dar, die sogenannten Berber.

bens in der Fremde in Anspruch. Die gute Kooperation zwischen beiden war schon in den Jahren ohne Vater gewachsen. Dieser fühlte sich dadurch leicht ausgeschlossen, was er u.a. mit Schlägen zu durchbrechen versuchte. Der Vater, der die schon fast selbständige Tochter Jahre nicht gesehen hatte, war ihr ein fremder Mann geworden, der plötzlich über sie bestimmte und ihr vorschrieb, was sie zu tun oder zu lassen habe: Insbesondere ärgerte ihn ihr dauerndes Radiohören, durch das sie schneller Deutsch zu lernen hoffte. Er fand, sie solle den Haushalt führen und die Geschwister versorgen anstatt Deutsch zu lernen.

Zwei Jahre später kam sie als Schülerin einer Gesamtschule kurz vor dem Realschulabschluß zu mir, um mit mir deutsche Konversation zu führen, weil sie einen guten Schulabschluß auch in jenen Fächern erreichen wollte, für die gute Sprachkenntnisse wichtig waren (Deutsch, Geschichte, Sozialkunde, etc.). In Französisch, Mathematik, Biologie, Chemie und Physik war sie ausgezeichnet. Ich hatte gerade ein sozialpädagogisches Praktikum an einer Erziehungsberatungsstelle eines freien Trägers in diesem Viertel absolviert und eben mit Betreuung einer Grundschulkindergruppe begonnen, die sich nachmittags zum Spielen und zur Hausaufgabenhilfe traf. Diese Form der „Sozialen Gruppenarbeit“, wie sie sich nannte, war von diesem Träger eingerichtet, speziell für Kinder, die Probleme in der Schule oder zu Hause hatten. Einer von Dschamihlas jüngeren Brüdern ging dorthin, allerdings in eine andere Gruppe. Auf diesem Weg hörte sie von der Möglichkeit, Einzelbetreuung zu erhalten, und wurde mir geschickt. Das einzige, was ich von ihrer Familie wußte, bevor ich Dschamihla kennenlernte, war das auffallende Benehmen eines ihrer kleinen Brüder, der durch Ungebärdigkeit und Anpassungsschwierigkeiten in Konflikt mit den Gruppenleitern kam.

Zu mir kam eine sehr blasse, schüchtern-zurückhaltende und erst auf den zweiten Blick stolze junge Frau, die zu Anfang kein Wort herausbrachte vor Aufregung. Ihre Begierde, etwas zu lernen, gut zu sein, Anerkennung zu finden, ihr Verlangen nach Kontakt und Gesprächen brachen aber bald das Eis der Fremdheit, insbesondere als ich sie im Zusammenhang von sozialkundlichen Themen über ihr Land befragte. Ein Dreivierteljahr lang sahen wir uns einmal wöchentlich für 2 - 3 Stunden. So hatten wir genügend Zeit, einige Probleme bei den Schularbeiten zu lösen, Tee zu trinken und uns zu unterhalten: über die Schule, die Lehrer, die Mitschülerinnen, das Leben hier in dieser Stadt, von dem sie außerhalb der Schule nur sehr Spärliches mitbekam. Sie war die meiste Zeit zu Hause. Kontakt bekam sie zuallererst zu Institutionen, wie Arztpraxen, Sozialamt, Kindergarten und zu anderen Behörden, zu denen sie ihre Mutter, für sie dolmetschend, begleitete. Sie besuchte die Moschee, um u.a. Unterricht in der Muttersprache zu nehmen, ging mit Freundinnen aus anderen marokkanischen Familien aus, die sie in der Schule, bei Festen und Hochzeiten hier kennengelernt hatte. Wieviel Dschamihla jeden Tag arbeitete und leistete, kam heraus, als sie eines Nachmittags ziemlich müde ankam, den Tee mit Plätzchen ablehnte und nach einem Glas Leitungswasser verlangte, weil sie so durstig sei. Sie habe heute eine Arbeit geschrieben in Mathematik, sich aber nicht konzentrieren können, weil sie die ganze Nacht nur 2 Stunden geschlafen habe. Nach der Arbeit habe sie den Lehrer gebeten, entweder die Arbeit wiederholen zu dürfen oder bei der Notengebung zu berücksichtigen, daß sie schon seit Tagen kaum Schlaf habe. Dies habe er kopfschüttelnd von sich gewiesen. Der Ramadan, der moslemische Fastenmonat, als Grund, eine Arbeit zu wiederholen, schien ihm inakzeptabel. Sie erzählte mir dann: Zu Ramadan koche sie abends und morgens, noch vor Sonnenaufgang, für die Familie, käme erst nach Mitternacht ins Bett, weil die Familie nachts zweimal warm esse, um den Fastentag auszuhalten. Dann ginge sie zur Schule, kümmere sich um die Geschwister und die Mutter. (Kinder, Schwangere, Kranke und Frauen während der Menstruation sind vom Fasten befreit.) Zum Lernen müsse sie sich die Zeit durch Streit erkämpfen. Da die Zeit oft nicht reiche, drehe sie wenigstens das Radio auf. Der Vater mache sich dann über sie und ihren Wunsch, die Sprache der Fremden zu erlernen, lustig. Sein Unverständnis kränkte sie, zumal damit auch ihr eigener Konflikt berührt wurde: Wieviel Anpassung konnte sie sich in ihrem Stolz erlauben? All die Mißgeschicke in der außerhäuslichen Welt waren schon narzißtische Kränkung genug. Nun fiel mit den ironischen väterlichen Bemerkungen auch die von zu Hause erhoffte Ermutigung und der Trost als Rückenstärkung aus, obwohl der Vater derjenige ist, der immerhin schon einige Berührung mit dieser fremden Welt hat. Sie würde doch ohnehin bald verheiratet, dafür brauche sie weder Deutschkenntnisse noch einen guten Schulabschluß. Sie sollte also den traditionellen Weg ihrer Mutter gehen, anstatt sich mit Lernen für eine Art von Berufsleben vorzubereiten, das sie vielleicht der Familie zu sehr entfremden könnte.

Eines Tages bat sie mich, eine Geschichte mit ihr zusammen zu lesen: Am liebsten ein Märchen. Ich überlegte. Die Grimmschen Märchen fand ich für sie doch zu fremd. 1001 Nacht kannte sie nicht und wollte sie in deutscher Sprache nicht lesen. Da ich gerade eine sehr schön illustrierte Ausgabe von „Pinocchio" bekommen hatte, brachte ich diese das nächste Mal mit, allerdings zögernd und unsicher angesichts der Tatsache, eine Kindergeschichte mit einer 18jährigen zu lesen, die von einem hölzernen Jungen handelt, der sich erst nach vielen Abenteuern, in die seine Neugierde ihn stürzt, zu einem lebendigen Jungen entwickelt, der auf seinen Vater hört. Sie sah sich die Bilder an und hatte Lust zu lesen. Sie las vor und bei jedem Wort, das sie nicht verstand, blieben wir stehen, so daß wir nicht über die ersten 10 Kapitel hinauskamen. Zu meiner Überraschung stellte sich die Geschichte von der hölzernen Puppe, die die Welt der Menschen entdecken will und lernen will, wie diese zu leben, mit all seinen Unfällen, Mißgeschicken, Fehleinschätzungen, Irrtümern, Unsicherheiten, Übermütigkeiten und überraschenden Begegnungen, getrieben von verspielter Neugier, als ziemlich treffende Wiedergabe von Dschamihlas Gefühlen und Wahrnehmungen in der Fremde heraus. Insbesondere die Hölzernheit und Puppenhaftigkeit wurden mir beim Zuhören sowie durch Dschamihlas Fragen und Einfälle zur Metapher für ihr Gefühl von Fremdheit. Hölzernheit als Selbstgefühl für den eigenen Körper, der sich in der neuen Kultur nicht zu bewegen weiß, aneckt, sich die Füße verbrennt, sich bedroht fühlt und die fließende Selbstverständlichkeit der Bewegung, die Vertrautheit im Umgang und in der Kommunikation im eigenen Kulturkreis verloren hat. Sie belustigte sich über die ungehorsame Neugier von Pinocchio, konnte sie nur zu gut nachfühlen und nahm dies zum Anlaß, mir zum ersten Mal über ihre Konflikte mit dem Vater zu berichten.

Ich hörte den mir aus Kindertagen vertrauten, schon halbvergessenen Text, der mich zwar damals in große Spannung versetzt, mir aber nicht unbedingt gefallen hatte, weil er mir so unheimlich und hart erschienen war, wie neu und nie gelesen. Er erhielt einen anderen Sinn, indem er mit Dschamihlas Einfällen und Reaktionen, von ihr vorgelesen, neue Ebenen der Bedeutung entfaltete. Das Vertraute und Selbstverständliche wurde mir in der Begegnung mit der anderen Kultur und Geschichte Dschamihlas, ihren Fragen, ihrem Befremden vieldeutig. Auch mir wurde der Text zuerst fremd und dann spannend, wider meine Bedenken, die ich vorher hatte. Die gemeinsame Lektüre stellte meine Einschätzung und meine Erinnerung der Erzählung in Frage. Die Begegnung mit dem Fremden verrückt die eigenen Wahrnehmungen und rückt die Gewohnheiten, das alltäglich Vertraute, schon gar nicht mehr Wahrgenommene unversehens wieder in den Blick, was erst einmal Unsicherheiten und unangenehme Gefühle bei einem selbst auslöst. Sie stellt viele, nicht mehr bewußte Einstellungen zum Leben in Frage. Dies sollte ich in der nachfolgenden Arbeit mit den Jugendlichen aus der Türkei, Marokko, Tunesien, Algerien, Eritrea, Jugoslawien und Kindern einer Roma-Familien immer wieder erfahren, in unterschiedlicher Färbung und Form.

Dschahmila schaffte einen guten Realschulabschluß, organisierte sich eine Lehrstelle als Chemielaborantin bei einer großen Firma, deren Stellenanzeige wir in der Zeitung gemeinsam gelesen hatten. Sie war die einzige Marokkanerin, die aufgenommen wurde. All dies schaffte sie gegen den Willen des Vaters. Sie konnte trotz der Auseinandersetzungen, der Kränkungen und ihrer Ablehnung des für sie fremden, autoritären Mannes allmählich mehr Verständnis für seine komplizierte Lage hier in der Fremde entwickeln: Als Vater einer weiblichen Jugendlichen ist er eigentlich nicht zuständig für sie. Ab der Pubertät wird in der Regel die Geschlechtertrennung streng beachtet. Die Mutter wiederum kann ihr hier bei all dem Neuen, der Schule, ihrem Arbeitsvorhaben nicht helfen. Auch die erweiterte Familie, wie Großmütter und Tanten, fällt aus, weil sie viel zu weit weg, eben zu Hause in Nordmarokko leben. Höchstens das Beispiel anderer Mädchen ihres Alters käme in Frage. In diesem Fall aber war sie selbst, neben einem anderen befreundeten Mädchen (Marina), die Vorreiterin für die jüngeren Mädchen aus den marokkanischen Familien ihres Stadtviertels. Der Vater, der hier schon Jahre lebt, arbeitet und ein bestimmtes Bild der hiesigen Kultur gewonnen hat, „sich auskennt", kommt auf diese Weise - gegen die Gewohnheit der Geschlechtertrennung ab der Pubertät - in die Lage zu bestimmen, was seine Tochter darf und was nicht, wie ihr Lebensweg hier aussehen soll, welche Anpassungsschritte noch erlaubt sind und was schon zu weit weg von der Tradition führen würde. Die Mütter, die die deutsche Sprache in der Regel nicht erlernen, kaum das Haus verlassen, fallen als schützende und eingreifende sowie als wegweisende Personen aus. Ja umgekehrt fürchten sie, die Tochter als einzige Hilfe und Vertraute an die fremde Welt zu verlieren, so daß sie auch wenig unternehmen, um sie gegenüber dem Vater zu verteidigen. Das Leben in der Fremde bewirkt zudem eine

Steigerung von Rigidität und Strenge seitens der Eltern, ihrer Anforderungen an die Einhaltung traditioneller Regeln, um die Herkunftsidentität nicht zu verlieren. Oft hörten wir später überraschte Berichte der Töchter, wenn sie nach den Sommerferien aus Marokko zurückkehrten, wie freizügig die Gleichaltrigen dort mittlerweile leben dürften, im Unterschied zu ihnen hier.

In diesem Punkt wird der Unterschied zwischen „heißer Kultur" (Claude Lévi-Strauss, Margret Mead) und einer „kalten Kultur" berührt, die sich allerdings schon auf den Weg der Anpassung an die westliche Lebensweise begeben hat, aber zum Teil noch in starken Ungleichzeitigkeiten verharrt. Die Mutter Dschamihlas ist wohl noch mit der Vorstellung aufgewachsen, so zu leben wie ihre Großmutter. Spätestens für ihre Tochter gilt dies nicht mehr, sollte ja schon zu Hause nicht mehr gelten (Dschamihlas Studienpläne z.B.). Der offene Lebensentwurf erfährt aber in der Fremde einen Rückschlag, der u.a. von den Eltern ausgeht. Diese meinen, ihre Identität und auch Loyalität besser wahren zu können, wenn sie ihre Kinder so erziehen, wie sie selbst als Kind in Marokko (zumeist vor 20-30 Jahren) erzogen worden sind, ein Versuch, zur zyklischen Zeitvorstellung in kalten Kulturen zurückzukehren, als die Enkel noch dasselbe Leben führten wie die Großeltern. Der Identitätskonflikt der jungen Mädchen wird verschärft durch die rigide Haltung der Eltern, insbesondere ihren Töchtern gegenüber, in Konfrontation mit einer, zumindest dem Anschein nach, sehr freizügigen, weniger von Gruppenzwängen bestimmten „heißen Kultur" hier, die für marokkanische Eltern gerade an der Emanzipation der Frauen sichtbar und fühlbar wird. Der beschleunigte Wandel und eine lineare Zeitvorstellung (das ist mit „heißer Kultur" gemeint) verkehrt in gewisser Weise aus der Sicht marokkanischer Eltern das Verhältnis der Generationen: Die deutschen Eltern orientieren sich eher an ihren jugendlichen Kindern (z.B. in der Mode, den Sportarten, etc.) und stehen ihnen in der Regel näher als ihrem Selbst in der eigenen Jugendzeit vor etwa 20 Jahren, um mit der Entwicklung Schritt halten zu können. Das ist sicher eine der Hintergrundsmelodien für den interkulturellen Konflikt, in den insbesondere Jugendliche, und da wiederum die Mädchen, hier kommen: Sie fallen aus einer „kalten Kultur", die die Adoleszenzzeit beschränkt und durch frühe Verheiratung einzugrenzen sucht, in eine Umgebung, die eine lang andauernde offene Entwicklung und eine Individualisierung mit der Wahl zwischen verschiedenen Lebensformen anbietet.

Dieser Konflikt kann nur jeweils mit den Eltern, insbesondere den Vätern, durch ihnen von den Töchtern selbst abgerungene Kompromisse bearbeitet werden. Oft können die Väter aber nicht mit ihren Töchtern sprechen, weil sie nicht wissen wie. Oft wagen es wiederum die Töchter nicht, mit ihren Vätern zu sprechen, weil sie die fremdgewordenen Männer, die unvermittelt die Vaterstelle einnehmen, aufgrund der von Ängsten und Projektionen aufgeladenen Sprachlosigkeit zwischen ihnen in der Phantasie zu überdimensioniert strengen und kontrollierenden Feinden machen. Die Väter geraten aus der Sicht der Töchter in die Position eines archaischen Über-Ichs, das vernichtend bestraft. Genau diese Konstellation zwischen Vater und Tochter im Konfliktfall begegnete uns signifikant häufig. Anfangs neigten wir dazu, die Phantasien der Töchter über ihre Väter zu teilen. Es war ein Stück Arbeit für uns, zu entdecken, daß es auch um ein Kommunikationsproblem zwischen den Vätern und ihren - zumeist erstgeborenen - Töchtern geht. Wie gestaltbar die Kommunikation Vater-Tochter war, ob die Mütter, aber auch wir, eine vermittelnde oder eher aufheizende Rolle spielten, davon hing der Ausgang von Konflikten über die Entwicklungsmöglichkeiten der Töchter entscheidend ab.

Dschamihlas Schlüssel zum Kompromiß war, daß sie geschickt die Verheiratungsversuche der Eltern hinausschob, indem sie mit den vorgeschlagenen Männern nicht einverstanden war und zugleich zu verstehen gab, daß sie sich verheiraten lasse, wenn die Eltern den richtigen aussuchten. Mit der Zeit, die sie gewann, konnte sie arbeiten. Der Vater war nach großen Widerständen schließlich stolz auf die Stelle der Tochter und vielleicht auch froh über das zusätzliche Geld. Ganz hat sie es ihm wohl nicht gegeben. Denn ca. 2 Jahre nach dem Ende unserer Arbeit, hupte neben mir mitten im Stadtverkehr ein Auto so lange, bis ich mich umblickte: Darin saß lachend Dschamihla am Steuer, neben ihr eine junge Frau und auf dem Rücksitz ein junger Mann. So fuhren sie hupend und winkend an mir vorbei. Für eine schüchterne junge Marokkanerin aus einer Berberfamilie, die sich anfangs nicht zutraute, allein eine Zeitung zu kaufen und die sich nur schwer orientieren konnte, ein Erfolg. Von anderen Mädchen erfuhr ich, daß sie zu ihrer Hochzeit eingeladen waren, die die Eltern stolz, groß und traditionell feierten. Sie habe einen marokkanischen Mann gefunden, den sie heiraten wollte.

Allerdings muß man bei diesem „Erfolgsbericht" in Betracht ziehen, daß Dschamihla erst im Alter von 16 Jahren nach Deutschland gekommen war, also in ihrer Identität und in ihren Lebensvorstellungen relativ gefestigt war. Zudem hatte sie über die französische Schule bereits eine Erfahrung und Auseinandersetzung mit einer ihr fremden Kultur hinter sich, die sie wahrscheinlich auch schon ohne Begleitung der Mutter gemacht hatte. Die lange Abwesenheit des Vaters und ihre Rolle als Erstgeborene mögen sie zusätzlich gestärkt haben, so daß sie gut einen Kompromiß schließen konnte. Dieser bestand darin, daß sie 1. Zeit für sich gewann, um ihre Entwicklung voranzutreiben und 2. darin, eine Art von Liebeswahl durchzusetzen. Andererseits fügte sie sich den Heiratsplänen der Eltern, indem sie nicht all zu lange wartete, und indem sie einen Marokkaner heiratete. Die Kompromißbereitschaft ermöglichte ihr außerdem, neue Identitätsanteile in ihr bereits gefestigtes Ich zu integrieren. Auch ist es noch nicht ausgemacht, wie sich die Ehe einer Frau entwikkelt, die Arbeit hat, während der zumeist aus Marokko eingeflogene Mann ohne Sprachkenntnisse etc. erst einmal finanziell und anderweitig auf sie angewiesen ist. Solche Abhängigkeit, die die traditionellen Verhältnisse umkehrt, führt meist zu heftigen Aggressionen bei den hierher geholten Ehemännern. Wie das in Dschamihlas Fall ist, entzieht sich meiner Kenntnis.

Dschamihlas Bruder, der als schulpflichtiger Junge hierherkam, ging es anders: Mit Schuleintritt wurde er mit einer ihm völlig fremden Sprache und Kultur konfrontiert, in die er sich zwar schnell hineinfand. Um so schärfer erlebte er wohl den Unterschied zu seinem zu Hause, weil seine Anpassung viel weiter und tiefer ging und er geriet in Konflikte, die ihn bald überforderten. Vielleicht drückt er auch den delegierten Wunsch der Eltern aus, sich nicht anzupassen und ihre Sorge, den Sohn in der Fremde zu verlieren, worüber ich in seinem Fall nur spekulieren kann. Die Entwicklungsziele männlicher Jugendlicher sind andere als die der Mädchen, bei denen es in erster Linie um die baldige Verheiratung geht, die in der Regel eine Art Initiation in das Erwachsenenleben bedeutet. Den Mädchen, die an die Entwertung schon allein aufgrund ihres Geschlechts gewöhnt sind, zudem an die Mühen und Plagen in einer Großfamilie mit vielen Geschwistern, eröffnet sich mit der Schule und den Ausbildungsmöglichkeiten ein unverhoffter Entwicklungsraum, den einige zu nützen verstehen.

Zur Arbeit mit der Mädchengruppe

1. Zur Vorgeschichte: Die Kindergruppe

Die Idee zur Einrichtung eines Mädchentags in einem Jugendclub - zunächst nur für ausländische Mädchen - entwickelte sich auf dem Hintergrund mehrschichtiger Motive. Ich hatte, zusammen mit einer Freundin und Kollegin, über eineinhalb Jahre eine Gruppe von Jungen und Mädchen, die zu Beginn die 2. bzw. 3. Klasse der Grundschule besuchten, wöchentlich einen Nachmittag lang im Rahmen der „Sozialen Gruppenarbeit" in dem oben beschriebenen Viertel betreut. Schon in jener Zeit hatten einzelne Kinder zusätzlich individuelle Betreuung nötig, zumeist aufgrund einer Mischung von schulischen und familiären Problemen, die durch die Gruppenarbeit allein nicht hinreichend bearbeitet werden konnten. So erhielten einige der Kinder zusätzlich Einzelbetreuung, die ähnlich strukturiert war wie im oben beschriebenen Fall. Die z. T. intensiven Einzelbetreuungen bestärkten unseren Eindruck, daß insbesondere die ausländischen Mädchen eine außerschulische Begleitung bei dem Übergang in die weiterführenden Schulen und Lehrstellen benötigen und zusätzlich einen geschützten Raum, der sie bei der Orientierung und Identitätsfindung hier unterstützte.

Nach eineinhalb Jahren Gruppen- und Einzelarbeit waren wir gerade so weit gekommen, daß uns gemeinsame Aktivitäten auch mehr oder weniger gelangen: Ausflüge ins Museum, Kochen, Rollenspiele, Fotografieren und die Bilder selbst entwickeln, Geburtstagsfeste und regelmäßige Schularbeiten, Geschichten erzählen, gemeinsam über Probleme Einzelner sprechen etc. An dieser Stelle sollte unsere Beziehung enden, weil die „Soziale Gruppenarbeit" des Trägers Kinder nur bis zum Eintritt in die weiterführenden Schulen förderte. Genau in diese Zeit fiel ein Ereignis, das die marokkanischen Mädchen sehr beschäftigte und den Wunsch ihrerseits zu Tage förderte, die Arbeit mit uns fortzusetzen. Marina, ein älteres Mädchen, entfernt verwandt mit einem Mädchen aus der Gruppe, war plötzlich verschwunden. Sie war wegen ihrer Intelligenz, Angepaßtheit, ihren Berufsplänen, ihrer Kommunikationsfähigkeit und ihrer Schönheit den meisten bekannt, ja sie galt als Vorbild. Ihre Eltern hatten sie gegen ihren Willen verlobt, während eines Urlaubs in Marokko. Hier angekommen, zerstörte sie das Verlobungsgeschenk und weigerte sich, den von den Eltern ausgesuchten Mann zu heiraten. Dies teilte sie zwar den Freundinnen, so weit ich weiß aber nicht ihren Eltern mit, die ihre

Weigerung in Marokko übergangen hatten. Plötzlich war sie verschwunden und tauchte nicht mehr auf. Die Mädchen gerieten in Aufruhr über diese plötzliche Konfrontation mit einem möglichen Ausgang ihrer Zukunft. Die Eltern von Marina konnten sich längere Zeit in der Öffentlichkeit nicht mehr blicken lassen, weil sie mit der widerspenstigen Tochter, die das Haus auf Nimmerwiedersehen verlassen hatte, ihre Ehre verloren hatten und weil ihre Fähigkeit, über die Töchter zu wachen, stark in Frage gestellt war. Marinas Mutter hoffte lange Zeit auf ein Lebenszeichen von ihr und verfiel in Trauer. Marina hatte alle Brücken zu ihrem zu Hause abgebrochen. Die anderen marokkanischen Mütter hielten ihren Töchtern dieses Beispiel vor und befürchteten, sie könnten ebenso handeln. Es war *das* Gesprächsthema in den marokkanischen Familien und vertiefte ihr Mißtrauen in die deutschen Institutionen, die, aus ihrer Sicht, die Töchter zu solchen Schritten verführten, indem sie ihnen Unterstützung gewährten. Das war die Angst, die auch uns entgegengebracht wurde, als wir den Plan faßten, für die Mädchen einen Mädchen-Nachmittag in dem benachbarten Jugendclub einzurichten. Einige der Mädchen wünschten, angesichts solcher Aussichten, von uns Unterstützung beim Übergang in die weiterführende Schule, die sie von zu Hause nicht erwarten konnten. Die ebenfalls für diesen Träger in diesem Viertel mit marokkanischen Familien arbeitende ägyptische Psychologin unterstützte unsere Idee sehr. Schließlich richtete sie die Gruppe mit uns ein und wir leiteten sie zu dritt. Sie hatte allerhand zu tun, um die Familien davon zu überzeugen, daß wir ihnen mit dieser Einrichtung im Rahmen eines Jugendclubs durchaus nicht die Töchter entfremden und sie zum Weglaufen ermutigen wollten.

Der Übergang in die Pubertät stellte den Heranwachsenden zusätzlich neue Probleme. In der letzten Zeit der Kindergruppe beschäftigten sie sich im freien Rollenspiel mit der Heirat und dem eigenen Körper. Dabei wurde deutlich, wie sehr gerade die Mädchen einen geschützten Raum vermißten, in dem sie ohne ihre Brüder bzw. Jungen und ohne deutsche Kinder sein konnten, deren Probleme von anderer Art waren. Ihre Fragen, aber auch das Bedürfnis nach geschützter Intimität brachen hervor, als wir in gutmeinender Naivität und aufklärerischer Absicht einen Besuch bei Pro Familia machten. Für die Mädchen wurde dieser Besuch zu einem Übergriff unsererseits. Sie fühlten sich von uns vorgeführt und beschämt, als sie dort ein Stück Aufklärungsunterricht erhielten. Insbesondere die Aufforderung der Pro-Familia-Mitarbeiterin, ein Kondom in die Hand zu nehmen und es aufzublasen, erzeugte Scham und Gelächter, dann Zoten und Ablehnung. Die Mädchen reagierten so, als seien sie aufgefordert worden, das männliche Genital zu berühren. An dem folgenden Nachmittag war die Gruppe chaotisch, aggressiv und kaum zugänglich. Erst als wir diesen Besuch thematisierten, konnte die Wut auf uns und das Gefühl des Übergriffs formuliert werden. Sie gaben uns zu verstehen, daß sie ihren Weg zu fragen und ihre eigenen Themen respektiert wünschten. Über manches wußten sie längst Bescheid und Aufklärung über Ungefragtes fanden sie unangemessen. Sie hätten zwar eigene Fragen, die sie aber nicht ohne weiteres formulieren mochten. Sie berichteten aufgebracht vom Aufklärungsunterricht in der Schule im Beisein der Jungen.

2. Die Mädchengruppe:

Auf diesem, also mehrfach determinierten Hintergrund beantragten wir die Förderung einer türkisch-marokkanischen Mädchengruppe bei der Stadt, was uns auch mit Hilfe einer städtischen Behörde gelang, so daß wir etwas mehr als 4 Jahre lang diese Mädchengruppe begleiten konnten: eine deutsche Kinder- und Jugendlichenanalytikerin in Ausbildung, eine Psychologin aus Ägypten und ich, aus Österreich kommend, mit einer bulgarischen Mutter und einem österreichischen Vater selbst bikulturell aufgewachsen. Die multikulturelle Zusammensetzung des Teams, mit wenigstens einem Mitglied aus der islamischen Ausgangskultur der Mädchen, eröffnete gänzlich neue Wege der Verständigung mit den Mädchen. Dies war für uns besonders auffallend und stark erlebbar, weil wir ja zu den meisten schon vorher Kontakt gehabt hatten, also sehen konnten, was das Hinzukommen der ägyptischen Kollegin auslöste und bewirken konnte. Das Verhalten der Mädchen uns gegenüber veränderte sich. Sie zeigten uns viel mehr von bisher verborgen gebliebenen Seiten, was mich im Nachhinein daran denken läßt, wir hätten bis dahin vor allem ihre an die hiesige Kultur angepaßte Seite gezeigt bekommen, all das, was auch die Lehrer in der Schule, ihre deutschen Mitschüler/innen etc. zu sehen bekamen. Mit der ägyptischen Kollegin konnten sich die Mädchen in Arabisch verständigen. Sie war den marokkanischen Familien zumindest vom Hören-Sagen bekannt. Sie hatte u.a. in dem Viertel für marokkanische Frauen einen Alphabetisierungskurs organisiert und nahm an dem Nachmittagstreffen der Mütter teil, die ihre Kinder in der „sozialen Gruppenarbeit“ hatten und von denen Schwestern nun in die „Mädchengruppe“ des benachbarten Jugendclubs gingen. Dadurch hatte sie regelmäßig Kontakt zu einigen der marokkanischen Mütter. Unsere anfängliche Befürchtung, daß sich die Arbeit mit Müttern und Töchtern in der Adoleszenz ungünstig überschneiden könnte, stellte sich bald als gegenstandslos heraus. Im Gegenteil, die Überschneidung verhalf uns zu einem Vertrauensminimum der Eltern, die ihre Töchter, später die jüngeren Schwestern und andere Mädchen zu uns schickten. Manche Mütter kamen schließlich selbst auf Besuch in den Club. Der Kontakt zu den Eltern ermöglichte und erleichterte manches. Hinzukam die günstige Lage der Clubräume in einer Füßgängerzone.

Sie waren zum Teil von außen einsehbar, weil sie so riesige Fenster hatten. Die Mütter konnten beim Einkaufen aus gewisser Entfernung ihre Töchter sehen und vor allem, daß keine Jungen dabei waren. Andererseits waren die Räume durch die Lage im 1. Stock und durch den schmalen Zugang über ein kleines Brückchen doch relativ abgegrenzt. Man konnte auch Vorhänge zuziehen, was manchmal von den Mädchen gewünscht wurde, wenn sie z.B. vor einem großen Wandspiegel tanzten. Die hinteren Räume mit Küche, Sofaecke u.a. hingegen waren nicht einsehbar. So ergaben sich unterschiedliche Möglichkeiten des Zusammenseins und der Halböffentlichkeit und Intimität. Aus den rückwärtigen Räumen wiederum konnten die Mädchen in den Hof der Gemeinde sehen, wie etwa die Mütter mit den Kleinkindern zum Nachmittagskaffee kamen oder gingen.

Die Gruppengröße hielt sich über all die Jahre zwischen 10 und ca. 18 Jugendlichen in wechselnder Besetzung. Die Kerngruppe bildeten die Mädchen, die wir schon aus ihrer Grundschulzeit kannten. Einige besuchten auch an anderen Tagen den Jugendclub, soweit es ihre Brüder zuließen. Für die Brüder wiederum war es anfangs eine arge Zumutung, daß der Club an einem Nachmittag nicht mehr für sie geöffnet war. Das führte zu einer Reihe von Auseinandersetzungen zwischen den Jugendlichen und auch mit uns, die während all der Jahre immer wieder in unterschiedlicher Tönung aufflammten. Es gab Zeiten, in denen die Mädchen den Mädchentag ohne Jungen langweilig fanden und es liebten, mit den fallweise vor den Fenstern des Clubs auftauchenden Jungen zu flirten, hinauszulaufen oder einen Jungen unter Vorwänden hinter unserem Rücken hereinzuschmuggeln. Irgendwann, als wir nicht mehr ohne Eigenaktivität der Mädchen den Mädchentag verteidigen wollten, übernahmen sie dies zu unserer Überraschung von sich aus. Insgesamt gesehen war die Bedingung „Mädchentag“ die einzige Möglichkeit, marokkanische Mädchen mit Erlaubnis der Eltern in einen Jugendclub zu integrieren. Auch wirkte sich der den Mädchen zugesicherte Raum auf ihr Verhältnis zu den Brüdern und zu Jungen überhaupt aus, die gar nicht daran gewöhnt waren, daß ihre Schwestern ein „Zimmer für sich allein“ beanspruchen konnten. Für die Mädchen selbst war es ungewohnt und ihr Selbstbewußtsein fördernd, die Brüder vor die Tür weisen zu können. Es dauerte drei Jahre bis die Gruppe soweit war, sich zu öffnen und auch deutsche Jugendliche aufzunehmen. Die Möglichkeit in einem Raum ohne deutsche Mitschülerinnen über die Erfahrungen in der Schule und außerhalb miteinander und mit uns sprechen zu können, war zentral.

Es kostete einige Mühe, die Mischung aus Vergnügen und Lernen, die wir im Sinn hatten, zu realisieren. Es gab regelmäßige Zeiten für Hausaufgabenhilfe, die zeitweise überhand nahm, auch Lehrergespräche, Lehrstellenvermittlung etc. beinhaltete. Das gemeinsame Lernen und Arbeiten in den Clubräumen, bisher eher unüblich, führte dazu, daß die Mädchen fallweise auch an anderen Tagen zum Lernen in den Club kamen und war gegenüber den Eltern das eigentliche Motiv, aufgrund dessen sie den Besuch des Clubs erlaubten. Für uns wurde deutlich, wie hoch die schulischen Anforderungen mit den neu hinzukommenden Fremdsprachen, aber auch mit den für hiesige Kinder oft schon vertrauten Themen im Geschichts- und Sozialkunde-Unterricht waren. So verbrachte ich z. B. einen Nachmittag damit, einer Eritreerin das Kanalisationssystem zu erklären, indem ich es aufmalte. Hessische Landeskunde war auch für mich neu und interessant, so daß ich gemeinsam mit den Schülerinnen lernte. Bei dieser Gelegenheit besorgten wir eine Landkarte von Nordafrika, die einige Zeit an der Wand eines Clubraumes hing und anhand derer uns dann die Mädchen zeigen konnten, wo sie und ihre Familien herkamen. Anhand der Nachhilfe zum Thema deutsche Nachkriegszeit wurde mir deutlich, wie fremd und fern für die Mädchen die Währungsreform, die deutsche Teilung und andere Themen wirkten, die für hiesige Kinder aus den Erzählungen der Eltern längst vertraut und emotional gefärbt waren. Fragen zur Vernichtung der europäischen Judenheit kamen in höchst erstauntem und peinlich berührtem Ton. Die Peinlichkeit schien mir auf die Tatsache bezogen zu sein, daß sie etwas Abscheuliches über die Kultur erfuhren, an die sie sich gerade anzupassen bemühten. Das Thema wurde aber eher vermieden. Auch der Umgang mit Ausländern hier war tabuiisiert. Dies kam durch Zufall heraus, als die schon erwähnte Eritreerin eines Nachmittags mit mir Hausaufgaben machen wollte, aber nicht wußte, welche. Sie sei heute wegen Kopfweh früher von der Schule nach Hause gegangen. Als ich nachfragte, was denn heute in der Schule gewesen sei, erzählte sie, daß die Lehrerin die Überfälle auf das Asylantenheim in Rostock und im Kontext damit die Ausländerfeindlichkeit thematisiert hatte. „Und dann hast Du Kopfweh bekommen?“, fragte ich. Im Nu waren wir von einer Gruppe von Mädchen umringt, in deren Unterricht ebenfalls vom Lehrer die Übergriffe auf hier lebende Ausländer angesprochen wurden. Einige waren empört darüber, weil sie sich durch die Thematisierung der feindseligen Übergriffe stigmatisiert und aus dem Klassenverband herausgehoben fühlten, was sie unter allen Umständen vermeiden wollten. Eine erzählte, daß sie dazu nichts sagen möchte, weil es nicht ihr Problem, sondern das der Deutschen sei. Die Mädchen fühlten sich durch die wohlmeinende Absicht der Lehrer eher angegriffen und hilflos gemacht. Schließlich kam aber heraus, daß die Überfälle durchaus auch in ihren Familien besprochen wurden, Ängste ausgelöst hatten, die sie aber nicht zeigen wollten. Einige Väter hatten sogar Bedenken, die Kinder allein in die Schule gehen zu lassen. Andererseits war die Gruppe nicht-deutscher Schüler/innen in dem Viertel so groß, daß die Ängste sich bald wieder auflösten.

Das gemeinsame Essen spielte eine große Rolle. Zu Beginn versorgten wir die Mädchen, was sie sehr genossen. Später liebten sie es, selbst einkaufen zu gehen und gemeinsam zu kochen. Das Essen versammelte die Mädchen zu einer Großgruppe, während dessen sich zwanglos gemeinsame Gespräche und Themen, die gerade akut waren, entwickeln konnten. Die frei verfügbare Zeit wurde sehr variabel genützt. Anfangs „machten“ wir oft Programm. Es war eine deutliche Entwicklung und brauchte Zeit, bis die Gruppe selbst bestimmte, was sie unternehmen mochte und Einigungsprozesse in der Gruppe in Gang kamen. Unterbrochen wurde der Hausaufgaben - Essens - Rhythmus durch Aktivitäten außerhalb des Clubs. Wir eroberten allmählich gemeinsam die Stadt: Schwimmen, Eislaufen, Museumsbesuche, Kino, Weihnachtsmarkt, Ausflüge in den Palmengarten etc.

Interkulturelle Differenzen zeigten sich deutlich vom Beginn der Mädchengruppenarbeit an. Das, was auch schon vorher in der Kindergruppe, zwar leiser und andeutungsweise an Kleinigkeiten zu ahnen war, trat nun, aufgrund des neu und multikulturell zusammengesetzten Teams deutlicher hervor. Für die Mädchen bewirkte das Zusammentreffen mit der ägyptischen Kollegin einen Wandel der Umgangsformen. Sie waren neugierig auf sie, ungewohnt höflich und gut gelaunt, wenn sie in den Club kamen. Sie führten ein neues Begrüßungsritual ein, das dann auch auf die anderen beiden, ihnen schon vertrauten Leiterinnen übertragen wurde: Anstatt wie bisher bloß „Hallo“ oder gar nichts zu sagen, wurde nun jede, auch untereinander, mit Küßchen rechts und Küßchen links auf die Wange begrüßt. Spontan und sofort nützten die aus Nordafrika kommenden Mädchen die Gelegenheit, arabisch sprechen zu können. Sie scharten sich anfangs um die ägyptische Kollegin. Die anderen Mädchen und die beiden Koleiterinnen, die wie wir nichts verstanden, wurden dann allmählich durch Übersetzungsarbeit einbezogen. Übersetzen, nicht-verstehen, erklären, mißverstehen, nachfragen, einen Verständigungsweg finden, befremdete, neugierige, ablehnende Reaktionen, die Diskussion all dessen wurde zu einem ersten lang anhaltenden Thema in der Gruppe, das sich von der zuerst rein sprachlichen Ebene auf die kulturelle und die der Beziehungen ausweitete. Die Frage, wer kann sich mit wem auf welche Weise verständigen und wie gehen diejenigen, die ausgeschlossen sind, damit um, spiegelte in dieser, durch das Arabisch-Sprechen ausgelösten Gruppendynamik, auch die Situation der Mädchen außerhalb der Gruppenarbeit wider und konnte so zu einem Lern- und Erprobungsfeld neuer Wege der Auseinandersetzung und Kommunikation werden. Uns erging es nun so wie den Mädchen „draußen“. In der Kindergruppe wurde nur deutsch gesprochen und wenn damals einige der Kinder Worte ihrer Sprache verwendeten, war dies meist mit einem Schamgefühl uns gegenüber verbunden. Wie sie überhaupt in der Kindergruppe, zusammen mit den deutschen Kindern, darum bemüht gewesen waren, sich so darzustellen, als gäbe es wenig Unterschiede. Damals bekamen wir vor allem ihre angepaßte Seite zu Gesicht. Dieses Verhalten von Kindern aus Kulturen, die hier eher entwertet oder als zu fremd angesehen sind, verführt wohl manchen Pädagogen zu der Ansicht, kulturelle Unterschiede spielten eine geringe Rolle, die Kinder seien in erster Linie Kinder.

Daß dem aber nicht so ist, erlebten wir sehr eindringlich in der nachfolgenden Arbeit mit der Mädchengruppe.

So ergaben sich von Anbeginn der Mädchengruppe Gesprächsrunden, in denen die ägyptische Koleiterin gemeinsam mit den Mädchen viel aus der arabischen und der islamischen Welt erzählten, wobei auch Differenzen zwischen ihr und den Mädchen deutlich wurden. Später, durch den Golfkrieg ausgelöst, entwickelten sich politische Diskussionen, in denen auch Differenzen innerhalb des Teams hervortraten. Die Mädchen interessierten sich stark für das Leben einer traditionell erzogenen Ägypterin aus der Kairoer Oberschicht, die im Ausland studiert hatte, mit einem Mitteleuropäer verheiratet Kinder aufzog und ihrem Beruf nachging. Als einzige Mutter von uns dreien und bestimmten Wertvorstellungen des Islam verbunden, die sie auch spontan in mütterlicher Weise den Mädchen gegenüber vertrat, zog sie umgehend Mutter-Übertragungen auf sich, nicht nur von den Mädchen, sondern auch von uns Kolleginnen. Es gab Zeiten, in denen die anderen beiden Leiterinnen von den Mädchen ausgesprochen für ihr „einsames Leben, ohne Mann, ohne Kinder und nur mit Arbeit" bedauert wurden. Mit zunehmender eigener Entwicklung zur jungen Frau, an ihr zukünftiges Leben denkend, gaben einige der Mädchen uns zu verstehen, daß sie uns als unfruchtbare Frauen wahrnahmen, denen etwas Entscheidendes fehlte, auch wenn wir die Vorteile eines individualisierten und selbstgewählten Lebensstils genossen, ohne der Familienkontrolle zu unterliegen, bzw. die Familienehre wahren zu müssen. Dieses Übertragungsgeschehen, das zumindest auf mich irritierend und mich in Frage stellend wirkte, bezeichnet die Linien der interkulturellen Auseinandersetzung in der Gruppe zwischen dem Frauenleben ihrer Mütter, die zumeist in langen traditionellen Gewändern und Kopftuch erschienen, und der von unserer Generation nicht ohne Mühe und Plage erworbenen Identität bzw. Lebensstile. In diesem Punkt treffen sich interkulturelle mit gesellschaftspolitischen Aspekten, die den Mädchen zwar nicht bewußt waren, uns aber bei unserer Arbeit durchaus mitbestimmten und dafür sorgten, daß wir in eine Reihe von Zwiespälten gerieten, was eigentlich die Aufgabe unserer Arbeit war: Wie weit konnten wir emanzipative Gedanken mit den Wünschen der Mädchen unter ihren Lebensbedingungen vereinbaren und ihnen auf eine Weise vermitteln, die für sie zuträglich und lebbar war? Denn ihre Spielräume und Möglichkeiten waren entschieden anders und festgelegter als unsere. Dies zu verstehen und deren Grenzen richtig einzuschätzen, erforderte einen Lernprozeß von uns. Ein Hauptfeld der Vermittlung, das uns neutral genug erschien, war die intensive Unterstützung beim

Lernen und das Engagement, für eine gute Ausbildung der Mädchen zu sorgen, fallweise auch in Auseinandersetzung mit ihren Eltern und ihren Lehrern an den Schulen und Lehrstellen. In der Tat gab es eine Entwicklung in der Gruppe, in welcher es trotz des oft überhand nehmenden Chaos möglich war, das Vergnügen am Lernen und an intensiver Beschäftigung mit außerfamiliären Gegenständen für die Mädchen erleb- und erfahrbar zu machen, so daß einige dann von sich aus und erst in der Folgezeit ein Stück dieses Wegs gingen. (Zum Beispiel entschlossen sich später mindestens zwei Mädchen, ein externes Abitur anzugehen).

Die uns entgegengebrachte Ambivalenz schwankte zwischen Entwertung unserer Arbeit, etwa im oben genannten Sinn - wir haben wohl nichts Besseres zu tun -, und Idealisierung. Die Idealisierung zeigte sich später u.a. an der bloßen Phantasie einiger Mädchen, auch zu studieren und denselben Beruf zu ergreifen sowie an der Vorstellung, wir hätten für jedes Problem eine Lösung parat. Im Lauf der Zeit differenzierten sich die Beziehungen der Mädchen zu uns in einer Weise, daß jede von uns für etwas anderes zuständig gehalten und auch in Anspruch genommen wurde. Damit Hand in Hand gehend konturierten sich die unterschiedlichen Fähigkeiten der Leiterinnen und der Gruppenmitglieder, so daß ein kreativ spiegelnder Prozeß ablief, der zu einem Raum des Probehandelns und Ausprobierens werden konnte. Unsere Fähigkeiten bzw. Grenzen bei der Verarbeitung von Konflikten in der Gruppe und im Team gab diejenigen in der Gruppe vor. Die ägyptische Kollegin geriet im Lauf der Zeit in die Rolle einer Art Übergangsmutter, mit der einige Mädchen Konflikte, die sie mit ihren Eltern auszutragen scheuten, ausprobierten. Ich erinnere mich z. B. an eine Szene, als eines der Mädchen sie bat, einen Lippenstift mit ihr einzukaufen, und dann selbst ein kräftig leuchtendes Rot wählte. Daraus entwickelte sich zwischen den beiden eine Diskussion über das angemessene, nämlich zurückhaltende und nicht provokante Aussehen eines islamischen Mädchens, das die Familienehre wahrt, die die Gruppe mit gespannter Anteilnahme verfolgte. Solche Diskussionen führten später die Mädchen untereinander. Anlaß dazu bot eine neu hinzugekommene Marokkanerin, die als zu „nuttig" gekleidet anfangs sehr hart von der Gruppe ausgegrenzt wurde.

Am Ende des ersten Jahres feierte der Träger im benachbarten Gemeindehaus ein Jubiläum ihrer sozialen Gruppenarbeit als internationales Frauenfest, zu dem die Mädchengruppe eingeladen wurde, beizutragen. Der Vorschlag war, sie sollten aus ihrem Erleben etwas zum Thema Ausländerfeindlichkeit und interkulturelle Konflikte darstellen. Die Mädchen entschlossen sich, nach längerer Diskussion über kleine Sketche zu interkulturellen Konflikten, die sie selbst erfanden und die aus ihrem Alltag gegriffene Szenen darstellten, die im übrigen auch die Mißgeschikke ihrer Eltern, die nicht so angepaßt waren, thematisierten, plötzlich anders: Alle einigten sich, auch zu unserer Überraschung, schnell darauf, eine marokkanische Hochzeit nachzuspielen. Das fanden sie viel lustvoller, als die eigene Entwertung bzw. die ihrer Eltern öffentlich darzustellen, wie es etwa beim Thema Ausländerfeindlichkeit der Fall gewesen wäre. Auch die Mädchen anderer Herkunft (aus Tunesien, Eritrea, Türkei, Jugoslawien, etc.) hatten große Lust, dabei mitzuwirken. Die „Hochzeit auf marokkanisch" - wie eine große Tageszeitung ihren Bericht über das Fest betitelte - wurde schließlich von einem Paar dargestellt, bei dem die Rolle der Ehefrau eine Tunesierin und die Rolle des Ehemannes eine Türkin übernahm. Die marokkanischen Mädchen organisierten die Kleider, das Essen und stellten das ganze Ambiente mit den Ritualen, der Musik, der Verwandtschaft etc. dar. Um die Hochzeit dem Ritus entsprechend inszenieren zu können, wurden die Mütter um Mithilfe gebeten. So endete das erste Jahr Gruppenarbeit mit der Vorstellung einer marokkanischen Hochzeit durch die Mädchen für ihre Mütter, die eine angemessene Heirat für ihre Töchter erhofften. Auch die Mutter von Marina, die ihr eben dies ein Jahr zuvor verweigert hatte, war bei der Vorstellung anwesend und damit war auch der Konflikt der Töchter im Raum. Die marokkanischen Mütter beteiligten sich während der Vorstellung als geladene Gäste der Hochzeit, sangen die entsprechenden Lieder und sorgten dafür, daß die einzelnen Schritte des Rituals nicht ausgelassen wurden. So spielten die Mütter in gewisser Weise mit und stellten diesen Teil ihres Lebens öffentlich dar. Das Team des Trägers, das das gesamte Fest organisierte, verstand diese durch die vielen Mitwirkenden etwas chaotische und improvisierte Aufführung nicht ganz und auch die Leidenschaft, die Mütter und Töchter dabei entwickelten, befremdete sie. Ich denke, daß hier eine Art Aussöhnungs- und Beruhigungsversuch der Töchter mit ihren Müttern öffentlich inszeniert wurde, indem sie ihnen zumindest im Spiel zeigen konnten, daß sie schon wissen, was zu ihren Aufgaben und zu ihrer Identität gehört, ja dies sogar wagen öffentlich zu zeigen. Zum anderen wurde auch an uns die Botschaft vermittelt, daß hier eines der Hauptthemen der Mädchen dargestellt wird, wie sich aus unserer späteren Arbeit ergeben sollte.

Anfangs gab es Rivalitäten zwischen den türkischen und den marokkanischen Mädchen. Erstere lebten angepaßter und scheinbar nicht so stark konfrontiert mit einer baldigen Verheiratung. Dies stellt sich aber bald als Illusion heraus. Denn eines der ersten Mädchen, die von zu Hause davonlief und über eine Freundin vermittelt zu uns kam, war eine Türkin. Sie befürchtete, bei dem nächsten Urlaub in der Türkei so wie ihre Schwester im Vorjahr gegen ihren Willen an einen Cousin verheiratet zu werden. Sie war fast 17 Jahre alt. Ihr folgte kurz darauf die marokkanische Freundin nach, die im Streit mit der Mutter, aus Ärger über diese davonlief, so daß wir gleich mit zwei Familien intensiv zu tun hatten und damit, daß die beiden Beispiele nicht zu der von den Mädchen bevorzugten Lösung bei der Bearbeitung ihrer adoleszenten Konflikte wurden.

Der Fall des türkischen Mädchens ist insofern besonders interessant, als an ihm deutlich gemacht werden kann, wie sich kulturelle Differenzen mit psychodynamischen und familiären Problematiken zu einer Mischung verbinden, die nicht leicht zu differenzieren ist und einen angemessenen Umgang erschweren. Der Vater von Shengul, wie ich sie im folgenden nennen möchte, hatte in Deutschland studiert, lebte ein an hiesige Verhältnisse angepaßtes Arbeitsleben und hatte sich eine angesehene Position erarbeitet. Als Shengul ein Jahr alt war, wurde sie zur Großmutter in die Türkei geschickt, wo sie bis zum Schulalter verblieb, weil auch ihre Mutter hier arbeitete. Mit der Einschulung kam sie wieder zu den ihr mittlerweile fremd gewordenen Eltern zurück und wurde ein zweites Mal aus einer guten Bindung, für sie unverständlich, getrennt. Den zwei Jahre jüngeren Bruder versorgte sie nach der Schule mit. Später übernahm sie einen Teil der Haushaltsaufgaben. Die Mutter hörte erst mit der Geburt des vierten Kindes auf zu arbeiten, das gerade ein Jahr alt wurde, als Shengul zu uns kam. Die zwei Jahre ältere Schwester wurde gegen ihren Willen nach dem Tod des Großvaters, an dem Shengul sehr hing und dessen Position als Familienoberhaupt nun der Vater einnahm, unter Anwendung von Gewalt im Herkunftsdorf an einen Cousin verheiratet. Ebenso wollte der Vater nun mit Shengul verfahren, bevor sie das 18. Lebensjahr erreichte. Verlobt war sie schon an ihrem 15. Geburtstag worden. Das Miterleben der Verheiratung der Schwester versetzte sie in so große Angst, daß es ihr unvorstellbar erschien, mit dem Vater oder auch der Mutter darüber zu sprechen, geschweige denn Kompromisse zu finden. Für diese Unmöglichkeit des Dialogs, der auch später unter dramatischen Umständen und trotz Vermittlungsversuchen eines türkischen Sozialarbeiters und dem ausdrücklichen Wunsch von Shengul nicht zustande kam, ist mit Sicherheit die schon sehr früh eingetretene Entfremdung zwischen Eltern und Tochter verantwortlich, die als einzige der vier Kinder weggegeben worden war. Die Entfremdung konnte nicht mehr eingeholt und rückgängig gemacht werden. Ich lernte die Mutter sehr bald zufällig kennen und hatte bei dieser ersten Begegnung den Eindruck von einer hilflosen, depressiven und die Tochter nicht wahrnehmenden Person. Die nach den gescheiterten Vermittlungsversuchen von uns, zusammen mit dem Jugendamt in einer kleinen und wohlbehüteten Einrichtung untergebrachte Shengul fühlte sich dort nach anfänglicher Erleichterung als einzige Türkin aber bald so fremd, daß sie - nicht hinreichend aufgeklärt und nach einer familiären Bindung suchend - ein halbes Jahr später von einem türkischen straffälligen Jugendlichen schwanger wurde. Dieser war selbst so bedürftig, daß er nichts mit ihr zu tun haben wollte. Der mittlerweile telephonisch hergestellte Kontakt zu den Eltern wurde in dieser Krisensituation intensiviert und Shengul gab bei einem der Telephonate dem Vater die Adresse preis, so daß die Eltern sie in der Einrichtung aufsuchen konnten. Sie wünschten eine Abtreibung, in die Shengul dann einwilligte, um die Eltern nicht zu verlieren. Nach der Abtreibung, die dann mit Komplikationen verlief, so daß ein Klinikaufenthalt nötig wurde, während dessen der Vater mit seiner Tochter erstmals ins Gespräch kam, willigte sie ein, nach Hause zurückzukehren. Sie begann eine Lehre, aber die Konflikte zwischen ihr und den Eltern über ihre Selbständigkeit und das, was sie darf, entflammten bald aufs Neue. Diesmal erhielt Shengul den Vorwurf, mit der Jungfernschaft die Ehre verloren zu haben und damit auch kein Anrecht auf Respekt innerhalb der engeren und der weiteren Familie zu haben. Das bewog sie, ein zweites Mal wegzulaufen, diesmal ohne unsere Hilfe. Sie war verschwunden und tauchte erst wieder auf, als sie mit dem zweiten Baby schwanger wurde, diesmal von einem türkischen Jungen, dessen Familie sie aufnahm. Sie lud mich ein zu ihrer Hochzeit. Von ihrer Familie kam niemand, auch die von ihr eingeladene ältere Schwester nicht. Shengul hatte, mit dem Baby schwanger und selbst noch ein Kind, auf diese Weise eine neue Familie gefunden.

Dieser extreme Fall zeigt, wie verschlungen und komplex die Wege der Ablösung von zu Hause verlaufen, wenn die Fremde vor der Haustür beginnt. Die Jugendlichen mit ihren Wünschen, mit dem Anliegen, eine eigene Wahl zu treffen und dem Anspruch auf Selbständigkeit geraten nicht nur in die üblichen Identitätskonflikte. Mit der Entidealisierung ihrer Eltern sind sie auch schon in einem interkulturellen Konflikt, weil die Eltern die adoleszenten Bestrebungen der Kinder als Ablehnung nicht nur ihrer Person, sondern auch der von ihnen vertretenen Werte und Traditionen verstehen. Auch die Kinder geraten unversehens in eine Entwertungsspirale, die ihnen sozusagen die Quelle der Identität abschneidet, indem sie sich dann von ihrer Herkunftskultur insgesamt abwenden. Unter diesem Aspekt hat die Heirat mit einem Mann aus der eigenen Kultur Rettungscharakter, allerdings immer mit der Schwierigkeit verbunden, einen Mann zu finden, der nicht so denkt wie der eigene Vater. Shengul hatte nicht nur solch einen Jungen, sondern gleich eine ganze Familie gefunden, die sie herzlich aufnahm. Aus der absoluten Trennung von den Eltern, die nicht rückgängig zu machen erscheint und zugleich die eigene Kultur ins Abseits stellt, erklären sich die tiefen Ängste, die zumeist auf beiden Seiten auftreten. Shengul befürchtete lange Zeit, vom Vater oder vom Onkel umgebracht zu werden. Eine Cousine drohte ihr dieses Schicksal auch tatsächlich an. Umgekehrt taten sich die Eltern sehr schwer, ihren Weggang zu respektieren. Vermutlich führte allein die berufliche Integration des Vaters, die er nicht aufs Spiel setzen wollte, dazu, daß er sich an die hier geltenden Rechtswege hielt. Wie weit die interkulturellen Konflikte, in die Eltern mit ihren adoleszenten Kindern in der Fremde geraten und mit ihnen alle Personen, die dann zu Hilfe gerufen und eingeschaltet werden, eine zuträgliche Lösung jenseits des völligen Abschneidens der Verbindungen finden können, hängt von der Qualität der Beziehung zwischen Eltern und Kind ab. Wenn es aber, wie in Shenguls Fall, gar kein Entgegenkommen gibt, dann kommen noch andere Gründe hinzu, die nichts mit interkultureller Differenz zu tun haben. Haben die Beziehungen zwischen Eltern oder zumindest einem Elternteil und Kind ein gewisses Fundament, dann ist es in der Regel möglich, daß beide Seiten irgendeine Form des Kompromisses finden, obwohl auch diese Eltern das Verhalten ihrer Töchter als eine furchtbare Katastrophe erleben, die ihr bisheriges Leben, ihre Werte und Identität völlig in Frage stellen, ihre Position als Eltern entwertet und die Familie in eine tiefe Krise und Depression stürzt. Die dabei virulent werdenden Ängste und Aggressionen kommen aus einer existentiellen Infragestellung der eigenen Person heraus, die sich zumeist ohnehin schon in einer unsicheren Minderheitenposition fühlt. Das führte in den Gesprächen mit Eltern oft zu einem überfreundlich-höflichen und angepaßten Verhalten, hinter dem die ganze Entwertung und Wut verborgen blieb, weil davon ausgegangen wurde, daß es keinen Weg der Verständigung geben kann. Die Mühe besteht darin, mit viel Geduld und Zeit ein kleines Stück Verständigung gemeinsam zu erarbeiten. Das wiederum zieht eine geänderte Haltung der Eltern nach sich, die sie Trauer um den Verlust eines Stücks ihrer bisherigen Identität und Zukunftsvorstellungen kostet. Das braucht Zeit.

Mit all den Problemen, die mit dem Von-zu-Hause-Weglaufen verknüpft sind, waren wir mitten ins Zentrum der interkulturelle Konfliktzone geraten. Diese sehr dramatisch auftretenden Konflikte zwischen den jugendlichen Mädchen und ihren Eltern und den deutschen Institutionen sowie allen Personen, die als Vermittler daran beteiligt sind, stellten uns erneut vor die Frage, warum wir mit den Mädchen arbeiteten und mit welchen Zielen. Es war ein langwieriger Prozeß für uns, dahinzukommen, uns auf eine Vermittlerrolle zwischen den Töchtern und den Eltern zu beschränken, die Kompromißbildung zwischen beiden Seiten als unser Ziel anzusehen und unsere emanzipatorischen Ideen zurückzustellen, zugunsten der Mädchen, die ihre eigenen Zugänge dazu in guter Weise, d.h., ohne ganz aus ihrer Familie herauszufallen, nur über Kompromißbildung finden können.

Ich hoffe, daß es mir gelungen ist, durch diesen Bericht zumindest drei Gedanken nachvollziehbar gemacht zu haben, die mir im Kontext interkultureller Begegnung und Arbeit wichtig erscheinen: Erst wenn sich eine Beziehung entwickelt, kann interkulturelle Differenz überhaupt gezeigt werden. Das gilt m.E. besonders für die Begegnung mit dem Fremden aus einer Kultur, die entwertet wird. In jener zeigt sich vor allem die der herrschenden Kultur angepaßte Seite. So erklärt sich auch, warum dann die Differenz unsichtbar bleibt bzw. verdrängt wird. Andererseits beginnt die Beziehung zumeist dort, wo ein Konflikt entsteht, wenn beide Seiten es wagen, ihn nicht durch Machtverhalten zu erledigen, sondern sich ein Stück darauf einzulassen. Speziell für die sozialpädagogische Arbeit mit jugendlichen Mädchen erscheint mir das Ziel der Kompromißbildung in dem hier dargestellten Sinn die zentrale Aufgabe der Betreuer und Pädagogen zu sein, und zwar auch in der Beziehungsaufnahme mit deren Eltern und Familien.

Klaus Ulrich Meier

Migrationstrauma und Wiederholungszwang

Seiteneinsteigende Kinder und Jugendliche aus Migrantenfamilien gehören zum Alltag von Haupt- und Gesamtschulen. Nicht selten erfolgt ihre Aufnahme während des laufenden Schuljahres, pädagogische Erwägungen spielen praktisch keine Rolle. Im Regelfall stellen die Klassen, in die die Kinder kommen, bereits höchst störanfällige Gruppen dar. Daß auf diesem Hintergrund die Integration von Flüchtlingskindern eine schwierige Aufgabe ist, kann nicht verwundern. Gerade deswegen scheint es aber sinnvoll, aus dem Blickwinkel Psychoanalytischer Pädagogik genauere Untersuchungen über die Psychodynamik solcher Prozesse anzustellen. Dies gilt besonders für Fälle wie den hier beschriebenen, in denen die Integrationsbemühungen schon nach relativ kurzer Zeit gescheitert sind.

Der Beginn: Szenen aus dem Schulalltag

Große Pause im Lehrerzimmer einer Hauptschule: „Hast du heute auch wieder eine Neue gekriegt? - Und woher kommt die?“ „Keine Ahnung, die Akte ist noch nicht da. Ich glaube, aus Afghanistan, oder nein, aus Indien? Ich weiß nicht.“ „Spricht sie deutsch?“ „Ich glaube, es geht.“ „Afghanistan, Indien, und warum dann zu uns?“ Woher soll ich das wissen, das ist doch wie Strandgut. Etwas wird hier angeschwemmt oder dort, und die nächste Welle nimmt es wieder mit.“

Die Schulsekretärin informiert mich, den Klassenlehrer, daß die Akte von K. inzwischen geschickt wurde. Gemeinsam wird die Akte durchgeblättert. „Komische Buchführung“, murmelt die Sekretärin, „alles durcheinander. Da blickt doch keiner mehr durch. Ist die eigentlich bei Ihnen richtig. Die ist doch im achten Schulbesuchsjahr. Oder doch nicht. Zählt jetzt in diesem Fall die Vorklasse, aber das waren ja nur zwei Monate.“ „Und dann gibt es hier eine freiwillige Zurücknahme, aber wohin ist sie dann gegangen?“ „Das müssen ja jetzt sechs, nein mit unserer sieben Schulen sein, in denen das Mädchen bisher war.“

Zehn Minuten nach Beginn der ersten Stunde klopft K. an die Klassentür. Ich begrüße sie freundlich und will sie dann in die Klasse mitnehmen. Im selben Moment beginnt K. heftig auf mich einzureden, flehentlich zu bitten: „Ich will nicht zu denen in die Klasse. Die mögen mich nicht. Ich weiß das. Ich will in eine andere Klasse. Nicht zu denen. Ich will in die achte (die nächst höhere) Klasse. Da kenne ich welche.“ Ich bin verwirrt und weiß nicht so recht, wie ich reagieren soll. „Komm erst mal mit, das weitere werden wir dann sehen“ und schiebe sie vor mir her in den Klassenraum, wo ich sie den Schülerinnen und Schülern kurz vorstelle und ihr einen Platz zuweise. Ein Schüler lacht. K. schreit: „Hier bleibe ich nicht. In dieser Schule bleibe ich nicht“.

Daß K. nach einem knappen halben Jahr die Schule tatsächlich verließ und warum dies mit einer gewissen Zwangsläufigkeit geschah, darüber soll im folgenden berichtet werden.

Von Kabul nach Osthessen

Eine auch nur in Ansätzen abgesicherte Rekonstruktion der Lebensschicksale von Migrantenkindern ist ein schwieriges Geschäft. Die Aktenlage ist häufig konfus; sprachliche Probleme werden ergänzt durch eine schwer zu verstehende Mixtur aus phantasierter Realität und tatsächlichem Schicksal bei diesen Kindern. Hinzu kommt eine durchaus nachvollziehbare Angst vor Ämtern und Institutionen, die die Mitteilungsbereitschaft einschränkt. In dem hier beschriebenen Fall wird das Verständnis der Probleme noch weiter dadurch erschwert, daß K. in einer (Groß-)Familie lebt, die eine weitgehend abgeschlossene Eigenwelt zu bilden scheint, zu der es Zugang nur über familiär legitimierte Kontaktpersonen gibt, den Familienchef bzw. eine junge deutsche Frau, die in die Familie eingeheiratet hatte und jetzt als Dolmetscherin dient. Problematisch für ein angemessenes Verständnis der Probleme von K. ist, daß fast alle Gespräche mit ihr sich von Anfang an in irgend einer Weise auf dem Hintergrund eines Konflikts abspielen. Entweder sie beschwert sich bei mir über einen Schüler bzw. die ganze Klasse oder es ist umgekehrt: Die Klasse beschwert sich massiv über K. Ein Gespräch in etwas entspannterer Atmosphäre gibt es nur einmal: Während eines Wandertages erzählt K. einer kleinen Mädchengruppe und mir über ihren schwierigen Weg nach Deutschland. Danach ergibt sich folgendes Bild:

K. wird 1982 in Kabul geboren. Sie berichtet, daß ihr Vater Pilot gewesen sei und die Familie insgesamt in recht wohlhabenden Verhältnissen gelebt habe. An ihre frühe Kinderzeit erinnert sie sich nur noch rudimentär. Anschaulich beschreibt sie das Ausmaß von Zerstörung und Chaos in Kabul: „Kaputte Häuser, Banden, alles durcheinander, nicht sicher". Teile der Familie (Brüder der Mutter) leben zu dieser Zeit bereits in anderen Gebieten der Welt. K. ist noch im Kleinstkindalter, als die Familie nach Indien umsiedelt. Dort, so erzählt sie stolz, wird schnell ebenfalls ein beachtlicher Lebensstandard erreicht: „Wir hatten 5 Häuser und waren reich. Wir hatten alles. Die Leute dort waren so arm und hatten nichts". Ein wichtiger Wendepunkt tritt ein, als der Vater im Rahmen eines Verkehrsunfalls in Kabul ums Leben kommt. Die Mutter kann die Familie in der indischen Migration nicht schützen. Der gesicherte Lebensstandard droht zu zerfallen; auch die Häuser sind offenbar kein Schutz davor, in den Sumpf von Unsicherheit und Perspektivlosigkeit in einer fremdem Umgebung gezogen zu werden. Die Familie siedelt von Indien zunächst nach Kanada um, wo aber eine längerfristige Aufenthaltserlaubnis nicht erreicht wird. Anschließend kommt K. mit ihrer Mutter und drei weiteren Schwestern über London, wo ein Bruder der Mutter lebt, nach Deutschland. K. ist inzwischen 6 Jahre alt. In einem Landkreis in Osthessen wird die Familie zunächst in einem Übergangsheim untergebracht, anschließend erfolgen verschiedene weitere Wohnortwechsel. Eingeschult wird K. zunächst in einer Vorklasse, aus der allerdings nach kurzer Zeit während des laufenden Schuljahres wieder eine Abmeldung erfolgt. In der folgenden Zeit besucht K. verschiedene Schulen im Landkreis, wobei die Aktenlage wie bereits angedeutet, an Unübersichtlichkeit nicht zu überbieten ist. Nach einem einjährigen Besuch einer städtischen Realschule landet K. in einer stadtrandnahen Grund- und Hauptschule und wird dort in ein siebtes Schuljahr übernommen.

Was für ein Mädchen betritt am ersten Schultag nach den Sommerferien den Klassenraum? Zunächst: K. erscheint als eine selbstbewußt auftretende 14jährige. Ihr Hauptbezugspunkt bin zunächst ich als zuständiger Klassenlehrer. Es wird deutlich, daß K. versucht, über die Gestaltung einer Sonderposition zu mir ihre Situation in der Klasse abzusichern. In sehr kurzer Zeit ist sie in der Lage, das soziale Gefüge und die Dynamik der Klasse einzuschätzen. Sie orientiert sich an den wortführenden Mädchen und behält die dominanten Jungen kontrollierend im Auge. Insgesamt verhält sie sich damit für eine 14jährige Hauptschülerin eher untypisch. In rasanter Geschwindigkeit teilt sie Mitschüler und Lehrer danach ein, wer ihr nutzen bzw. schaden könnte. In der sprachlichen Auseinandersetzung recht geschickt, bringt sie sich innerhalb weniger Tage in eine Führungsposition, die endgültig erreicht und gesichert scheint, als sie von der Mehrheit der Klasse nach 14 Tagen zur Klassensprecherin gewählt wird. Hinsichtlich ihrer psychischen Verfassung macht sie einen zunächst stabilen Eindruck. Sie erscheint jederzeit in der Lage, auch schwierige soziale Situationen sicher zu bewältigen. Dies betrifft sowohl Dominanzkonflikte mit einzelnen aus der Klasse als auch Auseinandersetzungen etwa mit größeren Jungengruppen. Allerdings ist sie vom ersten Tag an ständig in Unruhe. Kontakte mit anderen scheinen wie eine Klaviatur zu sein, auf der ständig gespielt werden muß. Zwar ist sie es, die die Musik spielt, trotzdem wirkt K. auf mich immer ein wenig überanstrengt, obwohl sie offensichtlich nicht möchte, daß man das bemerkt.

Kampf ...

Schon nach kürzester Zeit erweist sich allerdings, daß die Wahl von K. zur Klassensprecherin eine äußerst brüchige Grundlage für ein friedliches Miteinander wird. Nach wenigen Tagen kommen in immer kürzeren Abständen Schüler zu mir und beschweren sich offensiv über K. Im Regelfall geht es darum, daß K. ihre neue Position als Klassensprecherin mißbräuchlich, so meinen jedenfalls die Beschwerdeführer, ausnutzt, ihren eigenen Vorteil suche, nicht zur Befriedung beitrage, bei der Durchsetzung ihrer Interessen „schlimme Wörter" gebrauche und insgesamt sofort von mir abgelöst werden müßte. Ich reagiere unwillig und verweise auf die wöchentlich stattfindenden SV-Stunden, wo alle anstehenden Probleme geklärt werden könnten. Auch wenn mir zu diesem Zeitpunkt noch wenig von der psychischen Dynamik verständlich ist, soviel wird mir doch recht schnell deutlich: Um eine möglicherweise einverständnisorientierte Klärung eines wie immer gearteten Problems geht es in den folgenden SV-Stunden nicht, vielmehr um einen schon nach kürzester Zeit erbittert geführten Kampf, vornehmlich zwischen einer größeren Jungengruppe und K.

Charakteristisches Merkmal der sich in immer schnellerem Zeitablauf wiederholenden Auseinandersetzungen ist eine eigenwillige Kommunikationsstruktur zwischen K. und der Jungengruppe, die einen fast ritualisierten Ablauf erhält: Nachdem sich einer der Jungen über irgendeine (austauschbare) Angelegenheit zu Beginn der SV-Stunde beschwert, gelingt es K. nur ganz kurze Zeit, ihre Gelassenheit zu bewahren. Nach einigen Wortwechseln fängt sie im Regelfall an, sich zunächst mit heftigen Gegenbeschuldigungen zu verteidigen, und, da selten von Erfolg gekrönt, in unflätiger Weise zunächst den Beschwerdeführer, später die ganze Jungengruppe zu beschimpfen. Völlig ungesteuert wirft sie mit den heftigsten, hochaggressiven Anschuldigungen um sich und ist praktisch nicht mehr zu bremsen. Im Regelfall verfolgt der Rest der Klasse gebannt das Geschehen. Auffällig ist, daß die Jungengruppe nicht in gleicher Weise lautstark und aggressiv wird. Fast scheint es so, als ob sie sich gelassen zurücklehnen würden und nur noch als Stichwortgeber aus einer offenbar gesicherten Position heraus agiert. Deutlich wird auch, daß K. eine bedingungslose Solidarisierung der Mädchengruppe einfordert, diese aber nicht in dem gewünschten Maß erhält. Die Mädchen haben eigene Interessen und scheuen den Konflikt. Lediglich ein Mädchen, das zur selben Zeit wie K. in die Klasse gekommen war, solidarisiert sich, achtet aber trotzdem darauf, nicht alle Brücken zu den Jungen zu verlieren. Insofern steht K. allein auf weiter Flur. Nach diesen Stunden wirkt K. völlig erschöpft. Sie scheint die anschließenden Stunden normalen Fachunterrichts als Erholungszeit zu brauchen. Oft sitzt sie längere Zeit völlig untätig da, schließt manchmal die Augen und wirkt wie weggetreten.

Ein Ereignis bekommt besondere Bedeutung. Am Montagmorgen erhält die Schule einen Anruf von der Nachbarschule. K. würde sich dort „herumtreiben" und führe fadenscheinige Gründe für ihre Anwesenheit an. Von der Schule aus wird bei K. zu Hause angerufen, um genaueres in Erfahrung zu bringen. Am Telefon läßt sich nichts klären, da die Mutter kein Deutsch spricht. Kurze Zeit später ruft im Auftrag der Mutter ein Onkel von K. an und läßt sich über die Situation informieren. Anderntags befrage ich K., was denn nun eigentlich los gewesen sei. Zunächst sucht sie Ausflüchte, fängt aber kurz darauf heftig an zu weinen und zu schreien. Sie rennt nach draußen und wirft sich dort auf den Boden. Beruhigungsversuche nutzen wenig. Deutlich wird nur, daß sie in der Nachbarschule wohl ihren Freund getroffen hat. Darüber dürfe ich aber auf keinen Fall ihrem Onkel etwas sagen. Ich wisse ja nicht, was bei ihnen zu Hause in solch einem Fall los sei. Sie würde auf alle Fälle erheblich geschlagen. In ihrer Familie würden Gesetze herrschen, die mir völlig fremd seien. Auf meine Frage, ob denn die Mutter sie nicht schützen würde, reagiert sie noch verzweifelter. Die Mutter würde zwar alles versuchen, was in ihrer Macht stehe, habe sich aber selbstverständlich dem

Onkel unterzuordnen, der seit dem Tod ihres Vaters praktisch Stellvertreterfunktion übernommen habe. Mir würde sie trauen, deswegen habe sie mir die Sache mit dem Freund auch erzählt. Ich sei praktisch wie ein Vater zu ihr, müsse ihr aber hoch und heilig versprechen, nie und nimmer etwas über die Wahrheit verlauten zu lassen, sonst sei sie verloren. Weiter stößt sie hervor, daß es einfach schrecklich sei, ein Mädchen zu sein. Ständig hätte man damit Schwierigkeiten, alles würde ihr weh tun, keiner könnte ihr dabei helfen.

In diesen Momenten wird überdeutlich, daß die zurückliegende Zeit der Flucht und ständigen Unsicherheiten tiefe psychische Spuren bei K. zurückgelassen haben. Die Stationen der Flucht und die späteren häufigen Schulwechsel folgen in immer kürzeren Abständen. Ständig wird dem Kind der Boden unter den Füßen weggezogen: Heimat und kulturelle Verortung sind flüchtige Erscheinungen, Sprache bzw. die durch Sprache vermittelten kulturellen Regeln eine immer neue Barriere. Dazu kommt der frühe Tod des Vaters, der die Schutzlosigkeit der Familie nicht nur in der Wahrnehmung des kleinen Mädchens objektiv dramatisiert. Es ist sicher nicht übertrieben, für K. eine weitreichende Traumatisierung zu unterstellen. Traumatisierung heißt hier nicht, daß ein zentrales, einschneidendes schmerzhaftes Erlebnis im Mittelpunkt der frühen Biographie K.s gestanden hat, sondern vielmehr eine ständige Wiederholung von Traumata im Sinne einer chronischen Ereignisfolge. Die Ortswechsel von K. und ihrer Familie sind keine „Umzüge" im üblichen Sinne. Sie sind verzweifelte Versuche, an immer neuen Orten Fuß zu fassen, ohne daß Sprache, kulturelle Gewohnheiten und materielle Sicherheit zur Verfügung stehen. Insofern geht es bei jedem neuen Fluchtpunkt für K. um eine weitere existentielle Verunsicherung und fundamentale Infragestellung vitaler Bedürfnisse. Heimat als Geborgenheit und Sicherheit gewährende Existenzgrundlage verwandelt sich in eine Phantasmagorie. Wenn überhaupt, existieren Restbestände eines Heimatgefühls im Lebenszusammenhang der Großfamilie, die nach außen wie eine Trutzburg wirkt, in der Wahrnehmung des Mädchens aber gerade am Beginn erster sexueller Erfahrungen zunehmend einschränkende Qualität gewinnt.

...und Flucht - Auseinandersetzungen um den Schulwechsel

Nach etwa 8 Wochen beginnt eine neue Phase in K.s Verhalten. Sie will weg, nach eigenem Beschreiben „egal wohin". Kurze Zeit später präzisiert sich dieser Wunsch dahingehend, daß sie in eine andere Schule überwechseln will. Sie fordert von mir Unterstützung, die ich allerdings ablehne. In zeitlichem Zusammenhang damit steht ein Vorfall, der neben Problemen in der Klasse auch Schwierigkeiten in bzw. mit der Institution offenbart. K. wohnt mit ihrer Mutter und drei Schwestern am Stadtrand. Ein Schulbus hält vor ihrer Tür. Praktisch vom ersten Tag an hatte K. es abgelehnt, den kostenlosen Bus zu benutzen und war statt dessen mit der öffentlichen Buslinie zur Schule gefahren. Dafür fordert sie vom Schulleiter eine Bestätigung, die ihr die Bezahlung der Monatskarte durch den Landkreis gewährt hätte. Als die Schule diesem Wunsch nicht nachkommt und auf das Schulbusangebot verweist, bricht im selben Moment ihr psychisches Gleichgewicht völlig zusammen. In weitreichender Verkennung der Situation fordert sie vom Schulleiter ultimativ die Unterschrift. Die endgültige Ablehnung kommentiert sie mit den Worten: „Das wollen wir ja mal sehen." Ein unmittelbar danach von der Tante telefonisch unternommener Versuch, den Schulleiter massiv unter Druck zu setzen und damit die Unterschrift doch noch zu erreichen, schlägt ebenfalls fehl. Am nächsten Tag kommt es zu einer extremen Reaktion. Kurz nach Beginn der ersten Stunde bittet K. darum, das Krankenzimmer aufsuchen zu dürfen, sie hätte starke Bauchschmerzen.

Als ich in der Pause nach ihr schaue, schluchzt sie zunächst nur, fängt dann aber an, immer lauter wildeste Vorhaltungen und Beschimpfungen gegen mich, den Schulleiter und die Schule auszustoßen, wirft sich dabei auf den Boden und ist in gar keiner Weise zu beruhigen. Im wesentlichen kommen als Vorwürfe, daß ich sie nicht genügend gegen ihre Mitschüler schützen würde und der Schulleiter sie offen rassistisch behandelt hätte. Das ließe sie sich nicht gefallen. Sie würde auf der Stelle die Schule verlassen. Falls wir unsere Zustimmung verweigerten, würde sie „etwas ganz Schlimmes anstellen", und dann würden wir sie schon „rauswerfen". Insbesondere betont sie immer wieder die große Enttäuschung darüber, daß ich ihr anfängliches Vertrauen nicht verdient hätte. Sie hätte geglaubt, ich sei „wie ein Vater zu ihr" gewesen und jetzt müsse sie sehen, daß ich „sie verraten hätte". Im übrigen deutet sie unüberhörbar an, daß meine Weigerung, sie gehen zu lassen, wohl doch ganz andere Gründe haben müßte. Zumindest würde darüber in der Schule schon geredet. Ohne ganz deutlich zu werden, läßt K. anklingen, daß mich offenbar ein erotisches Interesse an ihr dazu motivierten, ihr „berechtigtes" Anliegen nicht zu unterstützen.

Am nächsten Tag schon erscheint die Tante in der Schule und fordert ultimativ ebenfalls den Schulwechsel. In der Form durchaus freundlich, vom argumentativen Verhalten her völlig unnachgiebig weist sie darauf hin, daß das Lebensglück ihrer Nichte auf dem Spiel stünde und sie nicht verantwortlich dafür sein wollte, wenn K. gegebenenfalls gar nicht mehr zur Schule gehen würde. Hinweise darauf, daß wir den zahlreichen Schulwechseln in der Vergangenheit im Sinne des Kindes keinen weiteren hinzufügen wollten, wehrt sie ab. „Wenn sie mich hier nicht unterstützen, muß ich eben im Schulamt mein berechtigtes Interesse durchsetzen!" Mit diesen Worten beendet sie das Gespräch. Von diesem Zeitpunkt an wird K. völlig unzugänglich. Die Konfliktsituationen zwischen ihr und der Klasse spitzen sich dramatisch zu. Immer häufiger ist gar kein „normaler" Unterricht mehr möglich, Schulinhalte werden zur Nebensache. Statt Rechtschreibung und Aufsatzlehre geht es um Kampf und Überleben. Ein Beispiel mag dies illustrieren. In der darauffolgenden SV-Stunde beschweren sich mehrere Jungen darüber, daß K. in der Englischarbeit abgeschrieben hätte. Dies sei eine Sauerei, gegen die unbedingt eingeschritten werden müßte. Als ich dann versuche, den Jungen die eher schädlichen Auswirkungen solcher „Petzerei" zu verdeutlichen, schreit K. völlig enthemmt: „Lassen sie doch diese Schweine. Das regele ich schon selbst!" Was das bedeutet, wird in der nächsten Pause deutlich. K. hatte Jungen aus der 9. Klasse „engagiert", die, von ihr angefeuert, über die „Petzer" herfielen und sie verhauten. Die sich anschließend entwikkelnden allseitigen Rachephantasien bzw. der Versuch ihrer Befriedung beschäftigen mich mehrere Stunden, in deren Folge meine eigene Wut auf K. nicht unbeträchtlich steigt. Die Klasse selbst fordert inzwischen ultimativ, daß K. „weg sollte" und sieht mich als Haupthindernis, um diesem Wunsch näherzukommen. K. kämpft um den Schulwechsel, die Klasse erwartet nichts sehnlicher als das, die beteiligten Kolleginnen und Kollegen können nur sehr mühsam davon überzeugt werden, daß ein Nachgeben an dieser Stelle möglicherweise die falsche Reaktion gewesen wäre.

Warum ist es also sinnvoll, K.s Wunsch nicht nachzugeben?

Trauma und Wiederholungszwang

Schon die Schulsekretärin stellt beim ersten Studium der Akte von K. eine auffällige Häufung von Schulwechseln fest, die sich offenbar nicht durch Wohnortwechsel begründen lassen. Allein diese Tatsache wäre noch nicht erstaunlich, wenn es nicht eine deutliche Parallele zwischen der Vielzahl der Fluchtstationen und den vielen besuchten Schulen gäbe. Aus dem Flüchtlingskind scheint ein Schulflüchtlingskind geworden zu sein. Ich möchte im folgenden die Auffassung begründen, daß sich in diesen Schulwechseln eine traumatisch bedingte Wiederinszenierung frühkindlich erlebter Schutz- und Heimatlosigkeit wiedererkennen läßt, eine Wiederholung, die sich mit dem Verarbeitungsmuster der projektiven Identifikation in Szene setzt.

Warum K. gerade das wiederholt, was die alten Wunden wieder aufbrechen läßt und zu erneuten Schmerzen führen könnte, läßt einen zunächst verwundern. Sie setzt alles daran, eine weitere Fluchtstation abzuhaken und ihr Glück an einem neuen Ort zu versuchen. Für den wohlmeinenden Beobachter vollzieht sich damit etwas Verrücktes, eigentlich nur durch masochistische Neigung Erklärbares. Aber offenbar ist es mehr. In der Psychoanalyse gilt die Wiederholung als eine elementare Form der psychischen Verarbeitung traumatischer Erlebnisse. Indem ich etwas wiederhole, was mir eigentlich Angst macht oder Kummer bereitet, manipuliere ich einen wichtigen Punkt für die Angstentstehung, daß nämlich etwas mit mir gemacht wird, über mich verfügt wird, mir von jemand anderem Schmerz zugefügt wird oder ich etwas durch einen anderen verliere. In der wiederholenden Wiederinszenierung kann ich versuchen, diesen Punkt zu ändern: Indem ich selbst die Bedingungen setze, unter denen das Ereignis eintritt, erweise ich mich als Subjekt des Verfahrens, als Regisseur, dessen eigenes Stück gespielt wird. Dabei sind zwei Punkte von erheblicher Bedeutung.

Zum einen wiederholt K. ein Ereignis bzw. eine Ereignisfolge, deren schmerzhafte Seiten schon in der Vergangenheit abgewehrt werden mußten. Offenbar sind die Erfahrungen von Hilf- und Schutzlosigkeit während der Flucht und des einhergehenden Todes des Vaters so einschneidend, daß sie nicht ausgehalten werden. In unserem Fall ist der Gedanken nicht abwegig, daß K. schon von früher Zeit an die existentiellen Gefährdungen ihres Lebens in Form eines archaischen Mechanismus, der Spaltung, bewältigt. Insbesondere scheint damit eine strukturelle Schwierigkeit der Fluchtsituation gemildert: Die Familie und besonders die Mutter nach dem Tod des Vaters muß als einziger lebenssichernder Punkt geschützt werden. Das Problem dabei ist, daß dieser „Fels in der Brandung" gleichzeitig dem Kind als ein Ort erscheint, der seine Schutzfunktionen nicht ausreichend wahrnimmt, also gewissermaßen zu „erlauben" scheint, daß immer neue Gefährdungen eintreten. Mit dem Mechanismus der „Spaltung" wird diese schwierige Lage scheinbar bewältigt: Das Bild einer versorgenden, schutzgewährenden Familie bzw. der Mutter wird getrennt von der Familie als Ort, der die Schwierigkeiten produziert bzw. erlaubt. Die Spaltung ermöglicht, das gute Mutterbild unzerstört zu erhalten. Die Reinszenierungen finden also auf dem Hintergrund eines wie immer gelungenen Abwehrprozesses statt, sind als in der Gegenwart hergestellte Szenen also kein Resultat bewußter Aktion.

Zum anderen realisiert K. den Zwang zur Wiederholung vergleichbar einem musikalischen Thema, das bis zur Unkenntlichkeit variiert wird. Es ist davon auszugehen, daß K. ihre ursprüngliche traumatogene Situation in der Gegenwart mit den wichtigsten Bezugspersonen wiederholt. Sie stellt ihre Störung in Szenen dar, in denen nicht nur die Beziehungen zu Mitschülern und Klassenlehrer, sondern die ganze Institution Bedeutung bekommen.

Die Produktion der „bösen Schule"

Wie realisiert sich jetzt diese Wiederholung? Bedeutsam für alle Beteiligten war, daß K. praktisch „aus dem Stand" ihr Verhalten ändern konnte. Alle beteiligten Lehrerinnen und Lehrer berichten darüber, wie schnell sie sich von der freundlich behandelten in eine völlig abzulehnende Person verwandelte. K. ist also offensichtlich nicht oder nur sehr schwer in der Lage, Objektbeziehungen stabil zu gestalten. Aus Freunden werden Feinde, ohne daß etwas Bedeutsames passiert wäre. Noch in derselben Stunde kann K. sich von einer charmant plaudernden Schülerin zu einer „bösen Furie" (so eine Lehrerin nach einer Englischstunde) entwickeln. Dies weist auf die Folgen der oben beschriebenen Spaltung hin, die als Überlebensmechanismus in den Fluchtsituationen diente. Offenbar hat sich das Selbstbild von K. in der psychischen Notsituation der Flucht äußerst instabil entwickelt. Über die Fähigkeit einer angemessenen Objektkonstanz mit entsprechender Verhaltenskontrolle bzw. -korrektur verfügt sie nicht. Diese Defizite bringen im Alltag erhebliche Probleme mit sich, die sie zunächst mit dem Mittel der Idealisierung („Sie sind wie ein Vater zu mir“) und später dann mit Hilfe der projektiven Identifizierung zu bewältigen versucht. Zur Verdeutlichung soll noch einmal an drei grundlegende Konstituenten der psychischen Situation von K. erinnert werden. Zum einen steht ja das Mädchen und die Familie immer noch in der Kontinuität des Fluchtgeschehens. Es ist nicht davon auszugehen, daß die Familie in der Stadtrandgemeinde eine sichere Heimat gefunden hat. Für K. bleibt die Familie der entscheidende Rettungsanker, der das Überleben sichert. Damit ist davon auszugehen, daß K. auch weiterhin darauf angewiesen ist, die Familie in ihrer existentiellen Funktion für sich zu sichern. Zum anderen steht K. an der Schwelle erster sexueller Erfahrungen, die, falls sie in ihrem Familienumfeld, insbesondere aber auch ihrer Mutter, bekannt werden, auf hochgradig negative Sanktionierung stoßen würden. Gleichwohl sind die Wünsche von K. in Richtung auf einen bestimmten Jungen absolut eindeutig. Zum dritten erlebt K. die Schule von Anfang an als bedrohlich.

Für K. entwickeln sich die Mitschüler, ihre Lehrerinnen und Lehrer, letztlich die ganze Institution zum Feld der Reinszenierung ihrer unverarbeiteten Konflikte. In diesem Feld gelingt es K. zunächst, ihren innerpsychisch höchst labilen Zustand zu strukturieren. Nur eine ganz kurze Zeitspanne kann K. ihre Gefühle dadurch kontrollieren, daß sie sich als Führungspersönlichkeit etabliert. Wichtigster Auslösereiz für eine neue Phase ist meiner Meinung nach die beginnende erste sexuelle Erfahrung. Dies bringt K. in einen Widerspruch zu ihrer Familie, besonders aber wohl zu ihrer Mutter und führt zu einem kaum bewältigbaren Dilemma: Auf der einen Seite braucht K. die Familie, um in der Fluchtsituation zu überleben. Auf der anderen Seite steht sie der Befriedigung erster sexueller Wünsche deutlichst im Wege. Um weiterhin die Idealisierung der Familie zu erhalten, beginnt K., ihre „bösen“ Teile auf andere, auf die Klasse, auf den Klassenlehrer und auf den Schulleiter, zu projizieren. Diese Projektion hat zwei psychische Vorteile. Zum einen entstehen aggressive Objekte, Aggressoren. Zum anderen wird die eigene Wut als völlig gerechtfertigt gedeutet: Wer zuerst angegriffen wurde, darf sich verteidigen. Relativ einfach gelingt ihr das bei der Klasse. Schon nach kurzer Zeit gibt es bei ihr ein durch nichts mehr zu erschütterndes Selbstbild: Die anderen wollen mir Böses. Alles was ich tue, ist ein berechtigter Abwehrkampf. Die beschriebenen Auseinandersetzungen mit dem Schulleiter machen es K. einfach, über die Behauptung der Ausländerfeindlichkeit eine schnelle Aufteilung in gut und böse vorzunehmen. Im Rahmen der Auseinandersetzungen entwickelt der Schulleiter zudem eine gereizte Grundhaltung, die es K. möglich macht, ihrerseits überaggressiv zu reagieren. Lediglich mit mir, dem Klassenlehrer, tut sie sich schwer: ich will einfach kein „gefährliches Objekt“ werden, gegen das umstandslos gekämpft werden kann. Selbst ihre Unterstellung, ich hätte unpädagogische Interessen an ihr, bringen die Kampfbereitschaft nicht weiter voran. Letztlich bin ich aber eine vernachlässigbare Größe in dem inzwischen sehr wirren Feld: Die Klasse fordert ultimativ, daß K. „weg soll“, K. sieht sich von aggressiven Ausländerfeinden umzingelt und will ebenfalls weg. Der Schulleiter sieht eigentlich nicht so recht ein, warum er weiterhin die Institution mit solch einer problematischen Schülerin belasten soll und schließlich taucht ständig die Tante auf und will ihre Nichte abmelden. Schließlich kommt K. überhaupt nicht mehr zur Schule. Schüler berichten jeden Tag, daß K. sie in der Stadt trifft und in bedrängender Weise danach fragen würde, ob ich schlecht über sie reden würde.

Die Entscheidung

Mittlerweile hatte sich die Familie von K. an das Staatliche Schulamt gewandt, um die Versetzung an eine andere Schule durchzusetzen. Der zuständige Schulaufsichtsbeamte setzt einen Gesprächstermin fest, zu dem K., ihre Tante, ihre Mutter, der Schulleiter und ich erscheinen. Das Gespräch selbst bringt keine Annäherung. Zunächst ohne, dann in Anwesenheit von K. fordern alle drei vehement die Durchsetzung ihres Interesses. Wenn der Umsetzung in eine andere Schule nicht stattgegeben werde, komme K. überhaupt nicht mehr zur Schule. Inzwischen hatte die Familie schon mit einer anderen Schule Kontakt aufgenommen und vom neuen Schulleiter positive Signale hinsichtlich der Möglichkeit eines Schulwechsels bekommen. Am Ende des Gesprächs stimmt das Schulamt dem Antrag zu. Die Berücksichtigung psychodynamischer Gesichtspunkte, die von mir vorgetragen werden, bleiben im Sinne einer Störungsminimierung letztlich unerheblich.

The Day after

Die vollzogene Umsetzung an eine andere Schule komplettiert die Wiederinszenierung der Fluchterfahrung, wenngleich in verfremdeter Weise:

K. fühlt sich als diejenige, die die Umsetzung herbeigeführt hat. Sie nimmt die Schule, die sie verläßt, als Institution wahr, in der sie terrorisiert wurde und die sie jetzt aus scheinbar vernünftigen Gründen verläßt. Zurück bleiben jubelnde Mitschüler und verwirrte Pädagogen, die ansatzweise den Mechanismus zwar erkennen, die negative Dynamik aber nicht stoppen können.

Nach dem entscheidenden Gespräch im Schulamt klopft es am nächsten Tag während der ersten Stunde an der Klassentür. Herein kommt K. Keiner sagt zunächst ein Wort. Erst als K. beginnt, suchend im Klassenraum hin- und herzugehen, frage ich, was sie denn hierherführt. Sie murmelt leise etwas von einem Zeichenblock, geht aber lediglich rastlos hin und her. Gesprochen wird kein Wort. Schließlich, als sie den Klassenraum verlassen will, sage ich „Auf Wiedersehen", bekomme aber keine Antwort. Nach dem Gong sehe ich K. beim Schulleiter sitzen. Später erfahre ich, daß dort ein längeres Gespräch zwischen beiden stattgefunden hat. Warum kommt K. schweigend in die Klasse, unterhält sich nicht mit mir und spricht statt dessen mit dem Schulleiter, der sie doch eher „loswerden" wollte? Ich bin ärgerlich und fühle mich unverstanden.

Zunächst zeigt sich in der Szene der Rückkehr ein Stück der realen Trauer über die erneute Heimatlosigkeit. Daß sich K. mit dem Schulleiter unterhalten kann, hat, so glaube ich, mit dem Mechanismus der projektiven Identifikation zu tun. Den Schulleiter hat K. in ihrer Wahrnehmung „auf ihrer Seite": Er steht einem Wechsel letztlich nicht im Wege, signalisiert Ablehnung und Unzugänglichkeit und ist in den entscheidenden Momenten eher aggressiv. Er ist damit als Feind erkennbar und kann entsprechend bekämpft werden. Eine solche klare Zuordnung macht offenbar ein Gespräch möglich. Dies gelingt mit mir nicht. Ich bin nicht zuzuordnen, nicht feindlich eingestellt und genau darum ein Feind in ihrem psychischen Überlebenskampf. Meine Weigerung, sie gehen zu lassen, gefährdet ihr Verhältnis zu ihrer eigenen Familie, läßt sie daran zweifeln, ob ihre Aggressionen wirklich gerechtfertigt sind und stürzt sie in eine tiefe Verunsicherung. Ihr Wunsch, ich möchte doch wenigstens „in ihrer Abwesenheit schlecht über sie reden" zeigt, wie sehr sie auf die Manipulation ihres Umfeldes angewiesen ist.

Konnte unsere Schule für K. heilend wirken?

In der Psychoanalytischen Pädagogik wird das Theorem der projektiven Identifizierung nicht nur zur analytischen Erfassung und Erklärung verwickelter Beziehungssituationen genutzt, sondern auch als Interaktionsmuster gedeutet, innerhalb dessen eine heilende Veränderung stattfinden kann. Dies liegt daran, daß die projektive Identifizierung ja nicht nur einen Vorgang im Inneren der traumatisierten Person ausdrückt, sondern ein Beziehungsgeschehen, also einen Vorgang zwischen Personen, erfaßt. Im Rahmen der Interaktion versucht K., ihre eigenen unerträglichen Gefühle und Affekte auf geeignete Personen und Gruppen zu übertragen. Die Entlastung erfolgt für sie dann, wenn sie es geschafft hat, ihr Gegenüber in die Rolle des traumatisierten Kindes zu drängen, ihn also entweder ohnmächtig und hilflos zu erleben oder aber wütend und aggressiv. Insbesondere die letztgenannten Reaktionen erlebt K. in der Auseinandersetzung mit der Institution. In dem für die Beteiligten undurchschaubaren Geschehen kann K. gegen die erlebten Aggressionen kämpfen und einen Teil ihrer traumatisch verursachten Wut loswerden. Der Ablauf der Szenen führt schließlich dazu, daß sich die Fluchterfahrung wiederholt. Insofern führt die „projektive Identifikation“ in dieser Form zu wenig mehr als einer weiteren Verfestigung der traumatischen Erfahrung und auch nicht ansatzweise zu einer Lösung. Wenn sich K. und ihre Gegenüber in ihrer Wut und wechselseitigen Ablehnung übertreffen, kommt es immer wieder zu einem Teufelskreislauf, in dessen Folge der Schulwechsel von K. unvermeidlich scheint.

Der für das Projektionsgeschehen gewählte Gegenüber muß sich nicht zwangsläufig dem Diktat der Projektion unterwerfen. Wenn der Pädagoge verstanden hat, was mit ihm geschieht, warum er also von bestimmten Gefühlen und Affekten befallen ist, kann er sich darum bemühen, es nicht „mit gleicher Münze zurückzuzahlen“. Er kann Gefühle der Ohnmacht oder Wut bearbeiten, d.h. etwa die ihm in diesem Moment zugleich vertraute und fremde Wut in sich wieder in einen verstehbaren Zusammenhang bringen. Sollte dies gelingen, kann der beschriebene Teufelskreislauf durchbrochen werden. Die verarbeitete Projektion muß nicht gleichermaßen zurückgegeben werden. Nicht mehr Wut und Ablehnung sind dann die Fallgruben, in die beide Beteiligten fallen müssen, sondern die Wut der projizierenden Schülerin wird vom Pädagogen ausgehalten, verstanden und bearbeitet. Das Interaktionsgeschehen könnte dann so fortgesetzt werden, daß zu gegebener Zeit, also etwa wenn der Wutanfall vorüber ist, über die auslösenden Faktoren geredet werden kann.

Im Falle von K. gibt es allerdings mindestens zwei Schwierigkeiten, die den beschriebenen Prozeß einer möglicherweise heilenden Wirkung erheblich beeinträchtigen. Zum einen besteht das pädagogische Feld nicht nur aus mir und meinem Bemühen um ein Verständnis der Psychodynamik. Eine wesentliche Rolle spielt im Falle von K. sicher die Klasse, die eindeutig in einer ablehnenden, ja sogar feindlichen Haltung befangen ist. In zahlreichen Gesprächen habe ich zwar immer wieder versucht, der Klasse deutlich werden zu lassen, was in der Interaktion zwischen K. und ihnen passiert, leider völlig ohne Erfolg. Vielmehr betrachtet es die Klasse nach relativ kurzer Zeit als eine Art „Kampf" gegen mich, K. „loszuwerden". Fast scheint es, als ob mein Engagement gerade das Gegenteil bewirkt. In der Endphase der Auseinandersetzungen sagt ein Schüler: „Wir wissen, was sie denken. Egal, was sie jetzt sagen, wir hören einfach nicht zu. Wir verstopfen unsere Ohren!" Deutenden Hinweisen verschließt sich die Gruppe. Zum anderen erweist sich, daß die Schulleitung zwar prinzipiell die von mir eingeschlagene Strategie hinsichtlich K. unterstützt, letztlich aber doch den Weg favorisiert, einen „Unruheherd" loszuwerden.

Eine zweite Schwierigkeit ergibt sich daraus, daß der Traumatisierungsgrad im Falle von K. erheblich ist. Auf diesem Hintergrund ergibt sich für K. daß sie unter allen Umständen ihre Familie als „Insel" bewahren muß, auch wenn sie sich als zerstörerisch erweisen sollte. Diese Ambivalenz prägt das Verhalten K.s in besonderer Weise. K. ist darauf angewiesen, die Spaltung in gute und böse Objekte weiter fortzusetzen und damit die Familie als sicheren Zufluchtsort zu bewahren. Sie unterliegt aber auch dem Zwang, die eigene Wut und Angst irgendwie loszuwerden und nach Projektionsfiguren zu suchen. Die Dynamik dieses Prozesses wird durch die beginnenden sexuellen Erfahrungen weiter dramatisiert. K.s sexuelle Wünsche und Phantasien geraten in diametralen Gegensatz zu den Familienanforderungen. Sie muß dementsprechend auch hier dafür sorgen, ihr inneres Gleichgewicht wieder zu stabilisieren. Dies fördert weiter die Abwehr im Prozeß der projektiven Identifizierung.

K. war knapp 5 Monate Schülerin unserer Schule. Bis auf die kurze Anfangsphase ist diese Zeit von ständigen Auseinandersetzungen gekennzeichnet. Erst ganz zum Schluß wird mir ansatzweise deutlich, welche Probleme K. hat und wie sich die ständigen Kampfsituationen deuten lassen. Obwohl Schulleitung und Schulamt meine Bemühungen nicht ohne Wohlwollen zur Kenntnis nehmen, wird ein gemeinsames Verständnis der Dynamik nicht zur Grundlage des institutionellen Handelns. Letztlich favorisiert die Behörde das Prinzip der Störungsminimierung. Die Tatsache, daß K. in den 5 Monaten einen ihr unbewußten Prozeß in Szene setzt und traumatische Erfahrungen wiederholt, bleibt für die Entscheidung des Schulamts irrelevant. Es ist zu befürchten, daß die neue Schule für K. nicht mehr als eine weitere Bühne zur Wiederinszenierung ihres Migrationstraumas sein wird.

Literatur

Finger - Trescher, U., Trauma, Wiederholungszwang und projektive Identifizierung. In: Reiser, H. /Trescher, H.-G. (Hrsg.), Wer braucht Erziehung? Mainz 1987

Freud, S., Jenseits des Lustprinzips. In: Studienausgabe Bd. 3. Frankfurt/Main 1975

Klein, M., Das Seelenleben des Kleinkindes und andere Beiträge zur Psychoanalyse. Reinbeck b. Hamburg 1972

Christoph Kleemann

„Der Boß schlägt Saloua, weil die stinkt!"

Verstehens- und Handlungsansätze beim Umgang mit den Problemen eines Migrantenkindes in der Schule

Probleme von Migrantenkindern in der Schule, sind oftmals Ausdruck migrationsspezifischer Krisen ihrer Familien. Im Folgenden werden exemplarisch Trennungserfahrungen, Identitätsunsicherheiten und familiäre Desorganisationserscheinungen als Auswirkungen der Migration und als Ursache von Konflikten in der Schule beschrieben. Am Beispiel der Arbeit mit einem türkischen Grundschüler wird geschildert, wie ein fördernder Dialog zwischen der Migrantenfamilie und den pädagogischen bzw. sozialen Institutionen entstehen kann.

Ethnische Vielfalt gehört inzwischen zum Alltag der Schulen in Deutschland. So sind auch Einwandererkinder unter den Schülern und Schülerinnen, die gemeldet werden, um zu klären, ob bei ihnen Förderbedarf im Bereich der Erziehungshilfe besteht. In Frankfurt a.M. wird das „Zentrum für Erziehungshilfe" mit der Abklärung des Hilfs- und Förderbedarfs und mit der Anbahnung bzw. der Durchführung von Hilfs- und Förderangeboten beauftragt. In dieser Institution arbeiten Jugendamt und Schulamt zusammen daran, Aussonderung von verhaltensauffälligen Kindern und Jugendlichen so weit wie möglich zu vermeiden oder die Wiedereingliederung in die Regelschule zu ermöglichen. Konkret sieht dies so aus, daß sich jeweils ein Sozialarbeiter bzw. eine Sozialarbeiterin und ein Sonderschullehrer bzw. eine Sonderschullehrerin in einem sogenannten Tandem mit dem gemeldeten Kind beschäftigen. Die Kooperation der beiden Disziplinen ermöglicht die Erfassung und Bearbeitung des Problems in größerer Breite als es im Rahmen der Schule bisher üblich war. Das Tandem arbeitet mit der Familie, mit der Schule, mit dem Allgemeinen Sozialdienst, mit Therapeuten und Therapeutinnen und anderen Beteiligten zusammen.

Viele Problematiken der von den Schulen gemeldeten Einwandererkinder finden wir auch bei deutschen Kindern, doch entstehen sie bei Migrantenkindern oftmals vor einem anderen Hintergrund und erfordern ein erweitertes Verstehen. Das Verstehen wird in vielen Fällen dadurch erschwert, daß die in der Regel deutschen Lehrer und Lehrerinnen oder auch Sozialarbeiter und Sozialarbeiterinnen nur einen eingeschränkten Zugang zu den Migrantenfamilien bekommen. Dies hat sicherlich mit der Erfahrung von Fremdheit, mit Sprachbarrieren und Vorerfahrungen der Beteiligten zu tun. Welchen Anteil daran die Institution Schule hat, kann an dieser Stelle nicht ausreichend behandelt werden. Ich möchte mich deshalb auf die Situation der Migrantenfamilie konzentrieren.

Freud sieht eine „Entzweiung" von Familie und Kultur. „Sie äußert sich zunächst als ein Konflikt zwischen der Familie und der größeren Gemeinschaft, der der Einzelne angehört. (...) eine der Hauptbestrebungen der Kultur ist (es), die Menschen zu großen Einheiten zusammenzuballen. Die Familie will aber das Individuum nicht freigeben. Je inniger der Zusammenhalt der Familienmitglieder ist, desto mehr sind sie oft geneigt, sich von anderen abzuschließen, desto schwieriger wird ihnen der Eintritt in den größeren Lebenskreis. Die phylogenetisch ältere, in der Kindheit allein bestehende Weise des Zusammenlebens wehrt sich, von der später erworbenen, kulturellen abgelöst zu werden (Freud (1930) 1974, 232).

Dies gilt besonders, wenn die Familie mit einer fremden Kultur konfrontiert ist. Für Migranten stellt die Kultur eines neuen Landes ihre familiären Interaktionsmuster entscheidend in Frage und macht Geborgenheit und Sicherheit für die Mitglieder zur Stabilisierung in der Fremde notwendig (Grinberg u. Grinberg 1990, 107).

Anpassungsprobleme an die Gesellschaft entstehen, wenn die Heranwachsenden in der Latenz- und Pubertätszeit von familiären Problemen so beansprucht sind, daß sie sich der Kultur nicht zuwenden können (Erdheim 1987, 68). Dies führt bei Migrantenfamilen u.a. zu Konflikten mit den Anforderungen der aufnehmenden Kultur. Wenn Vertreter und Vertreterinnen der fremden Kultur mit der Familie Kontakt suchen, besonders anläßlich auftretender Schwierigkeiten eines Familienmitgliedes mit einer der Institutionen dieser Kultur, werden Schutzmechanismen wirksam, die eine empfundene Bedrohung der Sicherheit und Geborgenheit abzuwehren suchen. Die Familie wird sich so wenig wie nötig der neuen Kultur offenbaren.

Im pädagogischen Alltag stellt sich die Frage, wie im Krisenfall ein Dialog zwischen Migrantenfamilie und Schule zustande kommen kann, so daß sich für das Kind und eventuell in Folge auch für die Familie eine Verbesserung der Situation herstellt. Die Bemühungen um einen solchen Dialog möchte ich nachstehend schildern.

Gökan

Gökan A. war 8 Jahre alt, als er dem Zentrum gemeldet wurde. Er besuchte damals die zweite Klasse. Von der Schule wurde Gökan als aggressives, gefährliches Kind beschrieben, das seine Grenzen nicht einschätzen könne. Er fühle sich von seinen Mitschülern oftmals ohne erkennbaren Grund provoziert und reagiere darauf mit körperlichen Attacken. Dabei nehme er ernsthafte Verletzungen seiner Mitschüler und Mitschülerinnen in Kauf.

Zu Hause werde sich wenig um Gökan gekümmert. Niemand schaue nach seinen Hausaufgaben und er käme häufig zu spät zur Schule. Der Vater wurde von der Schule als wenig kooperativ wahrgenommen. Er trete sehr aggressiv gegenüber der Schule auf. Die Mutter zeige sich zwar einsichtig, es folgten aber keine Konsequenzen daraus.

Bei den Hospitationen des Tandems in der Schule erlebten wir, wie Gökan durch den Schulhof lief und wahllos Kinder schlug, trat und boxte. In der Klasse schlug er auf andere ein, beleidigte und bedrohte sie. Gökan ging durch die Tischreihen, zerstörte Arbeitsergebnisse oder Spielsituationen der Kinder. Dies geschah ohne sichtbare Hemmung und stets mit einem Grinsen im Gesicht. Auf meine Frage, warum er die Kinder geschlagen habe, antwortete er stereotyp, daß ihm dies Spaß mache. Gökan hatte es zu dieser Zeit gerade auf Migrantenkinder abgesehen, die aus wirtschaftlich schwächeren bzw. an der Tradition ihres Heimatlandes orientierten Familien stammten. So z.B. traktierte er ständig ein Mädchen, das konservative islamische Kleidung trug. Gökan sagte: „Der Boß schlägt Saloua, weil die stinkt." Er sei der Boß aller Kinder seiner Grundschule, der benachbarten Gesamtschule und des Gymnasiums.

Gökan selbst war teuer gekleidet und unterschied sich hierdurch von den meisten seiner Mitschüler. Sein Kleidungsstil, seine Sprache und sein Habitus entsprach dem von Jugendlichen.

Gökan übte starken Druck auf andere Kinder aus. Wegen seines störenden Verhaltens war er an einen Einzeltisch gesetzt worden. Obwohl Gökan das Gegenteil beteuerte, war zu beobachten, daß er den Wunsch hatte, mit anderen Jungen zusammen zu sitzen. Trotz seiner Gewaltbereitschaft und der Bedrohung, die von ihm ausging, war er bei den Kindern nicht unbeliebt. Er wurde oft angesprochen und genoß viel Aufmerksamkeit. Gökan verstand es, andere für sich einzunehmen und die Klasse mit Charme und unterhaltsamen Auftritten im Unterricht zu manipulieren. Gökan redete ungehemmt in den Unterricht hinein, unternahm alles, um die Aufmerksamkeit der Klassenlehrerin zu erlangen und lenkte andere Schüler und Schülerinnen gezielt ab, wenn er am Unterrichtsgeschehen nicht unmittelbar beteiligt war. Seine Störmanöver sollten nach meinen Beobachtungen auch seine großen Rückstände im Lesen und Rechtschreiben verdecken.

Seine Schulleistungen waren insgesamt mäßig. Zunehmend konnte er im Unterricht deswegen nicht mithalten. Er kam häufig zu spät in die Schule und erledigte selten seine Hausaufgaben. Es war abzusehen, daß Gökan ohne zusätzliche Förderung den Anschluß an den Lernstand der Klasse verlieren würde.

In Einzelsituationen mit mir war er konzentriert bei der Arbeit. Ich merkte, daß er sich gerne mit Spielmaterial für Kindergartenkinder beschäftigte. Er ließ sich von mir mit Lernstoff versorgen und nahm ohne besonderen Widerstand meine Ermahnungen und Interventionen an, wenn er sich wieder an Mitschülern und Mitschülerinnen vergriffen hatte. Bei Gökan wurde ein großes Bedürfnis nach Versorgung und Orientierung sichtbar.

Die Arbeit mit der Familie

Familie A. stammte aus der Türkei. Frau A. ist in Deutschland aufgewachsen. Herr A. kam als junger Erwachsener aus der Türkei.

Die Gesprächsatmosphäre mit der Familie war freundlich und kooperativ. Konflikte oder Probleme in der Familie blieben in den ersten Monaten weitgehend ausgespart. Es war deutlich, daß darüber mit Fremden nicht gesprochen werden sollte. Meist hatten wir Kontakt zur Mutter. Die Terminabsprachen gestaltete sich schwierig, weil Frau A. oft kurz vorher absagte. Auch vergaß sie einige Male unsere Verabredungen. Oft nannte sie körperliches Unwohlsein als Grund dafür. Mit dem Vater hatten wir nur wenige Gesprächskontakte.

Gökan war der ältere von zwei Söhnen. Der Bruder war eineinhalb Jahre jünger. Beide wurden in Deutschland geboren. Die zweite Schwangerschaft der Mutter war eine Risikoschwangerschaft. Es kam zu vorzeitigen

Wehen und zu einer Frühgeburt im 6. Schwangerschaftsmonat. Sie sprach ihre leidvollen Erfahrungen aus dieser Zeit und ihre aktuellen häufigen Krankheiten immer wieder an. Frau A. war in der Zeit unserer Arbeit mit der Familie häufig krank.
Gökan wurde zur Entlastung der Mutter während der zweiten Schwangerschaft für ein halbes Jahr von den Großeltern väterlicherseits in der Türkei betreut. Auch nach seiner Rückkehr konnte Frau A. sich, nach eigener Darstellung, nicht viel um ihn kümmern, weil es ihr gesundheitlich nicht gut gegangen sei und sie sich um die Pflege des zu früh geborenen zweiten Sohn kümmern mußte. Frau A. erzählte, Gökan hätte nach seiner Rückkehr aus der Türkei im Alter von zwei Jahren eine große Wut auf den Kleinen gehabt und Morddrohungen ausgestoßen. Frau A. sprach über Gökan wie über einen älteren Jungen. Aus ihren Schilderungen der familiäre Situation ging hervor, daß er sehr selbständig sein mußte, aber auch viele Freiheiten genoß und materiell verwöhnt wurde. Die Mutter räumte ein, daß sie ihren älteren Sohn wenig in den Arm nahm oder anderweitig liebkoste. Wenn wir sie zusammen erlebten, war ihr Verhalten zu Gökan nicht ablehnend, aber distanziert und sachlich. Gökan schien viel Macht über seine Mutter zu haben und sie herumkommandieren zu können.
Gökans Eltern hatten sich seit einigen Jahren als Subunternehmer selbständig gemacht. Finanziell schien die Familie relativ gut abgesichert zu sein. Es bestand aber eine große Abhängigkeit von den Auftraggebern. Der Erfolg der Firma erforderte großen Einsatz und viel Flexibilität von den Eheleuten. Der Vater war an vielen Tagen weit außerhalb des Wohnortes im Einsatz und unter der Woche meist nicht zu Hause. Die Mutter übernahm dann Aufgaben für die Firma. Die Großeltern mütterlicherseits betreuten die Kinder bei Abwesenheit der Mutter. Frau A. wirkte durch die Doppelbelastung überfordert. Auch litt sie unter der häufigen Abwesenheit ihres Mannes. In den Gesprächen war sie meist müde und resignativ gestimmt. Sie bemühte sich aber um ein resolutes Auftreten.
Frau A. berichtete, sie lebe schon seit ihrer Kindheit in Deutschland, ihr Mann sei viel später gekommen. Im Alter von 6 Jahren sei sie selbst von ihren Eltern für längere Zeit in die Türkei geschickt worden. Die Frau wirkte in Sprache und Auftreten sehr an die deutschen Verhältnisse angepaßt. Herr A. hingegen beherrschte die deutsche Sprache nur bedingt. In gemeinsamen Gesprächen wurden Meinungsunterschiede bezüglich

des Erziehungsstils zwischen den Eheleuten deutlich. Es war trotz Sprachbarriere nicht zu überhören und zu übersehen, daß Herr A. seiner Frau vehement Vorhaltungen wegen der Probleme Gökans in der Schule machte. Beide Eltern wollten, daß ihre Kinder es einmal besser haben sollten als sie. Gökan sollte später das Gymnasium besuchen und studieren.

Frau A. unterstützte in Gesprächen unsere Bemühungen um Gökan. Sie halte ihn zur Mitarbeit im Unterricht, zu Hausaufgaben und zu besserem Benehmen an. Die Eltern äußerten den Eindruck, daß ihr Sohn von der Schule zum Sündenbock gemacht werde. Als ich dem Vater Szenen aus dem Schulalltag mit Gökan schilderte, beteuerte er, entsetzt zu sein, grinste dabei aber unverkennbar. Er gab die Schuld anderen Jungen, die seinen Sohn zu schlechtem Verhalten animierten. Er beschuldigte Türken und Jugendliche aus anderen Einwanderernationen, einen schlechten Einfluß auf Gökan auszuüben. Auch in anderen Äußerungen wurde deutlich, daß er sich von diesen Menschen absetzen wollte. Er kündigte an, bei den nächsten Vorkommnissen Gökan körperlich zu züchtigen. Er drohte später seinem Sohn in unserem Beisein an, ihn in die Türkei zu schicken, wenn er sich nicht bessere.

Auch wenn die Drohung Herrn A.s, Gökan in die Türkei zu schikken, nicht wirklich ernst gemein war, so knüpfte sie an die traumatische Trennungserfahrung Gökans und unterstreicht ihre Allgegenwart im Erziehungsprozeß von Migranten und Migrantinnen (Böhme 1985, 118). Familie A. befand sich in einer sehr angespannten Lebenssituation. Beide Eltern waren sehr bemüht, einen wirtschaftlichen und gesellschaftlichen Aufstieg zu erreichen. Dies forderte von ihnen große Mühen und Verzicht, die zu den allgemeinen Belastungen von Migration hinzukamen. Familie A. hatte sich stark an die deutschen Lebensverhältnisse angepaßt. Hierzu schreiben Grinberg u. Grinberg: „Einige Individuen reagieren mit einer manischen Überanpassung; sie identifizieren sich schnell mit den Gewohnheiten und Funktionsweisen der Menschen im neuen Land, suchen das Eigene zugunsten eines angeblichen 'Realismus' zu vergessen" (ebd., 101).

Diese Form der Bewältigung der Migration durch die Familie und ihre klare Abgrenzung von anderen Migrantengruppen kann als Abwehr der Ambivalenz verstanden werden, die auch den Wunsch nach kultureller und sozialer Geborgenheit einschließt.

Mit dem Bestreben, einen sozialen und wirtschaftlichen Aufstieg zu erreichen und sich stark an die neue Umgebung anzupassen, hat Familie A. einen Weg eingeschlagen, der ihr einerseits einen Ausweg aus wirtschaftlichen Schwierigkeiten und gesellschaftlicher Ausgrenzung zu eröffnen scheint, andererseits aber auch zu großen Belastungen führt, die sie zwingen, ihre Trauer um das Aufgegebene, um persönliche Bindungen und Teile der eigenen Kultur zu übergehen (vgl. Grinberg u. Grinberg a.a.O., 106). Die ständigen Erkrankungen und Unpäßlichkeiten Frau A.s ließen u.a. darauf schließen, daß die enormen Anstrengungen und damit verbundenen inneren Konflikte in körperlichen Symptomen mündeten. Die schwierige Schwangerschaft und die Frühgeburt des zweiten Sohnes kostete Frau A. so viel Kraft, daß sie ihre Abwehrleistungen nicht mehr erbringen konnte. Die Familie war von Desorganisation bedroht.
Warzecha stellt dazu fest: Je „...stärker die Familie von einem Desorganisationsprozeß betroffen ist, desto größer werden die innerfamilialen Verhaltensunsicherheiten sein“ (Warzecha 1990, 57). Sie sieht bei den in der Migration lebenden Müttern das Selbstbild als Frau in Frage gestellt.
Frau A. war in ihrer Identität als Mutter verunsichert. Trotz ihrer starken Anpassung an die Normen der neuen Umgebung war sie im Umgang mit ihren Kindern sehr unsicher und unentschlossen. So wurde Frau A. hin- und hergerissen zwischen den Anforderungen, die an sie durch Arbeit und körperliche Beeinträchtigung gestellt wurden und ihrem Selbstverständnis als Mutter. Zudem geriet sie in Konflikt mit den Erziehungsvorstellungen ihres Ehemannes, die sich an Traditionen des Ursprungslandes orientierten. Sie fand in Deutschland keine ausreichende familiäre Unterstützung, so wie es in ihrem Heimatland möglich gewesen wäre. Zwar lebten ihre eigenen Eltern in der Nachbarschaft, doch hatten diese sie selbst als Kind Verwandten in der Türkei überlassen. So entschlossen sich auch Herr und Frau A., in einer familiären Krise Gökan im Alter von eineinhalb Jahren in die Türkei zu geben.
Diese Trennungserfahrung Gökans hängt eng mit seinem Kernkonflikt zusammen. Gökan befand sich zum Zeitpunkt der Trennung in dem von Mahler/Pine und Bergman als Wiederannäherungsphase bezeichneten Lebensabschnitt. In der Wiederannäherungsphase ist den Autoren zu Folge die optimale emotionale Verfügbarkeit der Mutter von großer Bedeutung, damit das Kind seine eigenen Omnipotenzphantasien überwinden und seine Liebesobjekte als von ihm getrennte Individuen wahrnehmen kann (Mahler /Pine/Bergman 1975, 101ff.).

Das beobachtete dominierende und von Größenphantasien geleitete Verhalten Gökans in der Schule deutet darauf hin, daß er in der Türkei zum Schutz vor einer ernsthaften Gefährdung seiner Ich-Entwicklung eine Regression in die Vorstellungswelt der vorherigen „Übungsphase" (Mahler /Pine /Bergman a.a.O., 87ff.) vollzogen hat und ein omnipotentes Selbstbild wiederherstellte. Dies bedeutete für ihn eine psychische Überlebensstrategie und schützte ihn vor Resignation. Diese omnipotente Selbstrepräsantanz ist in Teilen bei ihm bis in das Schulalter hinein erhalten geblieben. Gökan mußte sich aber auch mit einer zweiten Trennung auseinandersetzen. Nachdem er sich mit den neuen Bezugspersonen, den Großeltern arrangiert hatte, wurde er ein halbes Jahr später von den Eltern wieder nach Deutschland geholt. Die durch die erste Trennung entstandene Entfremdung zwischen Mutter und Sohn bedeutete für die Mutter eine Verunsicherung ihrer mütterlichen Identität und für das Kind eine Neuorganisation der Objektbesetzung.

Aber nicht allein räumliche Trennung oder gar Verlust der Mutter führen zu frühkindlichen Frustrationen und Störungen der Objektbeziehungen bei Migrantenkindern. Vielmehr trägt auch die Verunsicherung der Mutter, verursacht durch soziale und kulturelle Unsicherheiten in der fremden Kultur wesentlich hierzu bei (Warzecha a.a.O., 35; vgl. auch Grinberg u. Grinberg a.a.O., 130).

Erfahrungen mit Trennungen und Verlusten gehören für alle Migranten und Migrantinnen zur Lebenspraxis (Grinberg u. Grinberg a.a.O., 29). Generell kann gesagt werden, daß zeitweise Trennungen des Kindes von seiner Familie „- zusätzlich zu familiären Desorganisationserscheinungen - eine Belastung in der Sozialisation des ausländischen Kindes" (Warzecha a.a.O., 36) bedeutet.

Die Entscheidung, den 1 1/2jährigen Gökan für ein halbes Jahr den Schwiegereltern in der Türkei zu überlassen, kann auch als Reinszenierung traumatischer Trennungserfahrungen der Mutter gesehen werden (Müller-Pozzi 1984, 105). Die Identifizierung mit den traumatisierenden Eltern führte Frau A. dazu, den gleichen Lösungsweg in einer schwierigen Lebenssituation zu gehen, unter dem sie als Kind selbst gelitten hatte (Müller-Pozzi a.a.O., 107).

Nach der Rückkehr Gökans zur Familie wurden korrespondierend mit seinen regressiven Omnipotenzphantasien hohe Erwartungen an sein Verhalten als großer Bruder gestellt. Gökan war auf einen Schlag in seiner familialen Rolle quasi erwachsen geworden. Gleichzeitig mußte er die

Rivalität mit dem konkurrierenden Bruder verarbeiten. Die in der Traumatisierung begründete narzißtische Wut fand Ausdruck in dem Tötungswunsch gegen den Bruder, dem die ganze Sorge der Familie galt. In der Schule wurden später die aggressiven Impulse in Szenen wiederbelebt, die Geschwisterthemen enthielten. Hier mußte es zu Konflikten mit der Institution Schule kommen. Denn ihre Aufgabe ist es, als eine der Vertreterinnen der Kultur, der Aggression Einhalt zu gebieten. Dies gelingt bei Kindern in der Regel in einem langsamen Anpassungsprozeß, der, wie Freud anmerkte, ein an sich schon konfliktreicher ist. „Es wird dem Menschen offenbar nicht leicht, auf die Befriedigung dieser ihrer Aggressionsneigung zu verzichten; sie fühlen sich nicht wohl dabei. (...) Wenn die Kultur nicht allein der Sexualität, sondern auch der Aggressionsneigung des Menschen so große Opfer auferlegt, so verstehen wir es besser, daß es dem Menschen schwer wird, sich in ihr beglückt zu finden“ (Freud a.a.O., 242f.). Gökans ungezügelte narzißtische Wut und seine destruktiven Ausbrüche wurden zu einem Hindernis auf dem Weg zur Integration in die Kultur.

Es zeigte sich aber noch eine andere Seite seines aggressiven Verhaltens. Der Vater sah durch die Probleme, die mit seinem Sohn in der Schule auftraten, sein Bild von der Zukunft der Familie gefährdet. Als der älteste Sohn diente Gökan als Projektionsfläche für die familiären Wünsche nach einem gesellschaftlichen Aufstieg (vgl. Modena 1995, 29). Er reagierte mit Drohungen, die aber nur kurzzeitig Wirkung zeigten, weil er viel zu wenig in der Familie anwesend war, um Einfluß auf Gökans Verhalten in der Schule zu haben, und weil er offensichtlich mit dem Auftreten seines Sohnes sympathisierte. Herr A. benötigte viel Durchsetzungsvermögen, um sich in dem fremden Land in seinem Sinne erfolgreich behaupten zu können. Seine sublimierten Aggressionsneigungen in Form von wirtschaftlicher Tüchtigkeit verhalfen der Familie zu einem bescheidenen Wohlstand. „Triebsublimierung ist ein besonders hervorstechender Zug der Kulturentwicklung, sie macht es möglich, daß höhere psychische Tätigkeiten, wissenschaftliche, künstlerische, ideologische, eine so bedeutsame Rolle im Kulturleben spielen (Freud a.a.O., 227)“. Grinberg und Grinberg verweisen auf die enorme Wichtigkeit der Arbeit als organisierenden und stabilisierenden Faktor im psychischen Leben der Migranten und Migrantinnen (vgl. Grinberg u. Grinberg a.a.O., 108f.). Gökan hatte über die Identifizierung mit dem Vater nicht nur das Destruktive in Szene gesetzt, sondern auch den Lebens- und Anpassungswillen seiner Familie in der neuen Kultur. Er war trotz aller Konflikte, in die Klasse integriert und später nach nicht allzu langer Zeit der Förderung in der Lage, den versäumten Lernstoff rasch nachzuholen. Hier zeigte er reife Ich-Leistungen neben den gleichzeitig vorhandenen Defiziten in den Ich-Funktionen.

Förderansätze in der Schule

Gemeinsam mit der Klassenlehrerin und Frau A. wurde ein Förderkonzept für Gökan entworfen. Über die Förderung seiner Lese-Rechtschreibleistungen sollte eine bessere Integration in den Unterricht ermöglicht werden. Gökan sollte dreimal pro Woche eine Stunde vor dem Beginn des Unterrichts in die Schule kommen, um mit mir schulische Rückstände aufzuholen. Auch sollte er in der Klasse probeweise wieder mit anderen an einen Tisch gesetzt werden. Es war geplant, für die Nachmittage einen geeigneten Hortplatz zu finden. Im Hort sollte er lernen, sich in Kindergruppen angemessen zu verhalten. Die Mutter war damit einverstanden.

Gökan kam oft zu spät oder erschien gar nicht zu den morgendlichen Förderstunden. So holte ich ihn zu Hause ab, wenn er zum Stundenbeginn nicht in der Schule war. Gökan sagte, er stehe alleine auf und verschlafe öfter mal, weil der Wecker nicht funktioniere. Die Mutter behauptete, ihn morgens zu wecken. Gökan sagte, er mache sich das Frühstück selbst, die Mutter gab an, den Kindern etwas zu Essen zu bereiten. Bei meinem morgendlichen Abholen weckte ich häufig Mutter und Kinder durch mein Klingeln. Bei Telefonaten am Vormittag wirkte Frau A. müde und kaum ansprechbar. Gökan hatte die Hausaufgaben vom Vortage nie vollständig erledigt, obwohl die Mutter angab, sie regelmäßig zu kontrollieren. So mußte ich über viele Wochen mit ihm in den Förderstunden das Versäumte nachholen. Gökan erschien dazu meist in guter Laune und arbeitete eifrig mit. Die Unterbringung in einem Hort scheiterte vorerst, weil die Eltern drei Möglichkeiten der Unterbringung ausschlugen, bzw. umgingen. Das Gleiche passierte mit einer eingeleiteten Hausaufgabenhilfe. Es gab keinen offenen Widerstand der Eltern gegen die von uns initiierten Angebote. Die Mutter beteuerte immer wieder, daß sie mit uns einer Meinung sei und die Vereinbarungen mittrage. In dieser Zeit war es für uns sehr schwierig, die Hilfen aufrechtzuerhalten, weil die Familie alles tat, um diese zu unterlaufen. Un-

sere Befürchtungen, die Familie durch unser Insistieren auf die Unterbringung Gökans in einem Hort und durch das morgendliche Abholen Gökans zur Förderstunde zu brüskieren, erwiesen sich als unbegründet. Im Gegenteil, wir hatten den Eindruck, daß diese Angebote von den Eltern zumindest ambivalent bewertet wurden.
Mit den Monaten wurde Frau A. zuverlässiger. Sie sagte z.B. rechtzeitig Termine ab und informierte mich, wenn Gökan nicht zur Schule kommen konnte. Auch trat sie in einen regelmäßigen telefonischen Kontakt mit der Klassenlehrerin. Diese Leistungen waren in der Anfangszeit nicht selbstverständlich gewesen. Schließlich willigten beide Elternteile ein, an Gesprächen zur Aufnahme Gökans in eine heilpädagogische Kindertagesstätte teilzunehmen.

Die morgendlichen Förderstunden hatten u.a. den Effekt, daß Gökan meist pünktlich zum offiziellen Unterrichtsbeginn in der Schule war und seine Hausaufgaben vorweisen konnte. Innerhalb weniger Monate lernte Gökan in den Förderstunden Lesen und wurde wesentlich sicherer in der Rechtschreibung. Erfolge stellten sich auch im Klassenunterricht ein. Gökan gewann Anschluß an den Lernstand der Klasse. Die Leistungssteigerung bewirkte bei ihm eine allgemeine Zufriedenheit im Unterricht. Zwar war er immer noch sehr dominant und übergriffig, doch laut Klassenlehrerin in ihrem Unterricht ertragbar. Gökan durfte am gemeinsamen Tisch mit anderen Jungen sitzenbleiben, weil er sich akzeptabel benahm. Das Thema „Ich bin der Big Boß" tauchte kaum noch auf. Im Fachunterricht und in den Pausen blieben die Probleme vorerst noch bestehen.

Die Strategie der Familie A. im Umgang mit Helfern und Helferinnen kann u.a. als ein Pendeln zwischen zwei Positionen und als Versuch gesehen werden, einer eindeutigen Entscheidung für oder gegen einen kulturellen Ort aus dem Wege zu gehen. „Durch das Pendeln zwischen Auswanderungsort und Heimatort lassen sich Entscheidungen aufschieben. Der Preis dafür ist allerdings Entwurzelung, die permanente Heimatlosigkeit" (Modena a.a.O., 42).
Die Entscheidung, Gökan im Krisenfall in die Türkei zu geben, verdeutlichte, daß die Familie ihr wirtschaftliches Standbein zwar in Deutschland hatte, mit dem anderen nicht unwichtigen Bein aber noch fest in der Türkei stand. Das Pendeln im Umgang mit uns war eine typische Umgangsweise der Familie, sich vor unangenehmen Erkenntnissen und Ent-

scheidungen zu schützen. Man kann sagen, daß sie die grundsätzliche Erfahrung der Zweigeteiltheit auch auf andere Bereiche übertragen hatte. So arbeiteten sie zwar mit der Schule und unserer Einrichtung zusammen, umgingen aber etwaige Konsequenzen, ohne eine Entscheidung für die eine oder andere Seite fällen zu müssen. Für Migranten und Migrantinnen ist es allgemein nicht einfach, sich für das eine oder das andere (Land) zu entscheiden. Eine solche Entscheidung kann nämlich ein Gefühl des Verrats (am Herkunftsland) hervorrufen. Hilfen, angeboten von Angehörigen der anderen Kultur sind geeignet, Veränderungen im Familiensystem zu bewirken, mit ungewissem Ausgang. Für eine Familie in der Fremde muß dies besondere Befürchtungen hervorrufen und kann den Entwurf der Migration in Frage stellen.

Als zentrale Ursache für die Entstehung von Gökans Störung werteten wir die traumatisierende Trennungserfahrung der Familie, vor allem den plötzliche Abbruch der Beziehung von Mutter und Kind im Alter von eineinhalb Jahren. Die Krise in der Schule drohte eine erneute Trennungserfahrung für Gökan herbeizuführen, nämlich die Aussonderung aus der Klassengemeinschaft. Wir verstanden dies als eine Reinszenierung von Trennungserlebnissen. Diese Thematik der Familie, wurde immer wieder dargestellt und wiederbelebt. Die Familie agierte so, daß wir immer wieder versucht waren, unsere Bemühungen für sie einzustellen. Nach Finger-Trescher erzeugt das Kind (oder der Patient) „durch sein 'Agieren' im Pädagogen/Therapeuten diese befremdenden Gefühle, die in dem Erleben von Hoffnungslosigkeit, Ohnmacht und Gescheitertsein gipfeln können“ (Finger-Trescher 1987, 139). Finger-Trescher unterstreicht die Notwendigkeit, eine solch ausweglos erscheinende Situation zu durchbrechen, damit die Arbeit an diesem Punkt nicht scheitert.

Wir unterbreiteten Gökan und seiner Mutter eine kontinuierliches Beziehungsangebot mit dem Ziel, einen „fördernden Dialog“ (Leber 1990, 53ff.) herzustellen und aufrechtzuerhalten. Dieses Angebot war gemäß unseres Auftrages hauptsächlich ausgerichtet auf die Bewältigung der schulischen Krise Gökans. Über eine lange Zeit fungierten wir als Hilfs-Ich für die Familie, um ihr einen realitätsgerechteren Umgang mit ihren eigenen Erwartungen, Wünschen und den Anforderungen der Schule zu ermöglichen. Die Anforderungen, die durch die schulische Realität des aufnehmenden Landes gestellt werden, trugen wir als „Zumutung“ an Gökan und seine Familie heran (Leber a.a.O., 59). Um eine Anpassungsleistung in der Schule zu erbringen, bedurfte es nicht allein einer haltenden Beziehung zu Gökan und zu seiner Familie (Leber a.a.O., 54). Die Mutter konnte im Laufe eines Jahres die „Zumutung“, bestimmte Anforderungen der Schule zu erfüllen und Absprachen einzuhalten, auch für sich als vorteilhaft erleben. Über das langsam wachsende Vertrauen zur Schule und zu uns entstand eine Brücke zwischen der Familie und einer Institution der fremden Kultur.

Literatur:

Böhme, I., Ausländische Kinder auf der Suche nach sich selbst. In: Leber, A. /Trescher, H.-G. /Büttner, Ch. (Hrsg.), Die Bedeutung der Gruppe für die Sozialisation - Kindheit und Familie. Göttingen 1985

Erdheim, M., Mann und Frau - Kultur und Familie. In: Brede, K. u.a.: Befreiung zum Widerstand; Frankfurt a.M. 1987

Finger-Trescher, U.D., Trauma, Wiederholungszwang und projektive Identifizierung. In: Reiser, H. /Trescher; H.-G. (Hrsg.), Wer braucht Erziehung; Mainz 1987

Freud, S., Das Unbehagen in der Kultur (1930); Frankfurt a.M. 1974

Grinberg, L. /Grinberg, R., Psychoanalyse der Migration und des Exils. München, Wien 1990

Leber, A., Zur Begründung des fördernden Dialogs in der psychoanalytischen Heilpädagogik. In: Iben, G. (Hrsg.), Das Dialogische in der Heilpädagogik. Mainz 1990

Mahler, M. /Pine, F. /Bergman, A., Die psychische Geburt des Menschen. Frankfurt a.M. 1975

Modena, E., Das Fremde verstehen. In: Möhring, P. /Apsel, R. (Hrsg.), Interkulturelle psychoanalytische Therapie. Frankfurt a.M. 1995

Müller-Pozzi, H., Trauma und Neurose. In Berna-Glantz, R. /Dreyfuß, P. (Hrsg.), Jahrbuch der Psychoanalyse. Beiheft 8. Stuttgart-Bad Cannstadt 1984

Warzecha, B., Ausländische verhaltensauffällige Mädchen im Grundschulalter. Frankfurt a.M. 1990

Heinz Krebs

Interkulturelle Beratung

Psychosoziale Verarbeitung von Exil und Einbürgerung

1. Einleitung

In dieser Arbeit möchte ich Auszüge aus der Beratung[1] einer Flüchtlingsfamilie aus Afrika[2] vorstellen, die seit 17 Jahren in der BRD lebt und die deutsche Staatsbürgerschaft angenommen hat. Die Fallpräsentation legt besonderes Augenmerk auf die psychosoziale Verarbeitung des Exils, der Einbürgerung sowie auf die Gestaltung des Familienalltags und die Erziehung des einzigen, in der BRD geborenen, Sohnes.

2. Das Fallbeispiel

2.1 Familie M.

Die Eheleute M. sind infolge eines langjährigen Befreiungskrieges in der afrikanischen Heimat geflohen. Herr und Frau M. wurden als Asylbewerber anerkannt. Sie haben sich kurz nach ihrem Eintreffen in der BRD kennengelernt und geheiratet. Beide sprechen gut deutsch, konnten eine Berufsausbildung absolvieren. Sie sind Christen. Der Sohn ist neun Jahre alt und geht in die dritte Grundschulklasse.

---

[1] Die Falldarstellung ist innerhalb der Rahmenbedingungen der institutionellen Erziehungsberatung verortet. Erziehungsberatung ist ein im Kinder- und Jugendhilfegesetz verankertes Pflichtangebot (vgl. § 28). Es steht allen Eltern, Kindern und Jugendlichen zur Verfügung, die in irgendeiner Form mit psychosozialen Problemen konfrontiert sind. Institutionalisierte Erziehungsberatung ist kostenfrei, unterliegt der Schweigepflicht und beruht auf der Freiwilligkeit der Inanspruchnahme (vgl. Hundsalz 1995).

[2] Zwecks Datenschutz sind die genaue Herkunft, markante persönliche Details sowie Literaturhinweise, die sich auf das Herkunftsland beziehen, weggelassen bzw. verändert worden.

Aufgrund einer schweren, zur Arbeitsunfähigkeit führenden Erkrankung von Herrn M., hat das Paar keine weiteren Kinder bekommen. Herr M. ist Frührentner. Frau M. ist berufstätig. Die Familie ist finanziell abgesichert. Die Ehe ist seit Jahren konfliktreich.

2.2 *Anmeldungsgrund*

Familie M. wird von der Grundschullehrerin auf das hypermotorische und nervöse Verhalten ihres Sohnes, F. angesprochen. Trotz guter Intelligenz, erbringt F. nur mäßige Leistungen. Er hat häufig Streit mit anderen Kindern.

2.3 *Der Erstkontakt*

Frau M. kommt allein zum Gespräch. Sie berichtet nur kurz von den Problemen ihres Sohnes und spricht dann, ohne Punkt und Komma von ihrer schwierigen Ehe. Ihr anfängliches Mißtrauen scheint bei diesem Thema verflogen zu sein. Herr M. konnte wegen seiner Erkrankung nicht mit zur Beratung kommen. Obwohl er sich schonen müßte, führt er ein aufreibendes Leben, ist häufig weg, betrinkt sich und raucht stark. Frau M. will sich schon lange von ihm trennen, kann dies aber nicht, weil sie glaubt, daß er diesen Schritt nicht „überleben“ würde. Immer wieder bittet ihr Mann sie, bei ihm zu bleiben. Ihre Verwandtschaft ist ebenfalls gegen eine Trennung, und dies scheint für sie bindend zu sein. F. wird als Parteigänger der Mutter geschildert.

Zur deutschen Staatsbürgerschaft hat Frau M. ein ambivalentes Verhältnis. Einerseits hat die Familie dadurch einen sicheren Aufenthaltstatus, andererseits scheint diese bedrohlich zu sein, weil damit ein soziokultureller Dominanzanspruch mit weitgehenden Anpassungsforderungen verbunden ist.

Da über F. im Erstgespräch nicht viel gesprochen wurde, vereinbaren wir einen zweiten Termin.

2.4 *Die zweite Beratungstunde - ein kurzer Abriß*

Wieder kommt Frau M. alleine. Es wird deutlich, daß sie die Beratung ohne ihren Mann in Anspruch nehmen will[3]. Was F. anbetrifft, teilt sie die Problemsicht der Schule nicht. Sie nimmt eigentlich an, daß es ihm gut geht, weil er doch immer heiter sei und viel rede. Mittlerweile sprach ich - aufgrund der Bitte von Frau M. - mit den KollegenInnen aus Schule und Hort und konfrontiere sie mit deren Einschätzungen. Sie sehen F. als einen lieben Jungen, der sich allerdings viel schlägt, unkonzentriert ist und depressive Verstimmungen zeigt. Auf diese Mitteilung reagiert Frau M. mit einem Schreck, weil sie diese Probleme nicht gesehen hat. Sie klagt, daß F. wegen der ständigen Ehekonflikte zu wenig Aufmerksamkeit gewidmet wird. Sie will „alles tun", um dieses Manko auszugleichen. Um einen besseren Eindruck von F. zu erhalten, schlage ich Frau M. eine Diagnostik für ihren Sohn vor.

2.5 *Die Diagnostik[4] von F.*

F. wird von seiner Mutter gebracht. Sie hat ihm nicht gesagt, warum er in die Beratungsstelle kommt. Meine Begründung, daß es in der Schule, im Hort und zu Hause Schwierigkeiten gibt, die geklärt werden sollen, akzeptiert er nicht. Aus seiner Sicht gibt es keine Probleme. Er geht davon aus, daß nur „Böse" zur Beratung müssen.

Über die Lebenssituation der Familie wird nur wenig gesprochen. Von ihrer Vergangenheit weiß er kaum etwas. Der Junge unterhält mich vielmehr mit „flottem Gebabbel" über alle möglichen Filme, Sportereignisse und Konflikte mit anderen Kindern. Von der Schule berichtet er nur, daß er nicht weiß, warum die Lehrerin ständig meckert. Er erlebt ihre Grenzsetzungen als ungerechtfertigte Einschränkungen. Er meint, daß er oft auch leise sei. Bei dieser Mitteilung habe ich den Eindruck, daß

---

[3] Wenn im folgenden Text von Familie M. die Rede ist, schließt das Herrn M. aufgrund o.g. Umstandes nur bedingt ein. Ich werde auf diese Begrenzung nur dann hinweisen, wenn damit inhaltliche Verzerrungen verbunden sind.

[4] Eine Diagnostik erstreckt sich in der Regel über zwei bis drei Sitzungen und beinhaltet die Herausarbeitung der Konflikte eines Klienten auf dem Hintergrund sozialer Kontexte und psychodynamischer Hypothesen. Ihre Ergebnisse fließen in einen Aushandlungsprozeß mit den Klienten ein, an dessen Ende im günstigen Fall ein konsensuell hergestelltes Ergebnis und gegebenenfalls ein Hilfsangebot steht.

er von den Momenten spricht, die seine Lehrerin als „depressiv" einschätzt. F. macht den Eindruck eines Kindes, das gewohnt ist, seine Angelegenheiten auf sich selbst gestellt zu regeln.

Trotz dieser Anfangsschwierigkeiten entsteht ein Kontakt zwischen uns und F. ist bereit, zwei projektive Testverfahren - erstens die >Verzauberte Familie< (vgl. Kos 1984) und zweitens das >Sceno-Verfahren< (vgl. von Staabs 1978) - durchzuführen.

Zu 1) Auf die Frage - „Stelle Dir vor, eine Familie trifft auf einen Zauberer und wird von diesem verzaubert. Wie könnte das aussehen? Zeichne das bitte auf einem Blatt!" - fertigt F. folgende Zeichnung an:

Er kommentiert auf Nachfrage: Die Schlangenlinien in der Zeichnung stellen einen wackligen Boden dar. Der Zauberer ist lieb, obwohl er wie ein Monster aussieht. Die Linien am Zauberstab stellen Blitze dar. Die Familie wird verzaubert, weil sie sehr viel Geld hat, fast eine Million Taler, und das andere Volk von Akrabar hat nur 10 Taler. Der Zauberer glaubt, daß sie das Geld geklaut hätten. Die Leute von Akrabar sind die Armen, sie sind dunkel - so wie die Türken - oder weiß. Ihr Haus ist verflucht. Er ergänzt, daß es Weiße oder auch Schwarze aus den USA sind. Die Familie besteht aus Vater, Mutter und weiblichen Zwillingen. Die bereitstehende Nahrung schütten die Familienmitglieder über sich, statt sie zu essen. Bei Bewegungen fallen die Personen hin. Die Familie hat kein Auto. F. könnte vielleicht zu dieser Familie gehören. Das Haus ist gut. Wenn F. der Zauberer wäre, dann wäre er nicht verunglückt. In der Schule bekäme er im Diktat die Note eins. Wenn er nicht der Zauberer ist, dann bekommt er die Note sechs.

In der sich an die >Verzauberte Familie< anschließenden Tierverwandlungsfrage, bei der der Klient gefragt wird, in welches Tier er sich am liebsten bzw. überhaupt nicht verwandeln möchte, antwortet F. für die positive Variante, daß er am liebsten ein Panther sein würde, weil dieser schwarz ist und schnell laufen kann. Für die negative Variante sagt er, daß er keine Kakerlake sein will, weil diese auf Kot herumläuft und in Abwässern vorkommt. Zudem will er auch nicht der >Hulk<, ein starkes grünes Comic-Monster sein, weil dieses erschossen wird.

Zu 2) Nach der Arbeitsanweisung - im rechteckigen Kastendeckel eine Szene mit dem vorhandenen Spielmaterial aufzubauen und dazu etwas zu erzählen - stellt F. eine karge Szene zusammen. In einer Ecke steht eine Kuh, der ein (Wach-) Hund zur Seite gestellt wird. Auf der gegenüberliegenden Schmalseite steht zunächst auf einem Berg von Bauklötzen ein Krokodil, das in einen Fuchs umgetauscht wird. Diesem zur Seite wird ein Schuljunge positioniert. Sein Kommentar lautet: Die Kuh könne auch ein Schaf sein. Der Hund, der auf einem Berg stehe, paßt auf, daß der Fuchs, der - wie im Märchen - auch der böse Wolf sein könne, die Kuh nicht angreift. Der Fuchs bzw. der Wolf wird die Kuh aber nicht packen. Neben dem Fuchs sollte eigentlich ein schwarzer Junge sitzen. Leider gibt es im >Sceno-Kasten< keine schwarzen Figuren. F. meint resigniert, daß es auf die Hautfarbe nicht ankomme. Der Schuljunge, zunächst nicht in das Geschehen einbezogen, wird Komplize des Wolfes. Dieser besticht ihn, damit er den Wachhund austrickst. F. sieht den Jungen auch als Gefangenen des Wolfes, dem er gehorchen muß. F. betont, daß die Kuh nicht der Vater sei. F. könne allerdings auch der Wolf sein.

2.6 Interpretation: Erster Durchgang

Familie M. hat einen gesicherten sozialen und ökonomischen Platz. Trotzdem belasten Integrationskonflikte und Krankheiten diese äußere Ordnung. Die Familie vermittelt mir den Eindruck, daß die eigentlich vergangenen Erfahrungen von Krieg, Terror, Tod und Flucht nach wie vor lebendig sind.

Die Eheleute stehen vor einem Scherbenhaufen ihres persönlichen Glücks. Herr M. ist schwer krank. Frau M. reibt sich in einer unglücklichen Ehe auf. Sie interpretiert eine eventuelle Trennung von ihrem Mann als eine Art „Todesurteil“, das beide, wenn auch je verschieden, betreffen kann. Herr M. würde eine Trennung vielleicht nicht „überleben“. Ein Risiko, das Frau M. nicht auf sich nehmen kann. Zudem wäre sie im Fall einer Trennung der sozialen Ächtung der Verwandtschaft ausgesetzt, die ein zentraler sozialer Bezugspunkt ist. Der Ausschluß aus dieser Gruppe würde dem nahekommen, was Erdheim/Nadig als „sozialen Tod“ bezeichnen.

Aufgrund dieser psychosozialen Krisen und einer dauerhaften Überforderung haben sich Herr und Frau M. teilweise aus ihrer Elternrolle zurückgezogen. F. lebt dadurch in einer Art seelischem Vakuum, das er umtriebig ausfüllen muß, um existentielle Ängste zu vermeiden.

F. weiß über die Geschichte seiner Eltern, über das Exil und die Einbürgerung kaum Bescheid. In der Familie wird über diese Dinge nur wenig gesprochen. Die deutsche Staatsbürgerschaft würde Familie M. am liebsten verleugnen. Sie scheint etwas für sie befremdliches zu sein.

Auf diesem Hintergrund wird die Geschichte der Leute von >Akrabar< auch besser verständlich. In dieser reproduziert F. die gesellschaftlichen und ökonomischen Gegensätze zwischen armen und reichen Ländern und Menschen, die sich ebenfalls entlang ethnischer Grenzen zwischen schwarz und weiß manifestieren. F. weiß nicht, wohin er gehört. Ist er ein Weißer oder Schwarzer, ist er ein Deutscher oder Afrikaner, ist er ein Armer oder Reicher, oder gehört er zu einer Art Misch-Gruppe wie die schwarzen US-Amerikaner, die einerseits privilegiert und reich sein können, andererseits auch als Arme in Ghettos leben? F. gehört als deutscher Staatsbürger faktisch zu den Privilegierten. Seine Zugehörigkeit zu den „Reichen und Glücklichen“ ist im Hinblick auf die Armut des Herkunftslandes seiner Eltern etwas, was Unglück herausfordert. Die Reichen sind verflucht und erleiden Unfälle. Diese mißliche Lage verdoppelt sich, da er als Schwarzer in der BRD ebenfalls Zugehöriger einer Minderheit ist, die mit Diskriminierungen rechnen muß.

Seine Definitionen sozialer und ethnischer Zugehörigkeiten enden, wie in der >Verzauberten Familie< skizziert, in einem Dilemma, das nur noch von einem Zauberer aufgelöst werden kann. Aber selbst dessen Zauberkräfte versagen, reichen gerade noch für bessere Schulnoten, können aber die Gefahr weiterer Unglücke nicht verhindern. Über kurz oder lang erliegt selbst das außergewöhnlich starke Comic-Monster >Hulk< diesen Widersprüchen und kommt zu Tode.

Bei der Tierverwandlungsfrage macht F. eine gegensätzliche Aussage hinsichtlich seines Selbstwertgefühls. Einerseits sieht er sich ähnlich wie ein kräftiger Panther, andererseits siedelt er sich auf der Ebene von Kakerlaken an, deren Nähe zur Analität negativ konnotiert ist.

Bei der Darstellung im >Sceno-Test< kreisen die Phantasien um die familialen Rollen von Vater, Mutter und Kind. Die starke Kuh repräsentiert die Mutter. Sie muß sich gegen den Fuchs/Wolf, die als Tier-Symbole Männlichkeit und Väterlichkeit verkörpern, zur Wehr setzen. Die Kuh ist aber, auch von Vater und Sohn gemeinsam, nicht zu bezwingen. Dieser Umstand vermittelt einen Eindruck von der Schärfe des Geschlechterkampfes zwischen den Eheleuten, der das traditionelle Geschlechterverhältnis in der BRD, aber auch die rigid patriarchalische Tradition des Herkunftslandes auf den Kopf stellt. Herr M. ist als kranker Mann seiner Frau unterlegen, die im Gegensatz zu ihm wahrscheinlich einen großen Statusgewinn hat. In diesen Konflikten steht F., repräsentiert in den Figuren des Jungen sowie des Hundes im >Sceno-Test<, zwischen den Eltern, zerrissen in einer Art Untergrundkampf, zerrissen zwischen den Loyalitäten zu Vater und Mutter. Im familialen Clinch nimmt F. die Rolle des parentifizierten Dritten ein, um die Eltern zu entlasten und eine Trennung zu verhindern. Diese familiäre Funktionszuweisung hat zur Folge, daß F. gegenüber seinen Eltern vermutlich in eine sie beschützende Rolle gerät, die sein kindliches Bedürfnis nach Halt und Sicherheit ins Gegenteil verkehrt.

Im Kontext dieser familiendynamischen Konstellation schafft die Identifikation von F. mit Vater und Mutter eine nur zerbrechliche Basis für eine gesicherte Autonomieentwicklung. Einerseits verkörpert der Wolf im >Sceno-Test< wahrscheinlich den Wunsch nach einem starken Vater, der den Sohn aus dem Einflußbereich der Mutter „befreit“. Andererseits ist die Identifikation mit der Mutter, der Kuh im >Sceno<, sehr anziehend, weil diese Handlungsfähigkeit und Gesundheit verkörpert.

Der Wolf kann demgegenüber auch als „Verführer“ des Jungen gesehen werden, der die kindliche Abhängigkeit von Mutter und Vater überwinden will. Er könnte für Wünsche stehen, Autonomiebestrebungen ohne Ausbruchs- und Loyalitätsschuld leben zu wollen. Statt dessen muß der Junge im Fortgang der >Sceno-Geschichte< diese Bedürfnisse und die damit verbundenen Aggressionen, wie sie sich auch in der weggelegten Krokodil-Figur zeigen, verleugnen und ins Gegenteil verkehren. Er ist Opfer, Gefangener oder Beschützer der Eltern, um dem phantasierten Risiko zu entgehen, diese zu zerstören.

Diese sozialen und familiären Verstrickungen rufen einen von Abhängigkeiten, von Verunsicherungen, Unterwerfungstendenzen sowie Minderwertigkeitsgefühlen hinsichtlich der ethnischen Herkunft gekennzeichneten Selbstentwurf des Jungen hervor. Ich schlage Frau M. daher eine heilpädagogische Maßnahme für ihren Sohn mit einer begleitenden Elternberatung vor, um diesen ungünstigen Entwicklungen entgegen zu wirken.

2.7 *Die weitere Beratung von Frau M. - eine Zusammenfassung*

Frau M. ist mit meinen Vorschlägen einverstanden. Sie erhofft sich eine Entlastung ihres Sohnes. Sie möchte außerdem, daß F. in der Schule erfolgreich ist und einen guten Beruf lernen kann. Er soll durch seine Eltern keine Nachteile haben. Es beginnt eine etwa zweijährige Zusammenarbeit[5].

Die Ehekrise bleibt zunächst das beherrschende Thema der Beratung. Trotz mehrfacher Anläufe gelingt es Frau M. nicht, die Scheidung oder zumindest eine räumliche Trennung von ihrem Mann umzusetzen. Da das Ehepaar mittlerweile ziemlich abgekämpft ist, finden sie andere Kompromisse, die ihnen das Zusammenleben etwas erträglicher machen. Einerseits können sie sich aus dem Weg gehen, was die Konflikthäufigkeit reduziert. Andererseits ringen sie sich doch zu zeitlich begrenzten Trennungen durch. Herr M. reist jeweils für einige Monate in ihr Herkunftsland[6], wo es ihm unerwartet gesundheitlich besser geht. Die alte

[5] Versuche, mit Herr M. doch noch eine Zusammenarbeit aufzubauen, scheitern. Die Vermittlung anderweitiger Beratungsmöglichkeiten gelingt auch nicht.

[6] Seit einigen Jahren ist es Exilanten durch den Sieg der Befreiungsbewegung wieder möglich, gefahrlos in ihr Heimatland zurückzukehren bzw. dort Urlaub zu verbringen.

Heimat scheint ihn zu stabilisieren. Obwohl er als Frührentner dort auf Dauer leben könnte, muß er wegen medizinischer Behandlungen doch immer wieder in die BRD zurückkehren.

Im Gegensatz zu ihrem Mann kommt für Frau M. eine Rückkehr in die alte Heimat aus mehreren Gründen nicht in Frage: 1. Die Armut und Arbeitslosigkeit ist groß, und sie hätte dort keine materielle Basis. 2. Frau M. würde wieder in die „Fesseln" traditionell-patriarchalischer Familienstrukturen hineingeraten und ihre Selbständigkeit und Selbstachtung verlieren. 3. Der Sohn, der seine Muttersprache nicht mehr versteht, hätte in der alten Heimat weniger Zukunftschancen. Daß ihr Mann bei einer Rückkehr mit den ersten beiden Problembereichen nicht in dieser Form konfrontiert wäre, zeigt, daß durch das Leben in der BRD zwischen den Ehepartnern eine deutliche soziokulturelle Kluft entstanden ist[7].

Mehrfach thematisiert Frau M., daß sie gerne so wie andere Frauen hier in der BRD leben würde. Sie ist finanziell unabhängig, am Arbeitsplatz gut integriert und hätte die Möglichkeit, weiblichen Lebensläufen offenstehende Individualisierungschancen wahrzunehmen (vgl. Beck/ Beck-Gernsheim 1990). Sie ist sich aber nicht sicher, ob sie diese Wünsche und Bedürfnisse jemals verwirklichen kann. Sie scheinen für sie mehr Ausdruck eines Traumes nach „Freiheit und Abenteuer" zu sein. Zudem würde ihre Verwirklichung eine „Eindeutschung" zur Folge haben, vor der sie Angst hat. Sie will auch nicht die Solidarität und Anerkennung anderer hier lebender Frauen ihres Volkes verlieren.

Ein deutlicher Abgrenzungswille zeigt sich ebenfalls bei dem Thema ihrer staatsbürgerlichen Integration wie der Beschäftigung mit Politik und einer Wahlbeteiligung. Sie empfindet eine Partizipation an diesen Lebensbereichen als Zumutung. Diese Dinge haben nichts mit ihr zu tun

---

[7] Hiesige soziokulturelle Modernisierungstendenzen verschärfen die Geschlechterkonflikte dieser Exilantengruppe aufgrund ihrer Herkunft aus einer rigidpatriarchalischen Kultur. Daß diese durch die Befreiungsbewegung Veränderungen in Richtung größerer Gleichheit der Geschlechter erfahren hat, die allerdings nach Kriegsende wieder unter einen starken, teils ökonomisch bedingten, konservativen Gegendruck geraten sind, macht die Situation für Männer und Frauen hier nicht leichter. Vermutlich erhöht sich aufgrund dieser vielfältigen Widersprüche für diese Exilanten die Komplexität der Frage, was als sozial angemessenes weibliches und männliches Verhalten gelten kann.

und sind ihr fremd. Außerdem hat sie für so etwas keine Zeit, da sie viel arbeiten muß. Schließlich ist das Leben hier teuer, und sie muß zusätzlich noch hohe Summen an die Verwandten in der alten Heimat überweisen.

Über weite Strecken bewegt sich in der Beratung von Frau M. kaum etwas. Sie tritt in ihrem Leben auf der Stelle, beklagt ihr Schicksal und empfindet ihre bedrückenden privaten Lebensumstände als nicht veränderbar. Vor einer weitergehenden Integration in die deutsche Gesellschaft, die über die sozioökonomische Reproduktion hinausgeht, schreckt sie letztendlich doch zurück und kann sich daher auch nicht der sozialen Kontrolle ihrer ethnischen Gruppe entziehen, die wie viele Ausländergruppen eher zur Abgrenzung tendieren. Daß sie durch diese Konstruktionen in einer Art selbsterrichtetem „Gefängnis" sitzt, ahnt sie, will dies aber nicht besprechen. Veränderungen von etwas größerer Tragweite kann Frau M. allein im Hinblick auf ihren Sohn realisieren. Zwei Dinge sind in diesem Zusammenhang hervorzuheben. Frau M. sieht erstens, daß sie ihren Sohn zu stark in ihr Ehedrama einbezogen hat. Da sie es zweitens aus ihrer Kindheit nicht kennt, daß um Kinder soviel „pädagogisches Geschiß" wie in der BRD gemacht wird, wie sie es einmal ausdrückte, neigt sie dazu, F. oft wie einen kleinen Erwachsenen zu behandeln. Die Besprechung dieser Punkte erlaubt es Frau M., ihren Sohn ein ganzes Stück weit aus seiner Partnerersatz-Rolle zu entlassen und seine kindlichen Bedürfnisse besser wahrzunehmen. Sie übernimmt in der Folge auch mehr Verantwortung für die Schule. F. honoriert dieses Bemühen mit Leistungsverbesserungen und sozialerem Verhalten. Das Eltern-Kind-Verhältnis entspannt sich.

2.8 Die heilpädagogische Arbeit mit F.

Für den Jungen ist der Beginn der Einzelmaßnahme mit gemischten Gefühlen verbunden. Er sieht darin eine verschleierte Form der Bestrafung und glaubt, daß ich ihn unterwerfen will. Er beklagt dies zwar, nimmt gleichzeitig aber an, nichts besseres verdient zu haben. Ich fühle mich auf die Probe gestellt, weil mir seine Unterwerfungsangebote wie verkappte Angriffe vorkommen. Ich spreche dies direkt an, worauf sich die Stimmung entspannt.

Nach dieser ersten „Feuerprobe" wandelt sich das Bild. F. schwelgt ungehemmt in Allmachts- und Zerstörungsphantasien. Er sonnt sich im

Glanz von Eddy Murphy, Muhammad Ali und Arnold Schwarzenegger. Im Gegenzug werde ich offen als „Schwächling“, „Dummkopf“ und „Kakerlake“ gehandelt, „die aufpassen muß, daß sie nicht zerquetscht wird.“ In Schule und Hort tritt er entsprechend großspurig auf. Die Klagen über ihn nehmen zu und seine Leistungen verschlechtern sich nochmals. Versuche von mir, sein ausuferndes Verhalten ein Stück weit mit der Realität in Einklang zu bringen, prallen ab und rufen verächtliche Reaktionen hervor. Er glaubt, daß ich gegen ihn bin und ihn nicht verstehe. Bezüglich meines Unverständnisses hat er zu diesem Zeitpunkt recht. Er triumphiert, weil er mich für einen Besserwisser hält, dem er seine Dummheit nachgewiesen hat. Ich kann ihm jedoch zeigen, daß die mir unterstellte Arroganz so nicht zutreffen kann, sonst hätte ich mir diese Blöße nicht gegeben. Dies erleichtert ihn, weil ich bereit zu sein scheine, ihn anzuerkennen.

F., der mich bis zu diesem Zeitpunkt fast ausschließlich mit verbalen Auseinandersetzungen in Schach zu halten versucht, kann sich nun mehr spielerischen Beschäftigungen wie z.B. Tischtennis, Gesellschafts- und Rollenspielen widmen. Seine Angst nimmt ab, auf hinterhältige Weise zu etwas gebracht zu werden, was er nicht möchte, wie z.B. ein braver Junge zu werden. In diesem Fall hätte er den Eindruck, nicht mehr er selbst zu sein.

Nach anfänglicher Unzuverlässigkeit kommt F. jetzt regelmäßig zu seinen Terminen. Trotz dieser Verbindlichkeit habe ich ein unsicheres Gefühl hinsichtlich unserer Beziehung. F. entpuppt sich mehr denn je als „Quasselstrippe“ und Zuhören wird zu einer Anstrengung. Es stellt sich heraus, daß er glaubt, den „sunny boy“ mimen zu müssen, der mich mit seinen großen und kleinen Abenteuern auf angenehme Weise unterhält und sich interessant macht. Da diese Geschichten etwas künstliches haben, beschleicht mich oft ein Gefühl tiefer Resignation und Ohnmacht.

F. reagiert auf mein offensichtliches Unwohlsein beleidigt. Er beklagt sich, daß er nicht verstehe, was ich will, wenn ich sein Dauerquasseln und Schön-Getue als Fassade einschätze und auf dahinter liegende Probleme insistiere. Ich glaube, daß er mit diesen Verhaltensweisen Gefühle der Traurigkeit, Angst, Ohnmacht, Schuld und Aggression verdecken will. Einen ähnlichen Hintergrund sehe ich, wenn er teils langanhaltende und wie aus dem Nichts entstehende Streitereien und Schlägereien schürt und daran beteiligt ist. Erst nach vielen vergeblichen Anläufen können wir uns darauf verständigen, daß er mit diesen Verhaltensweisen das Gegenteil von dem erreicht, was er zu erreichen hofft: Anerkennung und Zuwendung.

Nach diesen Sequenzen wechselt in unseren Stunden langsam die Stimmung und Verlust- und Todesängste treten zutage. Diese Gefühle stehen mit der Erkrankung des Vaters in Verbindung. Auf Verschlechterungen seines Gesundheitszustandes reagiert F. auffallend mit motorischer Unruhe und spricht noch hektischer als sonst. In diesem Zusammenhang kommt er ebenfalls auf den Ehezwist zu sprechen, der noch alle „umbringen“ wird.

Obwohl die Reisen des Vaters alle entlasten, kämpft F. mit seiner Sehnsucht und Verlassenheitsangst. Seinen Wunsch, daß der Vater bei ihm sein soll, hält er für egoistisch, weil es dem Vater in Afrika gesundheitlich besser geht. Telefonate mit dem Vater helfen ihm über die gröbsten Ängste hinweg. Sehr zurückhaltend äußert er Kritik am Vater, weil dieser die Familie auch früher schon viel allein gelassen hat. An dieser Stelle taucht außerdem die Überlegung auf, ob er an der Erkrankung des Vaters eine Mitschuld trägt. In der Folge sprechen wir häufig über seine Schuldgefühle, Verzweiflung und Wut, was ihn innerlich freier werden läßt und seine „no-future-Haltung“ zurückdrängt.

F. ist mit der Frage seiner ethnischen Identität beschäftigt. Als ich seine deutsche Staatsbürgerschaft erwähne, denkt er zunächst, daß ich ihn anlüge. Er besteht darauf, daß man als Schwarzer kein Deutscher sein kann. Er kommt zwar auf schwarze US-Amerikaner zu sprechen, die, obwohl schwarz, einer mehrheitlich weißen Gesellschaft angehören. Trotzdem beharrt er auf seiner Überzeugung, daß zwischen der ethnischen Herkunft und der Zugehörigkeit zu einem bestimmten Land ein unmittelbarer Zusammenhang besteht. Er fragt sich, warum seine Eltern zuließen, daß er in der BRD geboren wurde. Er will so sein wie sie. An dieser Stelle kommen wir auf seine Muttersprache zu sprechen, die er nicht beherrscht und z. Zt. auch nicht erlernen will. Obgleich er es nicht wahrhaben will, war er bei einem Urlaub in der afrikanischen Heimat im Grunde ein Fremder. Als wirklich positiv erlebte er nur, daß man dort als Schwarzer nicht auffällt.

Das Problem ungeklärter Zugehörigkeiten setzt sich für F. auch noch auf einer anderen Ebene fort. Immer wieder kommen wir auf die Frage zu sprechen, was es bedeutet, ein Junge zu sein? Der Geschlechtsunterschied ist für ihn eine Quelle erheblicher Beunruhigung. Wie viele Jungen seines Alters „bastelt“ er sich eine Krücke, indem er sich an ultrastarken Männlichkeitsbildern orientiert, um mehr Sicherheit zu bekommen. Damit einhergehend sorgt er sich um seine körperliche Ausstattung und Unversehrtheit und fühlt sich im Vergleich zu den schwarzen Hünen der US-Basketball-Szene winzig und kümmerlich. Er fragt sich ängstlich, ob er jemals eine solche Macht und Potenz verkörpern kann.

Diese geschlechtsbezogenen Ängste von F. sind wahrscheinlich deswegen so bedrängend, weil er in einer nahen und verführerischen Beziehung zur Mutter steht. Häufig benimmt er sich wie ein kleiner Galan. Immer wieder versucht er auch mich, mit Komplimenten und Schmeicheleien zu umwerben bzw. Vergünstigungen zu bekommen. Er findet es entsetzlich, wenn sich Mädchen seines Alters für ihn interessieren, weil er Küssen und den ganzen anderen sexuellen „Kram“, den Erwachsene machen, ablehnt.

Der Junge ist diesem Konglomerat von widerstreitenden körperbezogenen und sexuellen Konflikten in Verbindung mit ethnischen Fragen und damit verbundenen möglichen Diskriminierungen teilweise hilflos ausgesetzt und sucht seine Rettung im Phantasma der „black power“, was für ihn heißt: Immer stark, keine überflüssigen Gefühle haben, „wer ihm krumm kommt, bekommt etwas auf die Nase“. F. bedauert öfters, daß er noch nicht erwachsen ist, weil er dann dieses „Programm besser durchziehen könnte“. Er spürt aber auch, daß ihn die Aufrechterhaltung dieses Selbstbildes viel Kraft kostet, und er ist froh, wenn er sich bei mir ein wenig von den alltäglichen Kämpfen etwas ausruhen kann. Oft ist er aber auch mit sich unzufrieden und gereizt, weil er seinen Ansprüchen nicht genügen kann.

Neben dieser „Einzelkämpfer-Mentalität“ und einer damit verbundenen Außenseiterrolle erlebt F. allerdings auch immer wieder andere Momente. Da er sportlich und geschickt ist, kooperationsbereit und kreativ sein kann, ist er bei Mannschaftsspielen oder anderen Gemeinschaftsaktionen ein gern gesehener und wichtiger Partner. Er wird oft von Mitschülern oder Lehrern zum Mitmachen aufgefordert. Anfangs ist er sich zwar noch unsicher, ob er diesen Angeboten trauen kann, wird mit der Zeit aber doch mutiger und geht häufiger auch von sich aus auf Andere zu, ohne ihnen als „erstes eine Tracht Prügel“ anzubieten, falls sie sich nicht seinem Willen beugen sollten. Diese Erfolge stabilisieren ihn, und er kann mehr Kraft für schulisches Lernen aufwenden. Es ist für ihn sehr entlastend, zu realisieren, daß er nicht „Rambo“ sein muß und trotzdem etwas wert ist. Am Ende der Grundschulzeit hat er sich leistungsmäßig so verbessert, daß er eine Empfehlung für die Realschule bekommt.

Diese Veränderungen kündigen das Ende unserer Zusammenarbeit an. F. fühlt sich stark genug, seine Angelegenheiten wieder alleine in die Hand zu nehmen. Er möchte außerdem mehr Zeit für seine Aktivitäten in Sportvereinen und schulischen Arbeitsgemeinschaften haben. Seine Mutter ist mit dem Erreichten ebenfalls zufrieden. Wir vereinbaren daraufhin eine längere Verabschiedungsphase.

2.9 Interpretation: Zweiter Durchgang

Die deutsche Staatsbürgerschaft garantiert Familie M. die formale Integration in die BRD. Frau M. fühlt sich jedoch nur bedingt heimisch. Wenn sie „von meinem Land“ spricht, dann meint sie ihr afrikanisches Herkunftsland und drückt damit eine Zugehörigkeit aus, die bei realistischer Betrachtung mehr der Vergangenheit als der Gegenwart angehört. Insofern ist es für sie folgerichtig, daß sie ihre staatsbürgerlichen Rechte nicht wahrnimmt und sich z.B. nicht an Wahlen beteiligt. Sie würde damit einen Integrationswillen bekunden, der für sie einem Selbstverlust gleichkäme.

Frau M. verharrt in einem Dasein auf Abruf, so, als ob sie noch nirgendwo angekommen sei (vgl. Hettlage-Varjas/Hettlage 1989). Sie schiebt damit die Wahrnehmung eines Stücks Realität beiseite, in der sie eigentlich schon seit längerer Zeit eine Art von „Zwischen-Existenz“ führt, die eine eindeutige Zugehörigkeit zu einem Land und einer Kultur in Frage stellt. Dies führt zur Umgehung eines Trauer- und Ablösungsprozesses vom Herkunftsland, wodurch Loyalitätsbindungen sowie eine damit verbundene Ausbruchsschuld unbearbeitet bleiben. Frau M. verbaut sich so die Möglichkeit, aus dem Reichtum beider Kulturen zu schöpfen und ohne Schuldgefühle eine bewußte Um- und Neugestaltung ihrer Selbst-Beschreibungen vorzunehmen.

Daß Frau M. auf ihre Konflikte als Frau, Ehefrau und Mutter über weite Strecken mit einer Art Stillhalteimpuls reagiert, der mögliche Lösungen in der Schwebe hält und mehr oder weniger vereitelt, kann nicht nur mit der Verhaftung in der Vergangenheit erklärt werden. Die Nicht-

Anerkennung des Umstandes, daß aus dem Exil ein Leben „ohne Rückfahrkarte" geworden ist, gibt ihrer Alltagsbewältigung einen „Als-ob-Charakter" und verdoppelt ihre Entwurzelung, da sie weder in der BRD noch im Herkunftsland wirklich heimisch ist. Versuche, das Trauma des Exils und die Einbürgerung durch Re-Ethnisierungs-Strategien zu lösen, führen zu imaginären Bewältigungsformen ihrer Konflikte. Ihre Existenz bekommt einen „aufgeschobenen Charakter" und wichtige Entscheidungen können nicht getroffen werden.

Daß sich Frau M. dieser Lebenswirklichkeit nicht stellen kann, ist kein Einzelschicksal. Sie reagiert wie viele Migranten auf die weit verbreitete Verweigerung der deutschen Mehrheitsgesellschaft einen auf Gleichberechtigung basierenden interkulturellen Austausch zu praktizieren, der weniger auf die Unterschiede als auf die Gemeinsamkeiten abhebt. Zudem schafft die diskriminierende Ausländergesetzgebung, die die Einbürgerung und Integration in die deutsche Gesellschaft an die Aufgabe der ersten Staatsbürgerschaft und damit verbundener Identifikationen koppelt, ein von einem Hegemonialanspruch der deutschen Kultur gekennzeichnetes soziales Klima. Dieses belastet die Kontaktaufnahme von Migranten, aber auch von Eingebürgerten zur deutschen Gesellschaft. Werden diese Versuche mit diskriminierenden Zurückweisungen konfrontiert oder werden soziale Aufstiegsbemühungen vereitelt, sind häufig Rückzug, soziokulturelle Einigelung, Strategien der Idealisierung der Vergangenheit und die abgrenzende „Selbst-Ethnisierung" (Radtke) die Folge. Politisch und sozio-ökonomisch verursachte Schwierigkeiten mit der Mehrheitsgesellschaft werden unter solchen Bedingungen von der deutschstämmigen Bevölkerung wie von Migranten als ethnisch verursachte Probleme gedeutet, die dann als scheinbar unüberwindliche Grenzen in Erscheinung treten (vgl. Haller 1991).

Obwohl Frau M. im Vergleich zu vielen Migranten über günstige soziale Voraussetzungen der Integration verfügt, sind auch bei ihr offene und latente Verweigerungsstrategien wirksam, die zu Anpassungsmechanismen werden und ein, wenn auch fragiles Sicherheitsgefühl vermitteln.

Der in der BRD geborene Sohn von Familie M. ist wie viele Kinder ausländischer Herkunft mit einer Vielzahl sich teilweise widersprechender Aufträge und Delegationen konfrontiert. So hat F. von seinen Eltern den Auftrag, sich in die deutsche Gesellschaft zu integrieren. Er soll einen guten Schulabschluß machen und dadurch sozial aufsteigen. Gleichzeitig soll er aber auch die familiäre Vergangenheit und Tradition bewahren. F. gerät in eine Sackgasse, die dazu führt, daß er hinsichtlich seines Selbstentwurfs „in der Luft hängt" und sich die Frage nur schwer beantworten kann, wer er eigentlich ist. Das trotzige Bestehen auf einer afrikanischen Identität gibt ihm nur wenig Sicherheit, da er diese Seite seiner Person kaum mit Inhalt füllen kann. Andererseits kann er sich aber auch nicht als Deutscher definieren, obwohl es zwischen ihm und deutschstämmigen sowie anderen ausländischen Kindern, die in der BRD geboren sind, so gut wie keine Unterschiede gibt. Relevante Unterschiede zwischen den Ethnien sind weniger kulturspezifisch, sondern mehr gesellschaftspolitischer Art und beziehen sich vor allen Dingen auf die unterschiedlichen Risiken, Opfer von Diskriminierungen zu werden.

Diese sozialen Widersprüche bereiten in der Familie einen Boden dafür, daß die elterlichen Traumata von Flucht sowie Exil und damit einhergehende ungelöste Komplexe von Schuld und Scham intergenerativ weitergegeben werden können. F. sieht sich mit der Erwartung konfrontiert, für die Eltern stellvertretende Wiedergutmachung zu leisten. Ein gesellschaftlicher Erfolg des Jungen würde dem Opfer der Eltern, das sie durch ihr Exil auf sich genommen haben, nachträglich Sinn verleihen.

In diesem familialen Netz sind Beziehungsmodi wirksam, die den Jungen nicht nur in eine symbiotisch-inzestuöse Abhängigkeit von seinen Eltern bringen, sondern auch eine Umkehrung des Generationenverhältnisses bewirken. Da F. für seine Eltern die Rollen des Trösters, Beschützers und Hoffnungsträgers übernimmt und für die Mutter Partnerersatz ist, nimmt er eine bedeutsame familiale Machtposition ein. Diese begünstigt seine forcierte Ich-Entwicklung, die einerseits für die Bewältigung des schwierigen Alltags hilfreich ist, andererseits ruft sie bei F. ein pseudo-erwachsenes Verhalten hervor, das im sozialen Umfeld auf Widerspruch stößt und Quelle vieler Konflikte ist. Diese Kluft zwischen den Rollen des abhängigen Kindes und des Retters aus schicksalhaften Verstrickungen stellt für F. eine Zerreißprobe dar, die psychosozialen Marginalisierungsprozessen Vorschub leistet.

Trotz dieser schwierigen sozialen und familialen Situation gelingt es F., sich ein Stück weit zu stabilisieren. Wichtige Unterstützung bei diesem Prozeß leistet seine Mutter, die ihn von der Aufgabe entlastet, die Familie zusammenzuhalten. Er kann daher über freigewordene Ressourcen verfügen, die er im Einklang mit dem elterlichen Auftrag für schulische Arbeit und seine soziale Integration einsetzen kann.

Offen bleibt allerdings die Frage, ob er diese konstruktive Tendenz der Alltagsbewältigung längerfristig bewahren kann. Dies hängt sicher davon ab, ob er in den nächsten Jahren reale soziale Partizipationschancen hat, die ihm das Gefühl einer relativ fairen Chance vermitteln. Dazu würde allerdings auch seine Bereitschaft gehören, daß er Sichtweisen von seiner Person entwickelt, die einerseits jenseits der Alternative „schwarzer underdog" oder der Größenphantasie „schwarzer Superstar" liegen. Andererseits müßte es ihm gelingen, seine deutsche Sozialisation mit seiner afrikanischen Herkunft zu legieren, um so einen über spezifische ethnische Grenzen stehenden Selbstentwurf zu kreieren.

3. Abschließende Reflexion

Im Hinblick auf die soziale Lage von Migranten und Exilanten, besonders der dritten Generation, muß interkulturelle Beratung berücksichtigen, daß sie sich auf der Ebene subjektiver Bewältigungsformen weder in der Dimension ihrer ethnischen Herkunft noch in der Dimension „Deutsche zu sein" definieren können: „Sie sind beides und sie sind keines; und sowohl die Zuschreibung wie auch das Absprechen einer nationalen Identität wirkt daher gewaltsam - wie ein ungeduldiges Auflösen von Widersprüchen, die nicht angenehm sind, aber ausgehalten werden müssen, weil die Alternative nur die Verdrängung und Abspaltung des einen oder des anderen Teiles wäre" (Schiffauer 1997,15).

Die Anerkennung dieser Widersprüche verweist interkulturelle Beratung auf einen dynamischen Kulturbegriff als sozialkritische „lebenspraktische Vorannahme" (Lorenzer). Beratung sollte insofern Ratsuchenden ein Diskursfeld zur Verfügung stellen, in dem sie ihre verschiedenen und widersprüchlichen Entwürfe ihrer sozialen, ethnischen und individuellen Identität einbringen können, ohne sich einem Identitätszwang ausgesetzt zu sehen.

Literatur

Achtes Sozialgesetzbuch. Kinder- und Jugendhilfegesetz. Bonn 1995

Beck, U., Freiheit oder Liebe. Vom Ohne-, Mit- und Gegeneinander der Geschlechter innerhalb und außerhalb der Familie. In: Beck, U. /Beck-Gernsheim, E., Das ganz normale Chaos der Liebe. Frankfurt/M 1990

Felber-Villagra, N., Das Gespenst der Politik in der Psychoanalyse. In: Möhring /Apsel, a.a.O.

Haller, I., Warten in der Fremde. Leben im Ungedeuteten. Aushalten in der Ausgrenzung. Psychosoziale Probleme von Arbeitsmigranten und Flüchtlingen in der BRD. Hofgeismar 1988

Haller, I., Nicht-deutsche eingewanderte Minderheiten einer nationalstaatlichen Mehrheitsgesellschaft. In: Kiesel, a.a.O.

Haller, I., Interkulturelles Lernen in einer multikulturellen Gesellschaft. In: Kiesel, a.a.O.

Hettlage-Varjas, A. /Hettlage, R., Auf der Suche nach der verlorenen Identität. Kulturelle Zwischenwelten - eine sozio-psychoanalytische Deutung des Wandels bei Fremdarbeitern. Journal Psychoanalytisches Seminar Zürich, 1989, 26-48

Herzka, H. S. /von Schumacher, A. /Tyrangiel, S., Die Kinder der Verfolgten. Die Nachkommen der Naziopfer und Flüchtlingskinder heute. Beiheft zur Praxis der Kinderpsychologie und Kinderpsychiatrie. Nr. 29. Göttingen 1989

Hundsalz, A., Die Erziehungsberatung. Grundlagen, Organisation, Konzepte und Methoden. Weinheim 1995

Kos, M. /Biermann, G., Die Verzauberte Familie. München 1984

Kiesel, D. /Wolf-Almanasreh, R. (Hrsg.), Die multikulturelle Versuchung. Ethnische Minderheiten in der deutschen Gesellschaft. Arnoldshainer Texte-Bd. 71. Frankfurt/M 1991

Möhring, P. /Apsel, R. (Hrsg.), Interkulturelle psychoanalytische Therapie. Frankfurt/M 1995

Molinari, D., Dem Fremden begegnen - die Wiederinszenierung des Kulturschocks. Möglichkeiten und Grenzen der Beratung und Therapie von Immigrantenfamilien. In: Möhring/Apsel, a.a.O.

Oesterreich, C., Zwischen den Kulturen. Transkulturelle Beratung und Therapie. Pro Familia Magazin, 1996, 11-13

Radtke, F. O., Multikulturell - Das Gesellschaftsdesign der 90 er Jahre. Zeitschrift für Migration und soziale Arbeit (bis 1995: Informationsdienst zur Ausländerarbeit), 1990, 27-34

Rommelspacher, B., Fremde werden gemacht. taz, 19.8.1997, 12-13

Schiffauer, W., Sie verlassen die geschützte Zone. taz, 1997, 15-16

Soner, T., Leben in zwei Welten. Pro Familia Magazin, 1996, 7-9

von Staabs, G., Der Scenotest. Bern 1964

Helene Messer
Gudrun Nagel

Mittlerinnen zwischen den Welten

Interkulturelles Lernen in der Beratung von Erzieherinnen[1]

Einleitung

In der Beratungs- und Fortbildungsarbeit mit sozialpädagogischen Fachkräften in Kindertagesstätten wird bei dem Thema des interkulturellen Lernens häufig die Frage aufgeworfen, inwieweit ausländische Kinder einer besonderen Betreuung bedürfen oder ob sie mit den bereits bestehenden pädagogischen Ansätzen hinlänglich erreicht werden. Wir wollen in dieser Arbeit aufzeigen, wie psychoanalytisch-pädagogisch orientierte Beratung mit Hilfe des „Situationsansatzes" einen Dialog zwischen Migranten und Deutschen über Lebensperspektiven, Lebensformen, Werte und Erziehungsvorstellungen ermöglichen kann. Die Lebensweltorientierung des Situationsansatzes ist Ausgangsbasis des pädagogischen Handelns. Fachliche Beratung leistet hier Unterstützung und trägt zur Sensibilisierung der Fachkräfte für die besonderen Problemlagen der Migrantenkinder bei.

In diesem Artikel gehen wir erstens auf die psychosoziale Lebenssituation ausländischer Familien und zweitens auf die ihrer Kinder in den Kindertagesstätten ein. Drittens wird die Bedeutung der Psychoanalytischen Pädagogik in Verknüpfung mit dem Situationsansatz für die Kindertagesstättenarbeit bei diesem Vermittlungsprozeß hervorgehoben und viertens stellen wir anhand von zwei Fallbeispielen verschiedene Aspekte interkulturellen Lernens im Beratungsprozeß dar.

---

[1] In Kindertagesstätten sind vornehmlich Frauen tätig, deshalb wählen wir im Text die weibliche Form der Schreibweise.

1. Psychosoziale Lebenssituation ausländischer Familien

Es ist schwer, ein allgemeines Bild von der psychosozialen Situation ausländischer Familien in Deutschland zu skizzieren. Dabei ist es notwendig zu unterscheiden, ob die Familien wegen politischer Verfolgung im Exil leben und welchen rechtlichen Status sie haben oder ob die Familien aufgrund wirtschaftlicher Not aus ihrem Heimatland „freiwillig" nach Deutschland gekommen sind. Allen Migranten gemeinsam ist, daß sie einerseits mit Mut und großer Hoffnung ins Land gekommen sind und andererseits eine oftmals plötzliche Entwurzelung der Familien aus ihrem bisherigen vertrauten soziokulturellen Milieu zu Verunsicherung und Hilflosigkeit führt.

Die neue Umgebung bringt eine unvermeidliche Infragestellung der persönlichen und kollektiven Werte mit sich und stellt damit Aspekte der Identität des Einzelnen in Frage. Dies führt zu Erschütterungen des Selbstbewußtseins und geht mit Kränkungen, dem Gefühl einer Niederlage und Scham einher. Die Tiefe und Dauer damit verbundener Entwertungsprozesse haben nicht nur mit dem psychischen Zustand der betroffenen Personen zu tun, sondern hängen immer auch von der Bereitschaft des Aufnahmelandes ab, Migranten zu integrieren. Das Erlernen einer neuen Sprache kann mit Regressionen verbunden sein und ruft häufig infantile Reaktionsweisen hervor. Die eigene Sprache wird als nutzlos empfunden. Diese Einbuße individueller Kompetenz kann bewußte und unbewußte Entwertungsgefühle sowie manifeste und latente Schuldgefühle auslösen. Das Grundgefühl der Kränkung, das damit verbunden ist, kann je nach Disposition Depressionen auslösen oder, nach außen gewendet, zu Aggressionen führen. Oft leiden die Betroffenen auch an Verfolgungsängsten und psychosomatischen Krankheiten. Unverzichtbare Möglichkeiten der Stabilisierung und Verständnis finden diese Menschen oft nur in der eigenen ethnischen Gruppe, was zwar den Zusammenhalt stärkt, aber auch eine Isolierung fördern kann.

Bei Kindern spielt es eine große Rolle, wie alt sie zum Zeitpunkt der Ankunft in Deutschland sind. Die Persönlichkeitsstruktur ist je nach Alter noch wenig ausgebildet, und sie sind darauf angewiesen, sich über die Sprache und die Kultur ihrer Eltern, wie auch durch die der „neuen Welt", eine eigene Identität aufzubauen.

Die Eltern können wegen der eigenen Belastung die Situation der Kinder kaum wahrnehmen und ihnen nicht den notwendigen Schutz und Halt bieten. Die Kinder spüren, daß die Eltern sehr belastet sind und schonen sie, indem sie die eigene Trauer und Verzweiflung über den Verlust der vertrauten Umgebung, der Freunde und Verwandten nicht oder nur sehr abgeschwächt zeigen (vgl. von Schumacher 1989, 88).

Die Kinder haben meist weniger Schwierigkeiten, die deutsche Sprache zu erwerben, als die Eltern. Mitunter werden sie deswegen oft zu Behörden und Ämtern mitgenommen, um dort als Dolmetscher zu fungieren. Dadurch werden sie aus ihrer Kinderrolle partiell in eine Erwachsenenrolle gedrängt und das familiäre Gefüge gerät durcheinander. Für die Familien, die eher traditionell orientiert und hierarchisch gegliedert sind, bedeutet das eine Belastung. Der Vater ist nicht mehr die unangefochtene Autoritätsfigur, innerhalb der Geschwisterreihe wird eine altersentsprechende und eine geschlechtsspezifische Hierarchie angetastet. Gerade jüngere Kinder können so eine sie überfordernde (Macht-) Position einnehmen, die ihnen in der traditionell geprägten Familie nicht zusteht.

Dies kann zu einer solchen Belastung für das Kind und die Familie werden, daß es zu Schwierigkeiten im Spracherwerb kommt, wie etwa der unbewußt determinierte Verzicht, die deutsche Sprache zu beherrschen, um nicht in Situationen zu kommen, in denen der Vater beschämt und erniedrigt wird. Für die eigene Entwicklung des Kindes, seine Eingliederung in die Schule und in die Peer-Group kann dies belastende Auswirkungen haben. Gefördert wird ein solcher Rückzug auch von den vielfältigen Erlebnissen der Ausgrenzung, denen Ausländerkinder häufig ausgesetzt sind.

Für die Elterngeneration können die eigenen Kinder jedoch in dem Maße zur Bedrohung für die eigene Kultur werden, wie diese sich der hiesigen Kultur annähern. Die Familien werden kulturell gespalten, und die Kinder geraten dadurch in Loyalitätskonflikte. Auf der anderen Seite haben ausländische Eltern auch den Wunsch, daß ihre Kinder erfolgreich an der hiesigen Gesellschaft partizipieren. Sie delegieren die Aufgabe der Integration, vor der sie selbst ausweichen, an ihre Kinder (vgl. von Schumacher 1989). Der Auftrag der Eltern an die Kinder lautet einerseits, sich in die neue Umgebung zu integrieren und andererseits, die eigene Kultur trotzdem zu bewahren. Die eigene Ambivalenz wird an die Kinder weitergegeben. Dies kann zu großer Verwirrung und Unsicherheit bei den Kindern führen. Sie verlieren das Vertrauen in die Erwachsenenwelt (vgl. von Schumacher 1989, 84). Akpinar schreibt dazu, „ausländische Eltern sind sich über die starke Belastung ihrer Kinder häufig nicht im klaren.

Sie verdrängen viele Probleme aus Unsicherheit und der daraus resultierenden Angst, sie nicht bewältigen zu können. Diese Verdrängung ist oft der Grund für die Zerstörung von Ehen und Familien und für die mangelnde Sensibilität der Eltern gegenüber den Problemen ihrer Kinder. Um den Familienzusammenhalt zu erhalten, wird die familienzerstörende Realität ständig geleugnet" (Akpinar 1977, 29).

2. Zur Situation ausländischer Kinder in Kindertagesstätten

Der Besuch einer Kindertagesstätte bedeutet für deutsche wie ausländische Familien häufig den ersten Schritt in eine öffentliche Institution. Dieser Schritt wird von vielen Eltern und Kindern ambivalent erlebt. Besonders für die Mütter hat der Besuch des Kindes einer Kindertagesstätte Entlastung im familiären Alltag zur Folge und bietet beiden Eltern die Gelegenheit zur Berufstätigkeit. Andererseits zeigt sich beim Eintritt in die Kindertagesstätte aber auch, wie sich das Kind bisher entwickelt hat und die familiären Erziehungsmethoden werden öffentlich. Das Kind will sich verselbständigen und muß sich mit Fremdem und Unbekanntem auseinandersetzen. Aus der bekannten Welt der familiären Geborgenheit wird das Kind mit einer Vielfalt von Angeboten, Eindrücken, Reglementierungen und Ritualen konfrontiert, mit denen es zurecht kommen muß. Es ist oftmals stark verunsichert, stehen doch die eigenen Regressionsbedürfnisse und Autonomiebestrebungen den Regeln der Gruppe und der Institution gegenüber. In dieser Übergangssituation erleichtern die Beziehungsangebote der Erzieherinnen den Umgang mit diesen regressiven und progressiven Strebungen. Die Erzieherinnen als elterlicher Ersatz und gleichzeitig als triangulierende Dritte entlasten die enge Eltern-Kind-Beziehung und bieten Entwicklungsanreize außerhalb der Familie. Dies kann beim Kind jedoch auch Loyalitätskonflikte hervorrufen, wenn die Eltern, und besonders die Mütter, dem Besuch der Kindertagesstätte nicht eindeutig positiv gegenüber stehen. Dann können Kindertagesstätte und Eltern zu Rivalen werden und das Kind hat das Gefühl, den einen zu verraten, wenn es sich zum anderen hingezogen fühlt. Es muß sich ohnehin mit unterschiedlichen Umgangsformen, Werten und Regeln auseinandersetzen und diese integrieren, um den vielfältigen Erwartungen gerecht zu werden. Diese Anpassungsleistung stellt für alle Kinder das gleiche Problem dar. Migrantenkinder müssen sich zusätzlich mit Vermittlungsleistungen zwischen deutscher und Herkunftstkultur auseinandersetzen. Ihre Eltern verknüpfen mit dem Besuch einer Kindertagestätte meist die Hoffnung, daß das Kind lernt, sich in deutschen Institutionen einzufinden, damit ihm später der Schuleintritt gut gelingt. Es soll vor allem die deutsche Sprache erlernen und mit der deutschen Kultur vertraut werden.

3. Interkulturelles Lernen durch Verstehen des Geschehens

Im pädagogischen Alltag der Kindertagesstätte entstehen immer wieder Probleme, Fragen und Konflikte in der Interaktion mit ausländischen Kindern und ihren Familien.

Erzieherinnen berichten von folgender Begrüßungssituation in einer Kindertagesstätte: Wenn die ausländischen, vorwiegend türkischen Mütter ihre Kinder morgens in die Kindertagesstätte bringen, herrscht sehr schnell eine rege Geschäftigkeit. Dennoch, trotz der vielen Menschen bestimmt ein eigentümliches Schweigen die Situation. Die Erwachsenen sprechen nicht miteinander, weil die türkischen Mütter außer einem „Guten Morgen" nichts in deutscher Sprache sagen. Die Erzieherinnen beschreiben diese Situation als äußerst angespannt, stark verunsichernd und befremdend, sie würden am liebsten davonlaufen. Wie mag es erst den türkischen Müttern gehen, die sich offensichtlich nicht einmal trauen, mit ihren Landsfrauen türkisch zu sprechen? Möglicherweise wäre ein Begrüßungsritual für die Erwachsenen hilfreich, das die Kontaktaufnahme über die Sprache hinaus erleichtert, wie z.B. ein Händeschütteln (vgl. Rohr 1993, 145).

In solchen Situationen oszillieren die Gefühle der Erzieherinnen zwischen Unsicherheit und Interesse gegenüber dem unverständlichen Fremden. Diese Konfrontation stellt für sie eine besondere Problematik dar: denn sie sind Mittlerinnen zwischen familiärer und öffentlicher Kultur. Sie müssen zunächst den gesetzlichen Auftrag der Erziehung, Bildung und Betreuung erfüllen. Zugleich sind sie jedoch Beteiligte, denn sie stehen im Sozialisationsprozeß der Kinder als ganze Person mit ihren Gefühlen und ihrer Empathie zur Verfügung.

Zum Verständnis dessen, was in pädagogischen Beziehungen und im interkulturellen Austausch geschieht, sind die Arbeiten aus der Ethnopsychoanalyse hilfreich. Sie hebt auf die Bedeutung der eigenen Wahrnehmung und Gefühle für die Erkenntnisgewinnung ab. „Empathie, das Erkennen des Selbst im Anderen, ist ein unentbehrliches Mittel der Beobachtung, ohne das weite Bereiche des menschlichen Lebens, einschließlich des menschlichen Verhaltens im sozialen Umfeld, unverständlich bleiben (vgl. Kohut b. Erdheim 1984, 11). Für das Verstehen der dynamischen Prozesse zwischen Kind und Erzieherin ist es daher wesentlich, „die Empathie adäquat zu Wissen zu verarbeiten" (Erdheim 1984, 14). Die Auseinandersetzung mit dem Fremden führt zur Konfrontation mit der eigenen Kultur und macht die Reflexion des eigenen Standpunktes in der Kultur notwendig. Durch die empathische Anteilnahme an dem, was das Kind der Pädagogin entgegenbringt, erhält sie Informationen über die Kultur, in der das Kind lebt, über seine innere Welt, was es beschäftigt, wie es denkt und fühlt. In dieser Weise begibt sich die Erzieherin, wie der Forscher, in die Welt des Fremden, das sie durch Reflexion zu verstehen sucht und in günstigem Fall eröffnen sich dadurch angemessene pädagogische Handlungsmöglichkeiten.

In der Kindertagesstätte wird Kindheit gestaltet, Lebenserfahrungen werden initiiert und Hilfestellungen bei der Bewältigung des kindlichen Alltags gegeben. In dem Maße, wie sich Lebensverhältnisse der Familien wandeln, ändern sich auch die Erziehungsverhältnisse in den Institutionen. Erzieherinnen werden mit Themen, Konflikten und Problemen konfrontiert, die Engagement, Fachwissen und Kompetenz erfordern, um darauf zu reagieren und adäquat helfen zu können. Konzeptionell wird in vielen Kindertagesstätten auf der Grundannahme des sozialen Lernens, mit dem „Situationsansatz" gearbeitet.

Mit dem „Situationsansatz" als sozialpädagogischem Paradigma wird ein Lernbegriff verbunden, in dem die Aneignung kognitiver, kommunikativer und instrumenteller Fähigkeiten als ein sozialer Prozeß betrachtet wird. Diesem liegen Alltagssituationen zugrunde, in denen die Ebenen des sozialen und sachbezogenen Lernens miteinander verknüpft werden. Die Erfahrungs- und Erlebniswelt der Kinder bestimmt die Inhalte der Lernprozesse, die die Kinder befähigen sollen, in realen Situationen selbständig und solidarisch zu handeln.

Dieses pädagogische Konzept führt bei vielen ausländischen Eltern zu Irritationen, weil es aus ihrer Sicht unverständlich erscheint und nicht ihren Erwartungen entspricht. Der Ansatz widerspricht häufig den pädagogischen Konzepten in den Bildungssystemen der Herkunftsländer.

Die Werte, die mit diesem Konzept verbunden sind, nämlich Autonomie, Kompetenz und Solidarität, sind für die Eltern häufig fremde Werte oder mit anderen Inhalten verknüpft. Auch auf die Rolle der Pädagogin als unterstützende, verstehende und selbstlernende Bezugsperson, die sich mit maßregelnden Erziehungsmethoden zurückhält und die Selbständigkeit des Kindes weitestgehend fördert, wird oft mit Unverständnis reagiert. Hier kommt es leicht zu Mißverständnissen, wenn die Rollenzuschreibungen seitens der Eltern nicht mit dem Selbstverständnis der Erzieherin übereinstimmen. Eine Verständigung über Erziehungsmethoden und Erziehungsvorstellungen, über Werte und Normen im gesellschaftlichen Zusammenleben, ist daher eine wichtige Aufgabe, die im Rahmen der Elternzusammenarbeit aufgegriffen werden sollte.

In der Zusammenarbeit mit den Erzieherinnen zeigt sich, daß eine Verknüpfung der Psychoanalytischen Pädagogik mit dem Konzept des Situationsansatzes die Möglichkeit bietet, das Beziehungsgefüge der Gruppe und das Thematisieren der Gefühle in das pädagogische Handeln mit einzubeziehen. Die Beziehungen der Kinder untereinander, zwischen dem Kind und der pädagogischen Fachkraft sowie zwischen der Kindergruppe und den Professionellen werden thematisiert und reflektiert. Es entfalten sich häufig Situationen, deren Reflexion Einblicke in die innere Realität des Kindes in Bezug auf dessen Fragen und Konflikte gewähren. Konflikte werden oft szenisch agiert und können, sofern sie verstanden werden, Aufschluß über vergangene Erfahrungen und gegenwärtige Erlebensweisen geben. Die Reflexion der Beziehung ist daher eine wichtige Grundlage für pädagogische Überlegungen.

Fachliche Beratung will dazu beitragen, daß Pädagoginnen die bestehenden Konflikte erkennen, das Selbst im Anderen wahrnehmen und den Dialog mit Angehörigen anderer Kulturen führen können.

4. Fachliche Beratung

Der Versuch, interkulturelle Beziehungen zu verstehen und eine adäquate Antwort zu finden, wird die Pädagogin immer auch mit eigenen unbewußten Anteilen konfrontieren, die abgewehrt werden müssen, wenn diese zu schmerzlich sind. In der Konfrontation mit dem Fremden werden eigene kindliche Beziehungswünsche, Gefühle und Erinnerungen wiederbelebt. Dieser Konflikt führt zu einer verzerrten Wahrnehmung der realen Situation. In der Folge entsteht Orientierungslosigkeit und

Verunsicherung die gleichzeitig auch abgewehrt werden muß. „Regressive Prozesse in der Auseinandersetzung mit Fremden führen jedoch nicht nur zu einer Konfrontation mit den unbewußten Konflikten der eigenen Kultur, sondern sie führen auch zu einer Konfrontation mit den unbewußt - verdrängten Konflikten der eigenen, kulturspezifisch geformten Identität“ (Rohr 1993, 145).

Für die Erzieherinnen besteht die Schwierigkeit darin, empathisch erworbenes Wissen in interpersonell kommunizierbares Wissen zu transformieren. Dies gelingt nur durch eine Distanzierung vom unmittelbaren emotionalen Erleben. Die Reflexion der eigenen Übertragungs- und Gegenübertragungsgefühle ermöglicht eine verstehende Distanzierung von schematischen Wahrnehmungs- und Denkmustern, die in der Situation unangemessen sein können.

Fachliche Beratung, in Form von Fachberatung und Supervision bietet nach unserem Konzept den pädagogischen Mitarbeiterinnen von Kindertagesstätten Unterstützung bei ihrer Aufgabe der Betreuung, Bildung und Erziehung der Kinder. Die Beratung hat das Ziel, mit den Erzieherinnen einen Prozeß der Problemlösung einzuleiten, der auf Veränderung durch Erkennen und Verstehen ausgerichtet ist und zugleich Orientierungs-, Planungs- und Entscheidungshilfe sein soll.
Fachliche Beratung ist ein Instrument der fachlichen „Selbstkontrolle“, das zugleich der Entlastung dient. In besonderer Weise eignet sich hierfür die Arbeit in der Gruppe. Die persönlichen Erfahrungen jedes Einzelnen wirken sich in ihrer Vielfalt auf die Dynamik einer Gruppe aus. Auf diese Weise kommt eine Gruppe zu ihrer spezifischen Thematik und ihrer spezifischen Ausdrucksform. Für die Pädagoginnen ist es hilfreich, das Beziehungsgefüge einer Gruppe wie auch die Gruppe als Ganzes zu verstehen. Eine erneute Beschäftigung mit dem Fall und die sich daran anschließende Darstellung und Erörterung sind die ersten wesentlichen Schritte des Beratungsprozesses. Meist stellt sich hier schon ein Stück Distanz zur Unmittelbarkeit des Erlebens ein. Die Aufgabe der Beraterin besteht darin, mit Hilfe der Beiträge der Gruppenteilnehmer die oft nicht bewußten Konflikte aus der Darstellung zu erschließen und diese durch entsprechende Interventionen zugänglich zu machen.

Nach psychoanalytischer und gruppenanalytischer Auffassung sind Prozesse, die sich in der Beratungsgruppe herstellen, Ausdruck des Beziehungsgeschehens in der Helfer-Klient-Beziehung. So erhält der eingebrachte Fall zugleich den Charakter einer aktuellen Reinszenierung. Daraus und aus dem sich herstellenden Gruppenprozeß können Schlüsse und Interpretationen für den vorgetragenen Fall gezogen werden. Beratung bietet daher die Möglichkeit, Konflikte und Arbeitsstörungen gemeinsam zu besprechen und zu analysieren. Dabei wird deutlich, daß sich Beziehungsstörungen, die während der Arbeit entstehen, in der Regel nicht auf den Umgang von einzelnen Personen miteinander beschränken, sondern als Ausdruck einer Störung im jeweiligen Kontext anzusehen und entsprechend zu handhaben sind.

Anhand von zwei Fallbeispielen soll die Arbeitsweise und auch die schon ausgeführten Problemlagen mit ausländischen Kindern und Eltern veranschaulicht werden.

1. Fall: Houssein sucht seine Heimat

In einer Kindertagesstätte in einem dörflichen Umfeld, die nur wenige ausländische Kinder betreut, berichtet eine Erzieherin folgenden Fall: Der pakistanische Junge Houssein ist 5 Jahre alt und besucht die Kindertagesstätte seit einem halben Jahr. Houssein kann, nach Ansicht der Erzieherin, nicht am Gruppengeschehen teilnehmen, immer stört er die anderen Kinder beim Spiel, im Hof schlägt er andere Kinder, Spielangebote der Erzieherinnen lehnt er ab, auf Ermahnungen und Zurechtweisungen reagiert er eher gleichgültig. Am meisten empört es die Erzieherin, daß er oft Gegenstände vom Regal der Erzieherinnen nimmt und einsteckt. Vor kurzem waren ihm beim Turnen die teuren Filzstifte der Kollegin aus der Tasche gefallen. Er hält sich an keine Regeln und Absprachen. Trotz der Schwierigkeiten, mit denen er wegen seiner „Verstöße“ konfrontiert ist, hat die Erzieherin das Gefühl, daß er sich in der Kindertagesstätte wohlfühlt.
Sie ist ratlos, sie weiß nicht mehr, was sie mit Houssein machen soll, sie versteht nicht, warum er sich so verhält, was mit ihm ist. Weil sie sich so viel Mühe mit ihm gegeben hat, die scheinbar umsonst war, ist sie enttäuscht und wütend. Von ihrer Wut berichtet sie sehr distanziert, sie spricht von ihr, aber sie kann ihre Phantasien nicht beschreiben.
Im Rahmen eines Projektes der Kindertagesstätte „Woher wir kommen!“ berichten die ausländischen Kinder, wie es in dem Land, aus dem sie kommen, aussieht, wie die Häuser aussehen und was es dort gibt. Seit dieser Zeit kommt Houssein oft auf die Erzieherin zu und erzählt von

Pakistan. Eines Tages bringt er sogar einen pakistanischen Liebesfilm mit, den sich die Gruppe zum Teil anschaut. Houssein erzählt, daß sein Vater in Pakistan lebt. Die Erzieherin aber kann auf die Beziehungsangebote des Kindes nicht richtig eingehen, sie schätzt sie nicht, weil die anderen, störenden und aggressiven Verhaltensweisen viel dominanter sind. Erst durch die Rückmeldung der Supervisionsgruppe merkt sie, daß Houssein ihr etwas von sich mitteilen will und interessiert das angebotene Thema aufnimmt. Im weiteren Gesprächsverlauf gesteht sie sich ein, daß sie die Mutter von Houssein als arrogante Frau, unnahbar bis verächtlich empfindet, die nie ein Wort spricht. Sie hat das Gefühl, die Mutter lehne den Kontakt zu anderen ab, auch zu anderen pakistanischen Müttern.

Das Gespräch in der Supervisionsgruppe ist bisweilen turbulent, dann versinkt es in Schweigen, in manchen Gesichtern ist Gleichgültigkeit. Die Gruppe ist einfühlend, identifiziert, mal mit der Erzieherin, mal mit dem Kind, mal mit der Mutter. Die Stimmung wird angespannt, fast aggressiv, besonders gegenüber der Mutter. Plötzlich steht die Erzieherin auf und holt sich, ganz entgegen der sonstigen Gepflogenheiten, einen Kaffee, setzt sich wieder hin und trinkt ihn in einem Zug aus. Alle sind verwundert - keine sagt etwas.

Im weiteren Gesprächsverlauf wird zunehmend deutlich, wie wenig die Erzieherinnen von Houssein und seiner Mutter wissen. Sie bekommen, indem sie über sie nachdenken, Zugang zur Situation der Mutter, zu ihrer Angst, sich nicht verständlich machen zu können, sich vielleicht verfolgt zu fühlen, einsam zu sein in der Fremde. Wahrscheinlich hat auch Houssein solche Fragen, wie sie die Gruppe zusammenträgt. Die Gruppe versteht, daß Houssein eine Antwort sucht und sie nirgends findet.

Die Erzieherin beschließt, obwohl sie sich überwinden muß, mit der Mutter ein Gespräch zu führen, um mehr über Housseins Geschichte und über die Fragen zu erfahren, die das Kind sich stellt.

Die Erzieherin selbst hat nicht gemerkt, daß sie sich einen Kaffee geholt hat, sie konnte die Spannung um die heftige Aggression und die nicht gestellten Fragen nicht anders aushalten, und sie hat sich tatsächlich einen „Ruck" gegeben, eine andere Perspektive einzunehmen.

Interpretation der Sitzung

Houssein verhält sich ausgesprochen aggressiv in der Gruppe. Es scheint so, als wolle er alles dafür tun, seine Ablehnung zum Ausdruck zu bringen. Es ist, als möchte er nicht Teil der Gruppe werden. Er lehnt es aggressiv ab, sich zu integrieren. Die Ermahnungen der Erzieherinnen erreichen ihn nicht, weil sie für ihn keine Bedeutung haben sollen. Aber natürlich haben sie eine Bedeutung für ihn, und dies stürzt ihn in große Konflikte. Er möchte sich einerseits nicht integrieren und sehnt sich wahrscheinlich in seine vertraute Heimat mit seinen Freunden und Verwandten zurück, andererseits muß er mit der neuen Situation umgehen und sucht auch hier Kontakte und die Gemeinschaft mit anderen Kindern. Vermutlich konfrontiert auch die Mutter Houssein mit einer widersprüchlichen Botschaft, indem sie ihn im Kindergarten anmeldet, ihm aber mit all ihren Verhaltensweisen signalisiert, er solle sich der fremden Kultur nicht annähern. In seiner Situation ist er jedoch auf andere angewiesen, die einer ihm fremden Kultur angehören. Diese Situation macht ihn ratlos, wütend und aggressiv. Wenn er mit anderen zusammen ist, wendet er seinen inneren Konflikt nach außen. Der Widerspruch zwischen dem beschriebenen Verhalten des Kindes und der Aussage der Erzieherin, daß er sich eigentlich wohlfühlt, spiegelt die widerstreitenden Gefühle von Houssein.

Mit dem Wegnehmen eines „wertvollen" Besitzes der Erzieherin, macht er auf seine große Not aufmerksam. Hierdurch ist die Erzieherin endgültig alarmiert. Auch die anderen Erzieherinnen sind rat- und mutlos. Sie changieren wie Houssein zwischen Gleichgültigkeit, Wut und Enttäuschung.

Mit dem Projekt „Woher kommen wir" nimmt die Erzieherin intuitiv das Thema und die Fragen von Houssein auf. Welche Bedeutung dieses Thema hat, wird ihr erst in der Beratung deutlich. Sie hat nicht bemerkt, daß ihr damit zum ersten Mal ein wirklicher Kontakt zu dem Kind gelungen ist.

In dem Eingeständnis der Erzieherin, daß sie die Mutter als arrogant erlebt, empfindet sie sich selbst als schuldig und involviert. Die Angst, vor sich selbst und vor anderen als fremdenfeindlich dazustehen, verhindert die bewußte Wahrnehmung. Von der Mutter gehen Signale der Kontaktabwehr aus, die mit denen der Erzieherin korrespondieren. Die Furcht, sich selbst mit dem Fremden zu konfrontieren, ist eine gegenseitige. Die Gefühle sind gleichsinnig. Das Aussprechen der eigenen Wahrnehmung und der damit verbunden Gefühle ist heilsam. Die Erzieherin hat auf die Signale der Mutter, sie in Ruhe zu lassen, reagiert, was beide davor bewahrt hat, sich mit der Not, in der sich die Familie befindet, zu befassen.

Die widerstreitenden Gefühle und das Schweigen in der Gruppe in der sich anschließenden Gesprächsphase konnten als Abwehr einer Depression verstanden werden. Mit dem Kaffee holen gibt die Kollegin sich einen Ruck, führt die Spannung in der Gruppe ab und tut etwas Gutes für sich. Die Gruppe schont die Erzieherin, indem sie es nicht anspricht, genau wie die Erzieherin die Mutter schont. Das Eingeständnis, etwas versäumt zu haben, relativiert sich dadurch, daß sie damit auf die Signale der Mutter reagiert hat, nicht zu fragen. Nur gemeinsam gelingt es, sich in die Situation der Mutter hineinzuversetzen und die drängenden Fragen zuzulassen. Erst indem die Erzieherinnen sich selbst Fragen stellen, erkennen sie, daß Houssein womöglich die gleichen Fragen hat.
Im Nachtrag zu dieser Sitzung berichten die Erzieherinnen, daß das Gespräch mit der Mutter einen guten Verlauf hatte, wenngleich es auch belastend war. Die Mutter hat von ihrer Emigration und ihrem unsicheren Leben in Deutschland erzählt und auch davon, daß sie vor ihrem Kind ein Geheimnis hat. Den Erzieherinnen geht es im Umgang mit Houssein besser, sie haben mehr Verständnis und können gelassener sein. Das Gespräch habe erheblich zur Entspannung zwischen Houssein und ihnen beigetragen.

2. Fall: Wo oder wer ist Masud?

Die Erzieherinnen einer Kindertagesstätte, die hauptsächlich von ausländischen Kindern besucht wird, arbeiten nach dem Konzept der „offenen Arbeit". Alle 40 Kinder können in der kleinen überschaubaren Einrichtung spielen wo sie wollen, sie müssen sich aber, wenn sie einen Spielraum wechseln, bei den Erzieherinnen an- und abmelden.
In der Beratung möchten die Erzieherinnen über Masud sprechen, darüber ist sich die Gruppe schnell einig. Aber niemand möchte beginnen, das Kind vorzustellen. Dann beginnt doch eine junge Kollegin, die erst seit kurzer Zeit in der Einrichtung arbeitet, die Daten zu schildern: Masud ist ein türkischer Junge..., aber schon jetzt gerät die Gruppe in Widerspruch, - ist er 4 oder 5 Jahre alt, wie lange ist er schon in der Kindertagesstätte, seit einem Jahr oder seit einem halben Jahr? Auch bei der

Frage, aus welchen Beobachtungen heraus sie heute über Masud sprechen wollen, berichten alle Beteiligten Unterschiedliches. Niemand weiß, wo er spielt. Eine Erzieherin berichtet, daß sie ihn immer vergißt. Wenn er morgens gebracht wird, begrüßt sie ihn, macht ihm ein Spielangebot und nimmt ihn dann den ganzen Tag nicht mehr wahr. Es wird immer deutlicher, daß es kein Bild von diesem Kind gibt, selbst die Beschreibung des Kindes ist völlig widersprüchlich. Ist er dick, ist er dünn, ist er hübsch oder weniger hübsch, groß oder klein, spricht er, und wenn ja, welche Sprache? Die Situation wird den Erzieherinnen langsam peinlich, sie trauen sich nicht mehr, sich zu widersprechen, halten sich zurück. Aber es gibt kein Bild von diesem Kind, keine Spielszenen, keine Geschichten, keine Konflikte mit anderen Kindern oder mit Erzieherinnen. Masud scheint nicht wirklich zu existieren. Alle sind erschrocken, sie fühlen sich schuldig. Da fällt einer Erzieherin ein, daß er häufig im Flur auf der Bank sitzt und weint, wenn sie zu ihm geht, hört er sofort auf, steht auf und geht weg. Jetzt spüren alle die Trauer des Kindes.
In der Gegenübertragung der Beraterin entsteht das Gefühl der Hilflosigkeit und vor allem der Inkompetenz. Das Gefühl, nichts zu verstehen, die Gruppe in diesem Chaos zu belassen, sie gar zu beschämen, weil sie den Jungen nicht beschreiben können, löst Gefühle der Insuffizienz aus. Als die Beraterin ihr eigenes Insuffizienzgefühl, als möglichen Ausdruck der vorgestellten Problematik, der Gruppe zur Verfügung stellt, geht ein entlastendes Aufatmen durch die Gruppe. Fast gemeinsam rufen sie aus: „So geht es uns auch" und lachen. Einzelne berichten davon, daß sie das Gefühl haben, eine schlechte Erzieherin zu sein und haben ein schlechtes Gewissen, wenn ihnen ein Kind in Vergessenheit gerät.
Nun versucht die Gruppe kein weiteres „Material" mehr zu sammeln, sondern das zu verstehen, was an spärlichen Szenen vorhanden ist. Was zeigt das Kind, wenn es „unsichtbar" ist?
Die Gruppe phantasiert darüber, warum es für Masud sinnvoll sein kann, nicht gesehen zu werden. Schnell kristallisiert sich heraus, daß Masud vielleicht niemanden zur Last fallen möchte und meint, allein in der Fremde zurecht kommen zu müssen, sich dabei aber einsam und traurig fühlt.
Zwei ausländischen Erzieherinnen fällt ein, wie es ihnen ging, als sie als Schulkind und als Jugendliche allein mit der Fremdheit in einem fremden Land zurecht kommen mußten, wie tapfer sie sein mußten. Beide erzählen Szenen ihrer Verweigerung, ihrer Angst und ihrer Scham. Sie deuten

an, wie mühsam es war, die Abwehr gegen die fremde Sprache aufzugeben und Deutsch zu lernen. Jetzt können die Erzieherinnen spüren, wie hilflos und unsicher Masud sich fühlen mag und seine Signale, mit denen er zeigt, daß er Zeit, Behutsamkeit und viel Einfühlung braucht, werden als solche verstanden.

Interpretation der Sitzung

Masuds Verhalten scheint so, als wollte er nicht wahrgenommen werden, er möchte sich unsichtbar machen. Wenn sich jemand kümmern will, läuft er weg, als wäre es ihm peinlich. Sein Verhalten konnte so verstanden werden, als sei es bedrohlich, Kontakt aufzunehmen. Er ist auf der Flucht vor Beziehung - er will nicht gesehen werden. Vielleicht wird sein Verhalten für ihn dann sinnvoll, wenn man bedenkt, daß jeder Kontakt schon ein Einlassen auf eine andere Kultur, auf ein anderes Leben ist. Er wird gezwungen, ein Stück seiner Kultur aufzugeben. Jede Geste und jeder Blick hat in seiner Kultur möglicherweise eine andere Bedeutung und nicht zuletzt das Akzeptieren der anderen Sprache entfernt ihn von der eigenen Kultur.

Um nicht zu sehr an dieser Situation zu leiden, stellt sich Masud empfindungslos. Wenn er allerdings alleine im Flur sitzt und weint, scheinen seine Gefühle der Trauer, des Alleinseins und des Ausgeliefertseins aus ihm herauszubrechen, sie überschwemmen ihn. Die Ansprache und den Trost der Erzieherinnen kann er nicht ertragen. Er läuft weg, ist verschwunden im Schutz der Gruppe.

So gekonnt, wie er aus der Aufmerksamkeit der Erzieherinnen verschwindet, scheint dies keine neue Verhaltensweise für ihn zu sein. Fast so, als sei er geübt im „Untertauchen“. Wenn er sich zeigen würde, könnte sich herausstellen, daß er den Erwartungen, die an ihn gestellt werden, nicht entsprechen kann. Seine Wut, Angst und Scham würden offenbar werden. Er findet keinen Raum und kein Gegenüber, das diese Gefühle aushalten könnte. Er weiß nicht, ob er sich den Erwachsenen mit all seinen Konflikten zumuten kann.

In der Interpretation der Gegenübertragungsgefühle, als die Beraterin von ihren Insuffizienzgefühlen spricht, entwickeln die Erzieherinnen ein Gefühl zu Masud. Das Eingeständnis von ihr, entlastet die Erzieherinnen. Erst dadurch ist es ihnen möglich, dieses Gefühl bei sich wahrzunehmen. Sie erleben sich als unzulängliche Erzieherinnen, die ein Kind „übersehen“.

Wenn Masud auf der Bank sitzt, weint, sich nicht trösten läßt, und er es fertig bringt, vor den Erzieherinnen zu verschwinden, werden sie ihrer Grenzen gewahr. Die Frage, ob sie deswegen schlechte Erzieherinnen sind, wird sie beschäftigen. Die damit verbundene Anspannung wird erst in der Entlastung des Lachens spürbar. Die Gefühle der Erzieherinnen korrespondieren mit denen von Masud.
Die ausländischen Erzieherinnen werden durch Masud mit der eigenen schmerzlichen Geschichte und Entwurzelung konfrontiert, die ihnen zunächst nicht bewußt war.
Nachdem diese bedrückenden Gefühle angesprochen wurden, ohne daß es zu einer Be- bzw. Verurteilung kam, konnten die Gedanken wieder fließen.

Im Nachtrag zu dieser Sitzung berichten die Erzieherinnen, daß Masud seit der Sitzung nicht mehr „übersehen" und seine ruhige, stille Art als angenehm empfunden wird. In einem Elterngespräch erfahren die Erzieherinnen, daß die jungen Eltern erst seit kurzer Zeit in Deutschland sind, noch schlecht deutsch sprechen und voller Hoffnung sind, hier bleiben zu können.

Resümee

Diese beiden Fallbeispiele veranschaulichen, wie durch Beratung kulturspezifische Konfliktthemen bearbeitet werden können. Es wird deutlich, wie schwierig es für die Pädagoginnen ist, die eigenen Gefühle in der pädagogischen Interaktion bewußt wahrzunehmen. Oft sind es besonders die Gefühle von Trauer und Scham, die mit Aggression abgewehrt werden. Die Angst des Verlustes von Vertrautem und die Konfrontation mit Fremdem und Unbekanntem verhindern den Zugang zum Verstehen. Auf unbewußter Ebene korrespondieren diese Gefühle mit denen der Kinder. Auch die eigenen, negativ gesehenen Gefühle einer möglichen Fremdenfeindlichkeit werden zuerst rationalisiert und abgewehrt.
Um den Prozeß des interkulturellen Lernens zu fördern, ist es wichtig, mit Erzieherinnen an der eigenen Haltung und Position gegenüber Fremden zu arbeiten, um den Zugang zu dem Fremden im eigenen Selbst zu unterstützen. Die „Bewußtwerdung der oft verdrängten und konventionell verleugneten Vorurteile und Ängste" ist notwendig, für einen fruchtbaren Dialog (vgl. Gaitanides 1996). Das Eintreten in eine dialogische Beziehung zum Gegenüber eröffnet Handlungsspielräume, wenn

„Erziehung zur Beziehung“ als Aufgabe der Pädagogik verstanden wird. Dafür ist es notwendig, daß Pädagogik als produktiver Dialog der Selbstreflexion zugänglich bleibt. Die Signale des Gegenübers wahrzunehmen, sie aufzunehmen und mittels Antworten oder Gegenvorschlägen in einen Dialog zu transformieren, ist sozialpädagogisches Handeln - und zugleich dessen Reflexion (vgl. Gerspach 1992).

Die Verbindung des Situationsansatzes mit der Psychoanalytischen Pädagogik erscheint uns eine geeignete Herangehensweise, die Lebenswelt der Kinder und die damit verbundenen Themen aufzugreifen und zu gestalten. Der Prozeß der Auseinandersetzung mit dem Thema des interkulturellen Lernens hat uns selbst damit konfrontiert, daß wir nicht neutral sein können. Wir kommen nicht umhin, mit den Ratsuchenden den Dialog über eine Vision des multikulturellen Zusammenlebens zu führen, weil wir nicht außerhalb des gesellschaftlichen Prozesses stehen können. Insofern können wir Politik nicht aus den Beratungsprozessen fernhalten.

Das globale Ziel der interkulturellen Erziehung ist die Vision einer multikulturellen Gesellschaft, in der man „ohne Angst verschieden sein kann“ (Adorno). Ob es gelingen wird, dieser Vision mit diesem beschriebenen Arbeitsansatz einen Schritt näher zu kommen, entscheidet sich im Prozeß selbst.

Literatur:

Akpinar, U. /Lopez-Blasco, A. /Vink, J., Pädagogische Arbeit mit ausländischen Kindern und Jugendlichen. München 1977

Bainin, E., Verregelt und verriegelt - Psychische Auswirkungen kultureller Differenz. Kinderanalyse 1996, 331-350

Erdheim, M., Die gesellschaftliche Produktion von Unbewußtheit. Frankfurt 1984

Felber-Villagra, N., Das Gespenst der Politik in der Psychoanalyse. In: Apsel, R. (Hrsg.), Ethnopsychoanalyse. Frankfurt/M 1995

Gaitanides, St., „Materialien zum interkulturellen Lernen“. Unveröffentlichtes Manuskript. 1996

Gerspach, M., Die Bedeutung des Wandels für die professionelle Arbeit mit Kindern. Unveröffentlichtes Manuskript 1992

Rohr, E., Faszination und Angst. In: Jansen M. /Prokop U. (Hrsg.), Fremdenangst und Fremdenfeindlichkeit. Frankfurt 1993

von Schumacher, A., Flüchtlingskinder heute. In: Herzka, H.S. /von Schumacher, A. /Tyrangiel, S., Die Kinder der Verfolgten. Göttingen 1989

Die Autorinnen und Autoren des Bandes

Christian Büttner, geb. 1944, Prof. Dr. phil., Diplom-Psychologe; seit 1973 wissenschaftlicher Mitarbeiter der Hessischen Stiftung für Friedens- und Konfliktforschung (Forschungsgruppe „Vermittlung und Konfliktintervention“), Honorarprofessur für Psychologie und Psychoanalytische Pädagogik an der Ev. Fachhochschule Darmstadt; Gründungsmitglied des Frankfurter Arbeitskreises für Psychoanalytische Pädagogik; Arbeitsschwerpunkte: Aggressionsforschung, Medien, Erwachsenenbildung.

Nelda Felber-Villagra, geb. 1945 in Tucumán, Argentinien. Dipl.-Psych., Psychoanalytikerin, Ausbildungstätigkeit in Operativer Gruppenarbeit. Studium und Lehrtätigkeit an der Universidad Nacional de Tucumán. In den 70er Jahren exiliert. War in Chile und Venezuela als Dozentin tätig. Kam 1977 nach Europa. Weiterbildung in London, Zürich und Venedig. Arbeitet in Luzern und Zürich in eigener Praxis. Publikationen zur Thematik Exil und Emigration.

Leonie Herwartz-Emden, Dr. phil., habil., Hochschuldozentin im Fachbereich Erziehungs- und Kulturwissenschaften (interkulturelle Erziehung/ Frauenforschung/ interdisziplinäre Methodologie) der Universität Osnabrück; seit 1991 Leiterin des DFG-Forschungsprojekts FAFRA („Familienorientierung, Frauenbild, Bildungs- und Berufsmotivation von eingewanderten und westdeutschen Frauen in interkulturell-vergleichender Perspektive“); Sprecherin des IMIS-Graduiertenkollegs „Migration im modernen Europa“ der DFG, Publikationen zu Minoritäten im Schulsystem, Einwandererfamilien, Folgen der Migration in Erziehung und Sozialisation, Methode und Methodologie interkulturell-vergleichender Forschung.

Fakhri Khalik, Dr. med., Facharzt für Kinderheilkunde, Psychoanalytiker, Arzt für Kinder- und Jugendpsychiatrie. Mitarbeiter der Internationalen Ambulanz im Frankfurter Psychoanalytischen Institut (FPI).

Christoph Kleemann, geb. 1953, Dipl.-Päd. und Sonderschullehrer am Zentrum für Erziehungshilfe der Stadt Frankfurt am Main, Tätigkeiten in Sonderschulen, Einrichtungen der Kinderbetreuung und der Jugendhilfe, Mitglied des Frankfurter Arbeitskreises für Psychoanalytische Pädagogik

Heinz Krebs, geb. 1953, Dr. phil., Dipl. Päd., Psychoanalytischer Pädagoge. Mitarbeiter einer Beratungsstelle für Eltern, Kinder und Jugendliche und Tätigkeit in freier Praxis mit den Schwerpunkten Eltern- und Familienberatung, psychoanalytisch-pädagogische Arbeit mit Kindern und Jugendlichen, Supervision, Kindertagesstättenfach- und Institutionenberatung, Fort- und Weiterbildung. Vorstandsmitglied des Frankfurter Arbeitskreises für Psychoanalytische Pädagogik e.V. Veröffentlichungen zu den Fachgebieten.

Klaus-Ulrich Meier, geb. 1950, Lehrer an einer Grund- und Hauptschule und Ausbildungsleiter für Geschichte und Sozialkunde am Studienseminar 25 in Fulda, Mitglied des FAPP

Helene Messer, Erzieherin, Dipl. Sozialpädagogin, Psychoanalytische Pädagogin. Fachberaterin für Kindertagesstätten des Eigenbetriebes Kindertagesstätten der Stadt Offenbach in der Beratungsstelle für Eltern, Kinder und Jugendliche.

Peter Möhring, Dr. med. habil, Psychoanalytiker und Lehranalytiker (DPV, DGPT). Facharzt für Psychotherapeutische Medizin, Privatdozent an der Universität Gießen. Befaßt sich unter anderem mit Ethnopsychoanalyse, Psychosomatik, Familientherapie.

Gudrun Nagel, Erzieherin, Dipl. Sozialpädagogin, Dipl. Supervisorin, Weiterbildung in Gruppenanalyse. Mitarbeiterin der Beratungsstelle für Eltern, Kinder und Jugendliche der Stadt Offenbach als Institutionenberaterin und Beratung zur Qualifikation von pädagogischen Fachkräften in schulischen und außerschulischen Einrichtungen. Supervisorin in freier Praxis, Lehrbeauftragte an der Fachhochschule Darmstadt.

Elisabeth Rohr, Dr. phil., Soziologin, Gruppenanalytikerin und Supervisorin. Arbeitet als Professorin für Interkulturelle Erziehung an der Philipps-Universität Marburg. Arbeitsschwerpunkte: Interkulturelle Sozialisationsforschungen, das Geschlechterverhältnis in der eigenen und fremden Kultur,

Bernhard Santel, Dr., Lehrbeauftragter für Internationale Migrationsforschung am Institut für Politikwissenschaft der Universität Münster, zur Zeit Post-doc-Fellow des German Marshall Fund of the United States.

Cornelia Wegeler, Dr. phil., Dipl.-Päd. Wissenschaftshistorikerin, Analytische Kinder- und Jugendlichen- Psychotherapeutin (i.A.), diverse Veröffentlichungen, u.a. eine Monographie zur Geschichte der Altertumswissenschaften im Nationalsozialismus.

Die Herausgeberin und Herausgeber des Bandes

Christian Büttner, geb. 1944, Prof. Dr. phil., Diplom-Psychologe; seit 1973 wissenschaftlicher Mitarbeiter der Hessischen Stiftung für Friedens- und Konfliktforschung (Forschungsgruppe „Vermittlung und Konfliktintervention“), Honorarprofessur für Psychologie und Psychoanalytische Pädagogik an der Ev. Fachhochschule Darmstadt; Gründungsmitglied des Frankfurter Arbeitskreises für Psychoanalytische Pädagogik; Arbeitsschwerpunkte: Aggressionsforschung, Medien, Erwachsenenbildung.

Urte Finger-Trescher, geb. 1950, Dr. phil., Univ.-Doz., Dipl.-Päd., Gruppenanalytikerin, Weiterbildung in Familientherapie; Leiterin der Beratungsstelle für Eltern, Kinder und Jugendliche der Stadt Offenbach, Vorsitzende des Frankfurter Arbeitskreises für Psychoanalytische Pädagogik e.V., Privatdozentin an der Gesamthochschule(Universität Kassel)

Harald Grebe, geb. 1955, Dipl.-.Sozialarbeiter, Psychoanalytischer Pädagoge. Zur Zeit leitende Funktion im Bereich der Hilfen zur Erziehung und Adoptionsberatung im Jugendamt der Stadt Offenbach a.M. Vorstandsmitglied im Frankfurter Arbeitskreis für Psychoanalytische Pädagogik.

Heinz Krebs, geb. 1953, Dr. phil., Dipl. Päd., Psychoanalytischer Pädagoge. Mitarbeiter einer Beratungsstelle für Eltern, Kinder und Jugendliche und Tätigkeit in freier Praxis mit den Schwerpunkten Eltern- und Familienberatung, psychoanalytisch-pädagogische Arbeit mit Kindern und Jugendlichen, Supervision, Kindertagesstättenfach- und Institutionenberatung, Fort- und Weiterbildung. Vorstandsmitglied des Frankfurter Arbeitskreises für Psychoanalytische Pädagogik e.V. Veröffentlichungen zu den Fachgebieten.

Sudhir Kakar

Kultur und Psyche

Psychoanalyse im Dialog mit nicht-westlichen Gesellschaften

2012 · 149 Seiten · Broschur
ISBN 978-3-8379-2098-7

»Sudhir Kakars Bücher zu lesen, bedeutet immer eine große Freude. Seine Mischung aus Wissen, Humor und Weisheit ist so selten wie sein sowohl schriftstellerischer und zugleich psychoanalytischer Zugang zur Welt.«
die tageszeitung

Der bekannte indische Psychoanalytiker Sudhir Kakar zeigt, dass die Rolle der Kultur in der Ausbildung der Psyche ebenso grundlegend in der menschlichen Entwicklung ist wie früheste körperliche Erfahrungen oder familiäre Erlebnisse. Kakars Ansatz zeichnet sich nicht nur dadurch aus, dass er die Psychoanalyse anwendet, um nicht-westliche Kulturen besser zu verstehen; er stellt auch psychoanalytische Modelle infrage, von denen Universalität angenommen wird, die sich aber historisch und kulturell auf den modernen Westen beschränken.

Die vorliegenden Essays behandeln die Rolle der Kultur und kulturelle Unterschiede in verschiedenen Kontexten. Themen sind die Psychotherapie mit nicht-westlichen Patienten, Erfahrungen und Identität von Immigranten, die indische Identitätsbildung, Liebe in der islamischen Welt und das psychoanalytische Verständnis von Religion.

Siegfried Bernfeld

Sozialpädagogik

Werke, Band 4

2012 · 541 Seiten · Broschur
ISBN 978-3-8379-2075-8

Der vierte Band der Bernfeld-Werke enthält Arbeiten Bernfelds zur Heim- und Fürsorgeerziehung.

Die empirische Grundlage von Bernfelds sozialpädagogischen Schriften bilden seine Erfahrungen im Kinderheim Baumgarten, die er im »Bericht über einen ernsthaften Versuch mit neuer Erziehung« zusammenfasst. Dieser Praxisbericht enthält eine implizite Theorie der Sozialpädagogik, deren einzelne Bausteine er in den hier abgedruckten Aufsätzen systematisch entfaltet. Die Frage, wie soziale Ordnung in pädagogischen Einrichtungen hergestellt und demokratisiert werden kann, thematisiert Bernfeld unter dem Begriff »Schulgemeinde«. Ebenso zentral ist sein Konzept des »sozialen Orts«, das Verhalten und psychische Entwicklung als Produkt einer sozialstrukturellen Lage interpretiert. Damit erhalten Verhaltensauffälligkeiten und seelische Konflikte eine gesellschaftliche Basis, auf deren Aufklärung und Veränderung sozialpädagogisches Handeln hinzielen soll.

Eberhard Th. Haas

Das Rätsel des Sündenbocks

Zur Entschlüsselung einer grundlegenden kulturellen Figur

2009 · 275 Seiten · Broschur
ISBN 978-3-8379-2001-7

Aller Anfang war Gewalt: Zum Ziel anthropologischer Selbstaufklärung widmet sich der Autor Freuds kontroversem Verständnis von den Ursprüngen der Kultur sowie dessen Weiterentwicklung durch René Girard. Im Zentrum des Buches steht eine tragische Figur, der Sündenbock, der in paradoxer Weise zum Friedensstifter und Heilsbringer erhoben werden kann. So schaffen sich Kulturen ihr Wertvollstes: Kunst, Ritual, Religion und Moral.

»Haas erinnert facettenreich und eindringlich an die schlechte Nachricht, die Freud der Menschheit ins Stammbuch schrieb.«
International Journal of Psychoanalysis

Eberhard Th. Haas (Hg.)

100 Jahre Totem und Tabu

Freud und die Fundamente der Kultur

2012 · 299 Seiten · Broschur
ISBN 978-3-8379-2092-5

Freuds Kulturauffassung, die er zeit seines Lebens vertrat, lässt sich als maßgeblichen Beitrag zu einer allgemeinen Theorie des Opferrituals ansehen. 100 Jahre nach Erscheinen von Totem und Tabu ist dieses Buch immer noch Gegenstand heftiger und fruchtbarer Kontroversen. Gerade in den Humanwissenschaften hat das Thema »Ritual« erneut besondere Aktualität gewonnen.

Die Debatte wird im vorliegenden Band von Kulturwissenschaftlern verschiedener Disziplinen fortgeführt und um erstmals ins Deutsche übersetzte Texte ergänzt. Die hier versammelten Aufsätze sind den zentrifugalen Kräften des Spezialistentums entgegengerichtet und haben das Potenzial zu einer Theoriesynthese.

www.ingramcontent.com/pod-product-compliance
Ingram Content Group UK Ltd.
Pitfield, Milton Keynes, MK11 3LW, UK
UKHW040024200726
13854UKWH00001B/342